DAS TRITON-DESASTER

Hard Science Fiction

BRANDON Q. MORRIS

BRANDON Q. MORRIS
HARD SCIENCE FICTION

Brandon Q. Morris c/o Matthias Matting
Sieglgut 51, 94034 Passau
www.hardsf.de
brandon@hardsf.de

Lizenzausgabe des Belle Époque Verlags, Inh. G. Pahlberg, Wiesenstr. 7, 72135 Dettenhausen, mit freundlicher Genehmigung des Autors.
Kontakt Produktsicherheit: GPSRinfo@be-verlag.de

Lektorat: Dr. Ulrike Bunge
Korrektorat: Mirjam Volgmann
Covergestaltung: Slobodan Cedic, Coverbookdesigns.com, unter Verwendung von Bildern von Joe Pchatree, Ivandan und Forplayday, alle Bigstockphoto.com

Herstellung: Custom Printing, Wał Miedzeszyński 21 7/1, 04-987 Warszawa, Polen

ISBN: 978-3-96357-004-9

BE
Belle Époque Verlag

Teil 1: Der Weg

23.5. 2080, VSS Freedom

»Was ist denn das da?«

Nick erschrickt und dreht sich zu der Stimme um. Einer der Passagiere, der hagere Glatzkopf ist es, sieht ihm über die Schulter auf das Radarbild.

»Während des Fluges dürfen Sie …«, beginnt er, doch dann schüttelt er den Kopf. Jetzt fängt er auch schon so an! Was ist denn dabei, dem Piloten während des Fluges Fragen zu stellen? Die Leute bezahlen schließlich dafür, sich von ihm unterhalten zu lassen.

»Lassen Sie mich mal sehen …«, er sucht das Namensschild des Glatzkopfs und liest es ab, »… Mister Wiseman, das haben wir gleich.«

Er verschiebt das Radarbild, sodass der Schatten, den der Mann entdeckt hat, im Zentrum liegt. Normalerweise muss sich Nick nicht um das Radar kümmern, das erledigt der Autopilot. Nur wenn etwas ihre Flugbahn gefährdet und der Autopilot nicht von sich aus einen Umweg findet, muss der Pilot eingreifen. Also nie. Der Schatten verändert seine Helligkeit etwa im Minutenrhythmus. Offenbar rotiert das Objekt, das ihn hervorruft. Nick ruft die Bahndaten ab und nickt. Das würde zu den Spacelink-Satelliten passen, die der verrückte Milliardär damals in einen niedrigen Orbit hatte schießen lassen. Er war nicht ganz fertig geworden damit, weil seine Firma bankrottgegangen war.

»Mr. Wiseman? Das sieht mir nach einem alten Spacelink-Satelliten aus. Eigentlich ein Wunder, dass er noch nicht verglüht ist.«

Das ist allerdings seltsam. Bei einem derart niedrigen Orbit bremst die Atmosphäre so stark, dass der Satellit schon längst hätte abstürzen müssen. Aber bei einem der Starts hatte das Aussetzen nicht wie geplant funktioniert, sodass vier Exemplare in höheren Bahnen gelandet waren. Nick erinnert sich nur deshalb noch daran, weil sich dadurch sein eigener erster Start ins All um einen Monat verzögert hatte. Die NASA hatte sicher sein wollen, dass die Privatfirma ihre Technik im Griff hatte.

»Spacelink?«, fragt der neugierige Passagier.

»Ja, der niedrige Orbit deutet darauf hin. Wäre es ein aktiver Satellit, würde das Radar davor warnen.«

»Dann ist das Ding ja bestimmt einiges wert!«

»Na ja, nach so langer Zeit ist das Elektroschrott.«

»Haben Sie nicht mitbekommen, dass neulich ein Auto des Firmengründers für fünfzig Millionen versteigert worden ist? Ein Bergungsunternehmen hat es extra aus seiner Mars-Bahn zurückgeholt.«

Der Mann hat recht. Der Spacelink-Gründer wird von seinen Fans noch immer verehrt. Und dass die meisten anderen Satelliten der Serie verglüht sind, dürfte den Wert dieses Exemplars deutlich steigern.

»Ich denke, Mr. Wiseman, wir sollten uns die genaue Bahn dieses Schmuckstücks notieren. Dann können wir später …«

»Aber warum denn später?«, unterbricht ihn der Passagier. Er ist dabei so laut geworden, dass vier der anderen fünf Mitreisenden aufhören, aus ihren Bullaugen zu fotografieren, und zu ihm aufsehen.

»Das sollten wir in Ruhe besprechen«, sagt Nick und hebt die Arme.

»Ich habe eine Idee«, entgegnet Wiseman. »Ich habe bei Ihnen doch sowieso eine EVA gebucht. Wir nutzen den Ausstieg einfach, um dieses Ding hereinzuholen.«

»Dazu müssten wir unseren Kurs ändern«, sagt Nick.

Aber er protestiert nicht mehr. Er sucht lediglich nach Gegenargumenten, um sie mit Hilfe des Mannes aus dem Weg zu räumen.

»Sie sind der Pilot. Aber das Ding scheint mir nicht weit weg zu sein.«

»Das ist hier oben relativ. Es ist über uns. Wir müssen bremsen, um in seinen Orbit zu kommen, und dann wieder beschleunigen, um in einer niedrigeren Bahn die verlorene Zeit aufzuholen. Ich muss Sie alle schließlich wieder in New Mexico abliefern, am besten mit ein paar Litern Methan im Tank, sonst wirft mich mein Chef raus.«

Was vielleicht gar nicht so verkehrt wäre, denkt Nick. Dann müsste er nie wieder in diesen Raum-Bus steigen und dumme Passagiere ohne jedes Training zu Astronauten machen.

»Das müssten Sie schon selbst ausrechnen, da kann ich Ihnen nicht helfen«, sagt Wiseman. »Aber ich gehe doch davon aus, dass wir Reserven an Bord haben. Was wäre denn, wenn Sie mich während der EVA verlören?«

Nick seufzt. »Das stimmt, wir haben etwa doppelt so viel Methan in den Tanks, wie wir eigentlich brauchen. Das ist Vorschrift in der privaten Raumfahrt. Das macht ihre Tickets so teuer.«

»Rechnen Sie doch mal nach. Aber nehmen wir an, wir könnten zehn Millionen erlösen für diesen Satelliten da, dann wären Sie mit drei Millionen dabei. Ich als Entdecker bekomme natürlich etwas mehr.«

»Auf keinen Fall. Wir machen fifty-fifty, oder es passiert gar nichts«, sagt Nick.

»Also sind Sie dabei?«, fragt Wiseman.

Er ist dem Mann auf den Leim gegangen. Nick lacht kurz auf.

»Sind Sie Politiker oder so etwas?«

»Nein, Immobilienmakler«, sagt der Passagier. »Ich werde mich zwar ärgern, aber sei's drum, wir teilen den Erlös. Ich bin übrigens Walter.«

Wiseman hält ihm die Hand hin, und Nick schlägt ein.

Nick drückt einen Knopf an seinem Steuerpult.

»Achtung, Bahnkorrektur, bitte schnallen Sie sich wieder an«, sagt eine Automatenstimme daraufhin.

Der gleiche Text erscheint auf den Displays, die jeder Mitreisende neben seinem Bullauge sieht. Fast alle greifen zu ihren Gurten, nur die blonde Mittvierzigerin hinten rechts ignoriert die Warnung. Sie hat Kopfhörer aufgesetzt und bewegt mit geschlossenen Augen den Kopf hin und her. Dem Weltraum hat sie bloß kurz nach Überschreiten der Karman-Grenze für einen Moment ihre Aufmerksamkeit geschenkt. Vermutlich hat ihr Mann ihr diesen Flug geschenkt, damit er in Ruhe seine Sekretärin vögeln kann. Nick seufzt, erhebt sich, schwebt zu ihr und klopft auf die Kopfhörerschale. Sie reißt erschrocken die Augen auf, und er deutet auf die Warnung auf ihrem Bildschirm.

»Oh, entschuldigen Sie«, sagt sie laut und schnallt sich an.

Nick kehrt zu seinem Sitz zurück. Der Computer hat inzwischen den neuen Kurs kalkuliert. Er braucht bloß noch den Startknopf zu drücken. Gut, dass er so gründlich in orbitaler Navigation ausgebildet ist. Aber wäre er wirklich noch in der Lage, die nötigen Bremsphasen selbst auszurechnen? Der Schub der Triebwerke drückt ihn in seinen Sitz, und er schließt die Augen und gibt sich ihm hin.

SEIN SITZ VIBRIERT. NICK ZUCKT ZUSAMMEN. IST ER ETWA eingeschlafen? Er kontrolliert die Anzeigen. Das Schiff hat die vorberechnete Position erreicht und schwebt wieder antriebslos im All.

Nick dreht sich zu den Passagieren um. Die blonde Frau mit den Kopfhörern scheint zu schlafen. Die anderen hängen an den Bullaugen.

»Zeit für den Ausstieg«, sagt er und nickt dem Glatzkopf zu.

»Ausstieg?«, fragt eine japanische Touristin.

»Mr. Wiseman hier hat eine EVA gebucht«, antwortet Nick. »Er will sich mal draußen umsehen.«

»Oh, das würde ich auch gern«, sagt die Frau.

»Es tut mir leid, das hätten Sie bei der Buchung angeben müssen. Es kostet 5000 Dollar Aufpreis.«

»Kann ich nicht nachzahlen?« Die Touristin greift nach ihrer Handtasche und sucht wohl nach der Geldbörse.

»Leider nicht. Wir haben nur Ausrüstung für einen Gast an Bord.«

Die Japanerin lässt sich in ihren Sitz sinken. Die Enttäuschung ist ihr anzusehen.

»Kommen Sie mit nach hinten, Wiseman«, sagt Nick.

Der Makler folgt ihm. Im hinteren Teil des Schiffes befindet sich die Schleuse. Nick lässt die Außentür zur Seite fahren. Was sich dahinter befindet, erinnert an eine überdimensionale Pralinenpackung. Um Atemluft zu sparen, sind dort zwei annähernd menschliche, dreidimensionale Gestalten aus weichem, aber sehr strapazierfähigem Material geformt. Darin liegen die Raumanzüge. Nick nimmt erst Wisemans Anzug und dann seinen eigenen heraus.

»Schlüpfen Sie rein«, sagt er.

Die Anzüge sind so unkompliziert, dass auch ein Laie sie problemlos anziehen kann. Vor allem aber kann man sie so mit Luft füllen, dass kein vorheriges Training nötig ist. Nick kennt noch die alten NASA-Suits, für die man zuvor erst eine halbe Stunde radfahren musste, um die Taucherkrankheit zu vermeiden.

»Hat geklappt«, sagt Wiseman und sieht ihn lächelnd an.

Nick kontrolliert den Sitz des Anzugs, zieht die Schnallen am Gürtel noch etwas fester und legt dem Mann dann anerkennend die Hand auf die Schulter.

»Gut gemacht.« Er deutet auf den Helm. »Wenn Sie den schließen, Wiseman, aktiviert sich automatisch die Funkverbindung.«

»Verstanden. Und draußen?«

»Sie brauchen nichts zu tun. Ihr Anzug ist auf meinen geprägt und folgt mir automatisch, wohin ich mich auch bewege. Sehen Sie die Düsen am Gürtel? Die erledigen das.«

»Und wenn Sie von einem Meteoriten getroffen werden?«

»Erstens sind das Asteroiden, solange sie noch hier draußen herumschwirren. Zweitens ist das Risiko sehr, sehr gering. Eher fällt Ihnen in New York eine Kokosnuss auf den Kopf. Und drittens wird Ihr Anzug Sie dann automatisch wieder in die Schleuse bringen. Das passiert übrigens auch, wenn die Gefahr besteht, dass der Treibstoff ausgeht. Ihnen kann also nichts passieren.«

»Sehr beruhigend«, sagt Wiseman.

»Dann quetschen wir uns mal in die Packung«, sagt Nick und schließt seinen Helm.

Diesmal geht er vor. Es kostet ihn immer ein bisschen Überwindung, sich in die enge Höhlung zu bewegen. Je weniger Platz zwischen Anzug und Wand ist, desto weniger Luft verschwenden sie. Eine Statusanzeige im Helmvisier verrät ihm, dass auch der Glatzkopf so weit ist.

»Schleusentür innen schließen«, sagt Nick.

Hinter ihnen fährt die Innentür jetzt wieder zu.

»Achtung, Wiseman, Sie werden gleich einen Schreck bekommen. Aber es kann nichts passieren.«

»Danke für die Warnung.«

»Schleusentür außen öffnen«, befiehlt Nick.

Er weiß, was gleich passiert, aber trotzdem sucht er unwillkürlich nach einer Schlaufe zum Festhalten. Zügig schiebt sich die Metallplatte zur Seite, die ihnen bisher die Sicht nach draußen versperrt hat. Er hängt mit dem Kopf nach unten über dem Erdball, der sein gesamtes Gesichtsfeld füllt. Das Gefühl des freien Falls ist überwältigend. Nick schwitzt. Nein, er stürzt nicht ab. Er braucht bloß ein paar Sekunden, um sich an die Perspektive zu gewöhnen. Im Kopf sortiert er die Verhältnisse um. Dazu schließt er die Augen. Als er sie wieder öffnet, liegt er und starrt in den Himmel, an dem eine riesige Erde hängt. Schon besser.

Wiseman atmet heftig.

»Alles okay? Schließen Sie die Augen. Die Erde ist über Ihnen. Hören Sie?«

»Alles …«

»Ihnen kann nichts passieren, Wiseman. Hier gibt es kein Unten und kein Oben. Schließen Sie die Augen und stellen Sie sich die Erde am Himmel vor.«

Ganz stimmt es nicht, was Nick gesagt hat. Wenn Wiseman erbrechen muss, ist der Ausflug vorbei. Das steht auch irgendwo im Kleingedruckten. Dann schließt sich die Außentür ganz einfach wieder.

»Okay«, sagt der Makler schließlich. »Jetzt geht es.«

»Sehr gut! Sie sind ein geborener Astronaut.«

Das sind die Worte, die er in der Ausbildung als Touristenpilot als erstes beigebracht bekommen hat. Weil sie funktionieren.

»Danke.«

»Wir lösen uns gleich vom Schiff.«

»Verstanden.«

Nick drückt den Daumen seitlich auf den Zeigefinger. Dadurch gibt die Düse in seinem Rücken einen Impuls ab, der ihn langsam nach vorn schiebt. Er verlässt die enge Nische und löst sich vom Raumschiff. Der Anzug des Passagiers macht seinem alles nach. Wiseman atmet erneut hörbar.

»Alles okay?«, fragt Nick.

»Ja. Ungewohnt, aber okay.«

»Gut. Ich suche den Satelliten. Sie können Ihre Lage im Raum mit der linken Hand verändern. Hat man Ihnen das erklärt?«

»Ja, ich erinnere mich.«

»Und keine Sorge, Sie entkommen mir nicht.«

»Sehr beruhigend.«

Nick steuert die Menüs in seinem Helm mit den Augen. Erst holt er sich das Radarbild, dann die Infrarot-Darstellung. Der Satellit, den sie einfangen wollen, ist bereits auf der gleichen Bahnebene. Der Computer hat einen fast perfekten Kurs berechnet. Nick blendet die Menüs wieder aus und sieht sich um. Dort, der Schatten vor der Sonne, das muss er sein. Nick greift in seinen Werkzeuggürtel. Die Nylon-Leine für Notfalleinsätze befindet sich darin, wie es Vorschrift ist.

»Ich habe ihn«, sagt er. »Kommen Sie, wir holen ihn.«

Er nimmt Kurs auf den Satelliten, indem er den rechten Arm in dessen Richtung streckt. Dabei kommt er sich immer ein bisschen vor wie Superman. Sein Anzug ist sein Cape.

Wiseman jauchzt. Sein Anzug folgt Nick automatisch. Er muss wirklich ein Naturtalent sein. So schnell können sich seine Passagiere sonst nicht auf die Verhältnisse im Orbit einstellen. Aber vielleicht motiviert ihn auch der Profit, den sie in Aussicht haben.

Auf den ersten Blick wirkt der Spacelink-Satellit wie neu. Er hat ein paar kleinere Narben, aber seine Solarzellen glänzen wie frisch geputzt. Nick fliegt um ihn herum. Er muss das Solarpanel einklappen, um ihn einladen zu können. Aber wenn er es versucht, dreht sich bloß der Satellit.

»Wiseman?«

»Ja?«

»Ich brauche Sie mal. Sie müssen an dem rechten Panel dagegenhalten, während ich das linke einklappe.«

»Aber wie? Ich habe ja keine Kontrolle über meinen Anzug.«

»Jetzt haben Sie sie. Richten Sie den rechten Arm auf das rechte Panel und tippen Sie ganz sacht mit dem Daumen gegen den Zeigefinger.«

»Gut.«

Langsam setzt sich Wiseman in Bewegung. Als er etwa in Höhe des Panels angekommen ist, übernimmt Nick wieder das Kommando über seinen Anzug, der sofort stoppt.

»Gut gemacht«, lobt er ihn. »Jetzt einfach das Panel halten.«

Nick lässt seinen eigenen Anzug nach vorn drücken. Wisemans Anzug kopiert die Bewegung, sodass sie gemeinsam die Panels nach innen drücken. Es funktioniert. Nach etwa 15 Grad Rotation nehmen die Solarpanels automatisch ihre Sicherheitsposition ein und falten sich komplett zusammen. Nick fixiert Wiseman im Raum und bewegt sich selbst an den Satelliten heran. Er nimmt die Leine aus der Gürteltasche und befestigt sie zwischen den beiden Panels. Dann nimmt er Wiseman wieder ins Schlepptau.

»Das war's schon«, sagt er. »Wir fliegen zurück zum Schiff. Die Rettungsleine können wir von innen einholen.«

»Das ging ja schnell«, sagt Wiseman. »Können wir nicht hier draußen noch irgendetwas Verbotenes unternehmen?«

»Wir haben sowieso schon Zeit verloren. Wenn wir viel zu spät kommen, gibt es Ärger. Das Schiff muss ja noch für den Start morgen vorbereitet werden.«

Parallel bewegen sie sich wieder auf das Raumschiff zu. Nick hängt die Leine in eine Rolle auf der Oberseite der Kapsel ein. Dann fliegen sie zur Schleuse. Die Anzüge fädeln sich erneut in die enge Lücke ein, die Außentür schließt sich und die Innentür geht auf.

»Glückwunsch, Walter«, sagt Nick, »Sie haben Ihre erste EVA absolviert.«

»Danke.«

Wiseman legt den Raumanzug ab. Ein unangenehmer Geruch erreicht Nicks Nase. Er ignoriert ihn höflich. Es passiert, dass die

Leute sich beim Öffnen der Außenschleuse erleichtern müssen. Aber dafür tragen sie ja auch eine Windel. An Bord gibt es keine Toiletten.

Nick schwebt zu seinem Kommandosessel zurück und drückt auf den Knopf für das Anschnallzeichen. Moment, da war doch noch etwas. Er sucht das Menü für Notfalleinsätze. Darüber kann er die Umlenkrolle auf dem Dach steuern und die Leine einholen. Der Satellit bewegt sich auf sie zu, doch auch das Schiff verändert ein wenig seine Position. Kraft gleich Gegenkraft, Newton kann man nicht entrinnen. Schließlich landet der Satellit auf dem Dach. Er lässt das Kabel so straffziehen, wie es geht, damit ihr Fang ihnen nicht entkommen kann. Nick gibt die veränderten Daten, dazu gehört auch die neue Gesamtmasse von Schiff und Spacelink-Satellit, in den Steuercomputer ein. Sie werden 40 Minuten zu spät im Spaceport landen. Sein Chef wird nicht erfreut sein.

Noch 40 Kilometer. In ein paar Minuten hat er es geschafft. Er kann sich in sein Auto setzen und nach Hause fahren lassen. Hoffentlich ist Rosie noch nicht da. Er hätte gern für eine halbe Stunde seine Ruhe. Einfach auf dem Sofa vor dem Haus sitzen und in die Wüste starren. Runterkommen.

Plötzlich setzt ein trommelndes Geräusch ein. Es kommt von oben. Mist. Nick stemmt sich gegen den Gurt und richtet sich auf.

»Mister Abrahams?«, fragt eine weibliche Stimme von hinten.

Ja, er ist ja schon dabei, das zu klären. Nick schließt kurz die Augen. Da ist ein Impuls, nichts zu tun. Wäre das nicht am besten für alle? Seine Frau bekommt die Versicherung, die sein Chef für ihn abschließen musste, und er hat seine Ruhe.

»Mister Abrahams?«

Die Japanerin nervt. Eine Hand berührt seine Schulter. Nick dreht sich wütend um. Ist sie etwa aufgestanden? Auf dem Boden kniet der Makler und zeigt nach oben.

»Sie haben das unter Kontrolle?«, fragt er.

»Natürlich.«

Er nickt dazu. Es ist ja völlig klar, was das ist. Dieser Scheiß-Satellit sitzt nicht fest genug und flattert nun im Wind. Er hätte ihn an mindestens drei Punkten fixieren müssen. Warum hat er das bloß vergessen? Wollte er sich etwa in diese Situation bringen? Aber jetzt ist es zu spät. Während des Abstiegs kann er nicht raus. Und durchzustarten kommt erst recht nicht in Frage.

Nick löst die Gurte, um den Kommandoschirm bequemer zu erreichen. Er sucht das Notfallprogramm. Die Leine kann er nicht kappen, aber er kann die Rolle abstoßen, die die Leine hält und damit das teure Erinnerungsstück, das er eigentlich mit Wiseman verscherbeln wollte.

»Tut mir leid, mein Freund«, sagt er und tippt den Knopf an, der die Rolle ausstoßen lässt.

Das Trommeln hört nicht auf.

»Mist.«

»Mister Abrahams? Was ist los?«, fragt die Touristin von hinten.

»Wie Kontrolle hört sich das nicht an«, sagt Wiseman.

Das braucht er jetzt wirklich nicht.

»Bitte seien Sie alle mal still, ich muss nachdenken«, ruft er.

Es wirkt. Niemand sagt mehr etwas. Nur das Trommeln ist zu hören, und es wird immer lauter. Die Rolle muss sich verhakt haben. Was passiert, wenn die Atmosphäre immer dichter wird? Wie viele Stöße hält das Dach des Raumschiffs aus? Die Unterseite ist für den Wiedereintritt verstärkt, aber die Oberseite muss nicht so stabil sein. Also haben die Konstrukteure dort sicher Gewicht gespart. Jedes Gramm kostet pro Start ein paar Dollar.

Nick zieht sich zur Decke. Die Notfalleinrichtung lässt sich absichtlich nicht elektronisch steuern. Denn sie ist so konstruiert, dass sie auch bei Stromausfall noch funktioniert. Er muss die Rolle mit der Hand ausstoßen. Wenn er sich bloß an die Ausbildung erinnern könnte! Aber die Schulung ist acht Jahre her, und seitdem gab es nie einen Notfall. Mist. Sein Chef wird auf 180 sein! Allein, dass er jetzt manuell vorgehen muss, wird eine mehrtägige Reparatur erfordern. Nick stemmt sich nach oben. Mit dem Klappmesser stemmt er die Deckenverkleidung zur Seite. Darunter ist ein dunkler Hohlraum.

»Wiseman, leuchten Sie mir mal!«

Der Glatzkopf reagiert schnell. Guter Mann. Jetzt kann er die Hebel und Schalter in der Zwischendecke erkennen. Sie sind mit Kürzeln beschriftet, die er damals auswendig lernen musste. Abstoßen, die Bezeichnung muss auf jeden Fall mit Ej für Ejection enden. Aber es gibt vier Kandidaten. MSEj, LEj und CEj 1 und 2. Die beiden letzten schließt er aus, denn es gibt nur eine Rolle. Wofür könnte MS stehen? Soll er es ausprobieren? Er berührt den Hebel mit der rechten Hand. Und wenn das »S« von »Sitz« kommt? Wenn er sie in 35 Kilometern Höhe aus dem Schiff schleudert, werden sie alle sterben. Nein, es muss das L sein. Vielleicht steht es für »Line«? Sein Gedächtnis ist leer. Er muss weniger trinken.

Nick sieht nach unten. Es könnte ein Abschiedsblick sein. Wiseman bewegt die Lippen, aber das Trommeln ist inzwischen so laut, dass er kein Wort versteht. Er zieht am LEj-Hebel. Es gibt einen

Widerstand. Nick hängt sich daran. Der Hebel gibt nach und bewegt sich ein paar Zentimeter nach unten.

Das Trommeln verschwindet. Glück gehabt. Nicks Herzschlag beruhigt sich. Er atmet tief durch.

»Danke, Commander«, sagt der Glatzkopf und zieht sich auf seinen Platz zurück.

»Alles anschnallen. Landung in zwanzig Minuten«, befiehlt Nick.

NICK HÄNGT SICH SEINE JACKE UM. ALS ER HEUTE MORGEN AUS DEM Haus gegangen war, hatte das Thermometer noch keine 60 Grad gezeigt. Jetzt scheint die Sonne, und es hat sicher die 90 geknackt. Er nähert sich der Sperre, durch die er ins Foyer kommt.

»Kommst du mal kurz?«

Sein Chef steht in der Tür seines Büros. Wartet er dort schon lange? Er hat ihn gar nicht bemerkt.

»Können wir es auf morgen verschieben, Boss? Rosie wartet bestimmt schon mit dem Essen.«

Rosie wartet nie mit dem Essen, aber Solveig, die Frau seines Chefs, kocht jeden Abend für ihn.

»Nein, jetzt.«

Er ist merkwürdig kurz angebunden. Bill, sein Chef, ist sonst sehr leutselig. Er tritt aus dem Türrahmen und lässt ihm den Vortritt. Er bittet ihn aber nicht, Platz zu nehmen. Stattdessen stellt er sich hinter den Schreibtisch.

»Was ist denn los?«, fragt Nick.

»Du bist gefeuert«, antwortet Bill. »Ich kann dich den Passagieren nicht mehr zumuten. Du bist unfreundlich, das habe ich dir ja schon öfter gesagt, aber was du dir heute geleistet hast, das geht auf keine Kuhhaut.«

»Dieser Wiseman wollte …«

»Es ist egal, was der Mann wollte. Du bist für die Sicherheit verantwortlich. Wenn das schiefgegangen wäre, hätten wir jetzt ein paar Tote zu beklagen. Die Firma wäre pleite und hier wären alle ihre Jobs los. Was denkst du denn, wer du bist?«

»Astronaut Nick Abrahams, Weltrekordhalter nach der Zahl der Starts ins All?«

»Du warst mal ein guter Astronaut. Ich schlage vor, du machst ein Jahr Pause, erholst dich ordentlich, dann kommst du wieder vorbei, und ich sehe zu, dass ich dir hier einen Bürojob besorge. Du kannst die Besucher ja durch unser Museum führen. Das ist auch ganz interessant, nicht wahr?«

»Nein, Scheiße, Mann, lieber bringe ich mich um, Bill.«

»Das habe ich jetzt nicht gehört, sonst müsste ich dich einweisen lassen.«

»Und den Flug morgen?«

»Morgen müssen wir absagen. Den ganzen Rest der Woche machen wir zu. Das ist deine Schuld.«

»Aber danach …«

»Danach ist Mike dran.«

Na klar, Mike, der seit einem halben Jahr hier ein Praktikum macht. Sie haben bloß darauf gewartet, ihn ersetzen zu können. Mike ist bestimmt billiger. Er ist auf jeden Fall zwanzig Jahre jünger und nicht so aufsässig wie er.

»Ach leck mich doch«, sagt Nick.

Er dreht sich um und verlässt den Raum. Der Frau am Tresen im Foyer wirft er seinen Mitarbeiterausweis hin. Sie fängt ihn geschickt. Ist das die Neue? Vielleicht sollte er mal mit ihr ausgehen. Ach, Scheiße, ihn werden sie hier nicht so schnell wieder sehen. Bloß weg.

»Sie verlassen jetzt Truth or Consequences«

Die Stadt, zu der der Spaceport America gehört, hat wirklich einen bescheuerten Namen. Nick dreht sich um und sieht ihren letzten Häusern nach. Als ob man die Wahl zwischen Wahrheit und Konsequenzen hätte! Truth and Consequences, das wäre logischer gewesen, das gibt es nur im Doppelpack. Der Wagen rollt über den vierspurigen Highway nach Socorro. Am Straßenrand beginnt eine Halbwüste. Nick nimmt das Lenkrad in beide Hände. Das Auto begreift, dass er die Steuerung übernehmen will. Er tritt aufs Gas. Auf der I-25 sind 75 Meilen pro Stunde erlaubt, also fährt der Wagen im autonomen Modus auch nicht schneller. Nick geht auf 95.

Vielleicht schafft er es, doch noch deutlich vor seiner Frau zu Hause zu sein. Sie haben einen etwa gleich langen Arbeitsweg; er muss nach Norden fahren, sie nach Osten, in Socorro treffen sie sich. Das war ihnen damals praktisch erschienen. Seine Frau arbeitet am Very Large Array. Sie macht oft Überstunden, in letzter Zeit sogar mehr als früher. Vermutlich sehnt sie sich nicht zu sehr nach seiner Gesellschaft. Nick schüttelt den Kopf und treibt die Tachoanzeige auf 100. Das Auto warnt. Bei 110 ist der Wagen abgeriegelt. Er überholt einen Truck auf der rechten Spur, dann schlängelt er sich wieder nach links. Die örtlichen Sheriffs sind hier selten aktiv. Er kann seinem alten Job nicht schnell genug entkommen. Ein bisschen wünscht er sich aber auch, dass man ihn erwischen möge.

ZWEI KILOMETER VOR SOCORRO BREMST DAS AUTO VON SELBST. IN DER Stadt sind nur 30 Meilen erlaubt, und das wird mit einem in allen Fahrzeugen zur Pflicht erhobenen GPS-System überwacht. Socorro ist stolz darauf, zu den ersten drei Städten in den USA zu gehören, die diese Technik eingeführt haben. Der Bürgermeister war dafür sogar in den nationalen Nachrichten zu sehen gewesen. Was ist bloß aus dem amerikanischen Traum geworden, der Freiheit? Nick sieht auf das Handschuhfach. Wenigstens haben sie ihm seine Smith & Wesson noch nicht genommen.

Der Wagen biegt in eine Nebenstraße ein. Als sie hierher gezogen waren, hatte der Mittelstreifen noch in frischem Grün geleuchtet. Es war ihm fast künstlich vorgekommen, aber Rosie hatte ihm erklärt, dass es sich um eine besonders resistente Grasart handelt. Doch seit die Stadt wegen des Wassermangels das Bewässern von Gärten und Grünstreifen verboten hatte, war hier alles nur noch grau. Sie fahren an einem Bungalow nach dem anderen vorbei. Nick könnte sie nicht voneinander unterscheiden. Das Auto weiß aber, wo er wohnt. Es blinkt, stoppt kurz und biegt dann in die Einfahrt.

Ein Platz ist in der Garage bereits besetzt. Seine Frau hat heute wohl früher Schluss gemacht. Sie hat den Kofferraum offengelassen. Er schlägt die Klappe zu, ohne hineinzusehen. Sie war also einkaufen, das ist gut. Dann gibt es heute vielleicht doch mehr als Pizza aus der Mikrowelle. Oder hat er irgendeinen Anlass vergessen? Geburtstag hat Rosie im November, und ihr Hochzeitstag ist im Februar. Er ist sich keiner Schuld bewusst.

Er öffnet die Verbindungstür. Von der Garage geht es direkt in die Küche.

»Rosie?«

Keine Antwort. Er läuft durch die Küche in den Flur. Am Eingang zum Wohnzimmer bleibt er stehen. Rosie sitzt ihm gegenüber auf dem Sofa. Vor ihr stehen zwei Koffer. Sie lächelt schüchtern, fast linkisch. Das ist das Lächeln, in das er sich vor vielen Jahren verliebt hat. Er lächelt zurück. Aber was sollen die Koffer?

»Hallo Liebling«, sagt er.

Rosies Lächeln erstirbt.

»Hallo Nick«, sagt sie. »Setz dich doch.«

Er will sich aber nicht setzen. Sein Fluchtinstinkt setzt ein. Aber er bleibt. Er ringt sich sogar zu einer Frage durch, obwohl er ahnt, dass er die Antwort nicht hören will. Die Koffer …

»Was ist los?«

»Ich … ich verlasse dich.«

»Ah, okay. Darum die Koffer.«

Müsste er jetzt nicht etwas spüren? Trauer vielleicht, oder Wut? Er geht im Wohnzimmer auf und ab.

»Ja, ich habe alles eingepackt, was ich brauche. Das meiste ist schon im Auto.«

»Du wohnst also woanders?«

»Ja, Jim hat ein Zimmer frei, da kann ich einziehen.«

Jim ist ihr Doktorvater, der längst pensioniert ist. Er ist schwul.

»Hast du … einen anderen?«

»Darum geht es jetzt doch nicht.«

Also hat sie einen anderen. Wer könnte es sein? Dave? Darum also die vielen Überstunden in letzter Zeit. Es ist eine Erklärung, die allem eine gewisse Logik gibt. Trotzdem kann er keine Wut empfinden, keinen Ärger. Es ist nicht anders als vorhin im Büro seines Chefs. Er wird einfach nicht mehr gebraucht, das ist der Gang der Zeit.

24.5. 2080, Socorro, New Mexico

Rattatattata. Rattatattata. Rattatattata.

Nick greift mit der Hand nach rechts.

»Schatz, der Wecker … so grausam …«

Das Bett neben ihm ist leer. Dann fällt ihm der gestrige Abend wieder ein. Rosie ist ausgezogen, zu Jim. Sie will sich scheiden lassen. Kein Wort von »lass uns eine Auszeit nehmen«, nein, eine knallharte Scheidung will sie. Er hatte sie nach dem »Warum« gefragt. Sie hatte ihre Gründe genannt, und er hatte ihr zustimmen müssen, jedes einzelne Mal. Er ist wirklich zum Zyniker geworden. Der begeisterte Astronaut Nikolas ist irgendwann von einer EVA nicht zurückgekehrt. Nick, der Zyniker, ist in seinem Anzug ins Schiff gestiegen. Nick, der Säufer.

Er öffnet seine verquollenen Augen. Die Sonne wirft harte, weiße Strahlen ins Schlafzimmer. Es wirkt, als würde sie die Streben der Jalousie mit Gewalt auseinanderschieben wollen. Es ist eine harte Sonne, hier unten in New Mexico. Nick kommt eigentlich aus Seattle. Dort ist ihr Licht immer willkommen. Hier schützen sich die Leute davor, so gut sie können.

Rattatattata. Rattatattata.

Der Wecker fängt wieder an. Er rollt sich herum auf Rosies Seite und erreicht den Wecker. Doch das dumme Ding fällt zu Boden, wo es weiter klingelt. Er robbt an den Rand des Bettes und tastet auf dem Fußboden nach dem Wecker. Er findet Rosies Hausschuhe und stößt ein jammerndes Geheul aus. Sie war seine letzte Verbindung zur Realität, merkt er mit einem Mal. Sein Gesicht ist nass. Er tastet weiter, bis er auf den Wecker stößt. Er öffnet die Klappe auf der Rückseite und holt die Batterien heraus. Das Geräusch erstirbt.

EINE STUNDE LANG LIEGT NICK GESCHAFFT AUF DEM BETT, AUF ROSIES Seite, Arme und Beine von sich gestreckt. Er atmet ihren Duft ein, denn er weiß, dass er für immer verfliegen wird. Dann steht er auf. Es reicht. Er kann nicht ohne seine Frau leben. Er muss sie zurückholen.

In der Küche macht er sich einen starken Kaffee. Er braucht einen Plan. Irgendwie muss er es schaffen, wieder der Alte zu werden, der Mann, in den Rosie sich verliebt hat: Baseball-Champion mit seiner College-Mannschaft, auf dem besten Weg, Astronaut bei der NASA zu werden. Rosie hingegen hatte eine Karriere in der Radioastronomie angestrebt. Das perfekte Paar, so hatten Freunde sie immer bezeichnet. Und dann waren sie nach Socorro gezogen, weil Rosie der Job als Astronomin beim Very Large Array angeboten worden war. Sie hatten Kinder gewollt. Nein, erst nicht, aber dann doch. Nick hatte es mehr gewollt als Rosie. Deshalb hatte er für sie die Karriere bei der NASA aufgegeben und den gut bezahlten Privatpiloten für reiche Touristen gespielt. Er hatte nicht bedacht, wie sehr es einen Menschen verändert, wenn er seine Träume aufgibt.

Aber damit ist jetzt Schluss. Er wird Rosie überzeugen. Er weiß nur noch nicht, wie. Auf dem Weg zum Toaster stolpert er über Frasers Napf. Fraser ist ihr Kater. Der Napf ist leer. Mist, er hat ihn gestern Abend vergessen. Aber das kann doch mal passieren, nach so einer Nachricht? Vermutlich schmollt der Kater irgendwo – oder er lässt sich von der netten Nachbarin durchfüttern, einer älteren, schwarzen Lady, die allein in ihrem Bungalow wohnt. Nick hat sich immer vorgestellt, wie seine Kinder sie mal Oma nennen würden.

Vielleicht hätte er mit Rosie sprechen müssen. Nicht über den Job oder den dummen Chef, sondern über ihr Leben, ihre Wünsche, die Tatsache, dass sie es ein paar Jahre versucht hatten, es aber nie geklappt hatte mit den Kindern. Aber so etwas sagt sich leicht, wenn es zu spät ist.

Nick holt Katzenfutter aus dem Kühlschrank und schüttet den halben Inhalt der Dose auf Frasers Teller. Dann lässt er Wasser in das Spülbecken ein. Fraser trinkt nie aus einer Schale, nur aus dem Becken. Er steckt das Telefon in die Hosentasche und verlässt die Küche über die Garagentür.

In den Ebenen von San Agustin wird dem Auge schnell klar, warum ausgerechnet hier das Very Large Array gebaut werden musste. Sie befinden sich mindestens 2000 Meter über dem Meeresspiegel. Socorro ist die letzte Stadt vor der Einöde, dann fährt man über eine Stunde durch eine beeindruckende Landschaft. Die Ebenen sind deshalb faszinierend, weil sie so leer sind. Sie sind trocken und von niedrigen Sträuchern bedeckt. Landwirtschaft lohnt sich hier kaum. Die wenigen Farmer betreiben zwar extensiv Viehzucht, aber sie verdienen mehr damit, ihre Flächen an das Institut zu verpachten. Nick lässt die Automatik fahren. Über den hohen Bergen am Horizont scheint sich ein Gewitter zusammenzubrauen. Das wird die Astronomen nicht freuen, die Blitze und die Luftfeuchtigkeit stören ihre Beobachtungen. Die meisten von ihnen arbeiten in Socorro selbst und lassen sich die Daten einfach vom Teleskop schicken. Aber Rosie nicht. Sie will an vorderster Front sein. Wenn sie etwas findet, braucht sie nur zu Rob im Kontrollzentrum zu gehen, ihn nett um einen winzig kleinen Beobachtungsslot zu bitten, und schon hat sie die Daten, die sie braucht. Rosie wartet nicht gern.

In der Ferne sind die ersten Antennen zu sehen. Äußerlich sind sie nicht von den 27 Schüsseln zu unterscheiden, die in den 1970er-Jahren hier errichtet wurden. Aber die Elektronik macht den Unterschied. Sie wurde in drei Wellen so renoviert, dass Rosie noch immer Weltklasse-Forschung betreiben kann. Sonst würden sie längst nicht mehr in Socorro wohnen. Nick zählt die Schüsseln und begutachtet die Abstände. Alle vier Monate ziehen sie über ein Netz aus Doppelspur-Gleisanlagen um. Wann war er zuletzt hier? Vor zwei Jahren? Jetzt sind sie wohl gerade in der A-Konfiguration verteilt.

A wie Anfang. Wie soll er anfangen? Rosie entscheidet nicht spontan. Sie ist da ganz anders als er. Das hat ihm immer an ihr gefallen. Er kann sich gar nicht vorstellen, für ein ganzes Jahr Pläne zu machen. Rosie hingegen plant für ihr Leben. Und in diesem Plan kommt er nun nicht mehr vor. Wie soll er es schaffen, sich selbst darin wieder unterzubringen?

Es ist unmöglich. Sie hat ihren Plan bestimmt schon vor Monaten gefasst. Es war Zufall, dass sie es ihm gerade gestern gesagt hat, ausgerechnet an dem Tag, an dem sein Chef ihn rausgeworfen hat. Zum Glück gehört ihnen das Haus. Das heißt, Rosie steht die Hälfte zu, aber sie wird ihn doch bestimmt nicht zum Verkauf zwingen wollen. Nein, das ist nicht ihre Art.

Nick schlägt mit aller Kraft auf den Anhalte-Knopf. Die Automatik beschwert sich nicht. Es hatte mal eine Baureihe gegeben, bei der die Steuersoftware versucht hatte, ihren Besitzer sanft zu erziehen. Dann hatte jemand auf sein eigenes Auto geschossen, und die

Industrie hatte das als Irrweg begriffen. Der Wagen hält ohne zu murren mit quietschenden Reifen, fährt holpernd vom Asphaltband und kommt auf der harten Kruste der Wüste zu stehen, kurz vor einem mächtigen Kaktus. Nick lehnt sich zurück. Wenn er keine Strategie hat, braucht er Rosie gar nicht zu besuchen. Wahrscheinlich wird sie das Sicherheitspersonal anweisen, ihn wegzuschicken. Nick schließt die Augen.

Es klopft an der Scheibe. Nick zuckt nach vorn. Er sieht einen Mann in Uniform, der freundlich lächelt, aber die rechte Hand auch an seiner Waffe hat. Nick hebt beide Hände. Dann drückt er mit der rechten Hand auf den Knopf des Fensterhebers.

»Was kann ich für Sie tun?«, fragt er.

»Geht es Ihnen gut, Sir? Ihr Wagen hat uns einen Nothalt gemeldet, und dass der Zustand seines Besitzers fragwürdig ist.«

Fragwürdig? So betrachtet ihn also sein eigenes Auto?

»Danke, dass Sie sich darum gekümmert haben, aber es geht mir gut. Ich musste mich nur etwas ausruhen.«

»Sir, wenn Sie möchten, hole ich eine Ambulanz. Ich sehe auf meinem Bildschirm, dass in dreizehn Minuten ein Fahrzeug …«

»Nein, vielen Dank. Mein Auto war wohl etwas übereifrig.«

»Würden Sie mir einen Gefallen tun, Sir, und die Hände auf das Lenkrad legen? Sie müssen verstehen, ich trage die Verantwortung für diesen Streckenabschnitt, und auch wenn Sie autonom unterwegs sind, könnten Sie Schaden anrichten.«

»Natürlich.«

Er legt die Hände auf das Lenkrad. Sein Auto misst Herzschlag, Sauerstoff-Sättigung und Hautwiderstand und leitet ein EKG ab. Der Sheriff sieht auf das Display an seinem Arm. Dann nickt er.

»Das beruhigt mich wirklich, Sir«, sagt er dann. »Vielen Dank und eine gute Fahrt noch. Aber wenn Sie eine Bemerkung erlauben, Sie sehen furchtbar aus. Sie sollten unbedingt einen freien Tag einlegen.«

Nick lacht. »Würde ich gern, aber ich habe gestern meinen Job verloren.«

»Oh, das tut mir leid.« Der Polizist wirkt ernsthaft betroffen. »Ich hoffe, Ihre Frau Rosalie konnte Sie trösten.«

Nick zuckt, als der Uniformierte den Namen seiner Frau nennt. Aber klar, seine Daten sind im Computer und mit dem Kennzeichen seines Autos verknüpft.

»Rosie«, sagt er, »Rosie hat mich zu allem Unglück gestern auch noch verlassen.«

»Oh, Sie Ärmster. Ich würde ja sagen, dass ich das auch kenne, das würde sie bestimmt trösten, aber das kann ich nicht.«

»Sind Sie nicht verheiratet?«

»Nein, Sir.«

»Sie Glücklicher.«

»Ich weiß nicht, Sir. Nun, wenn Sie mich wirklich nicht brauchen, würde ich Sie jetzt allein lassen.«

»Aber klar. Sie haben bestimmt noch zu tun.« Nick sucht an der Uniform nach einem Namensschild, findet aber keins. »Wie heißen Sie denn?«

»Automatische Einheit 3BT6, Sir. Es war mir eine Freude, mit Ihnen zu plaudern. Rufen Sie 9-11, wenn Sie Hilfe brauchen.«

KURZ NACH ZEHN UHR ABENDS BETRITT NICK WIEDER SEINEN Bungalow. Er hat den Tag in einem Kasino in einem Reservat bei Socorro verbracht. Das rhythmische Bling-Bling der Maschinen hat ihn beruhigt. Er sieht sich in der Küche um. Fraser hat sein Futter nicht angerührt, und der Inhalt des Spülbeckens ist restlos abgelaufen.

»Fraser?«

Es wäre zwar das erste Mal, dass der rotblonde Kater auf seinen Namen hört, aber er kann es ja mal probieren.

Keine Antwort.

Nick kontrolliert das Katzenklo. Es scheint völlig sauber zu sein.

Tja, Fraser, hast du verräterische Socke mich also auch verlassen. Ich kann es dir nicht verdenken.

27.5. 2080, Socorro, New Mexico

Ein Eisbär bewegt sich scheinbar ziellos durch eine tiefgefrorene Landschaft. So etwa sieht das Frostfach in seinem Kühlschrank aus. Am Rand einer Eisscholle sitzt eine Robbe, die sich gerade das Fell putzt. So ähnlich macht das Fraser auch immer. Nein, so hat er es gemacht, der Verräter. Nick füllt zwar jeden Tag den Napf mit frischem Futter, aber das Tier hat sich nicht wieder blicken lassen. Der Eisbär nähert sich der Robbe, ganz so als wäre er zufällig in der Nähe. Die Robbe hebt kurz den Kopf, dreht sich um und taucht ins schwarze Wasser. Der Eisbär setzt sich auf die Hinterbeine. Sein Gesicht zeigt keinerlei Emotion. Der Eisbär, das könnte ich sein, denkt Nick, und schaltet auf einen anderen Kanal.

Naturdokumentationen sind langweilig. Talkshows auch. Er schaltet weiter. Das Angebot scheint unendlich. Er könnte sich sein ganz persönliches Programm zusammenstellen lassen. Aber dazu müsste er wissen, was er will. Diese Forderung kann er gerade unmöglich erfüllen. Das lineare Fernsehen ist für Menschen wie ihn gemacht. Es ist ein tröstlicher Gedanke, dass er in seinem ganzen Elend nicht allein ist. Überall auf der Welt gibt es Männer und sicher auch Frauen, die eine Dose mit schalem Bier auf dem Tisch stehen haben und sich sinnlos durch das Programm klicken.

Eine alte Frau verteidigt sich vor einer strengen, schwarzen Richterin. Sie hat Tauben gefüttert, was in ihrer Heimatstadt illegal ist, und hat die Strafgebühr dafür nicht aufbringen können, sodass sie nun eine Woche ins Gefängnis muss. Die Frau findet das ungerecht, aber die TV-Richterin schwingt den Hammer wie bei einer Auktion und schickt die alte Dame hinter Gitter. Das Publikum im Saal murrt. So ein Scheiß! Warum tut er sich das an?

Weil er sonst nichts zu tun hat. Gut, er könnte mal wieder die Küche aufräumen, das Haus saugen, den Rasen mähen. Aber wozu?

Ein Klingeln ertönt.

»Alexa, Ruf ablehnen.«

»Lehne Ruf ab.«

Er hätte ja zumindest fragen können, wer ihn da erreichen wollte.

»Alexa, wer hat angerufen?«

»Der Anrufer steht als Arschloch Bill im Adressbuch.«

Sein Chef also. Was wollte er? Hat er es sich anders überlegt? Kommt der Jungspund, der ihn ersetzt, mit den Passagieren nicht zurecht? Man braucht schon einige Erfahrung, um aus Hausfrauen aus dem Mittleren Westen und Autoverkäufern aus Illinois Astronauten zu machen.

»Alexa, rufe Arschloch Bill zurück.«

»Ich rufe Arschloch Bill zurück.«

»Alexa, ändere den Eintrag im Adressbuch auf Bill.«

»Ich ändere den Eintrag im Adressbuch auf Bill.«

Nick hört ein Freizeichen. Dann meldet sich sein Chef.

»Schön, dass du zurückrufst, Nick. Wie geht es dir?«

»Ach, es geht schon.«

»Ich habe das mit deiner Frau gehört.«

Hat es sich also bis nach Truth or Consequences herumgesprochen. Nick ist nicht besonders überrascht. Der Spaceport America und das VLA sind sehr gut vernetzt. Es sind die beiden einzigen Hightech-Arbeitgeber in dieser Region.

»Ja, sie ist weg. Aber das war absehbar.«

Das ist gelogen. Nick hatte keine Ahnung. Aber es klingt doch eindeutig besser, wenn er es irgendwie erwartet hat.

»Trotzdem muss das ein Schock sein. Wenn du jemanden zum Reden brauchst …«

Na klar. Der Arsch fühlt sich wohl mitschuldig an seinem Zustand, und nun hat er ein schlechtes Gewissen. Nick merkt, dass er unfair ist. Er knetet seine Hände, um sich zu beruhigen. Bill ist gar nicht so schlimm. Er macht bloß seinen Job. Er selbst war eine Gefahr für das Unternehmen. Was ist bloß aus ihm geworden?

»Danke, Bill, auch wenn ich nicht glaube, dass du mir helfen kannst. Ich muss vielleicht meine alten Träume wieder ausgraben. Hatte ich dir mal von dem Weingut erzählt?«

Eine Zeitlang hatte Nick davon geträumt, sich als Winzer zur Ruhe zu setzen. Natürlich hätte in dieser Zukunft Rosie eine wichtige Rolle gespielt, aber braucht er sie denn wirklich dazu?

»Weingut, nein«, sagt Bill. »Das klingt verrückt, darum passt es zu dir. Ich kann mir nur nicht vorstellen, wo du die Millionen herbekommen willst.«

»Ja, das ist das Problem. Vielleicht überfalle ich eine Bank.«

»Psssst, rede nicht weiter, erste Verbrecher-Regel: keine Mitwisser.«

Bill lacht. Aber Nick hat durchaus schon daran gedacht. Wenn er sicher wäre, mit der Beute davonzukommen. Aber die Chance ist minimal. Er braucht einen anderen Weg.

Ding-Dong.

Das ist die Klingel an der Haustür.

»Nick, deine Nachbarin steht vor der Haustür«, sagt Alexa.

»Bill, ich muss Schluss machen, ich bekomme Damenbesuch«, sagt Nick.

»Halt die Ohren steif, Junge. Mein Angebot steht.«

Ein wohltönendes Geräusch signalisiert, dass die Verbindung beendet ist.

»Alexa, bitte lass die Besucherin herein.«

Nick sieht an sich herunter. Er ist einigermaßen vorzeigbar. Schnell schließt er die Tür zur Küche. Das Chaos dort geht niemanden etwas an. Er öffnet die Wohnzimmertür und geht in den Flur. Die Außentür steht offen. Die Nachbarin steht davor, wartet und pfeift dabei ein Lied, das er nicht kennt.

»Kommen Sie doch herein, Mrs. McIntosh«, sagt er.

Die alte Dame lächelt und zeigt dabei eine Reihe glänzend weißer Zähne. Wie alt mag sie sein? Ihr Gesicht ist faltig wie das einer Achtzigjährigen, aber sie hat den schwungvollen Gang einer jungen Frau. Sie macht keine Anstalten, sein Haus zu betreten, hält ihm aber eine Schüssel hin.

»Ich habe Ihnen einen herzhaften Pie gebacken«, sagt sie statt einer Begrüßung.

»Das ist aber nett, wie komme ich denn dazu?«

»Man sieht doch, dass Sie etwas brauchen. Ihre Frau ist ausgezogen, Sie verlassen das Haus kaum noch, also haben Sie wohl auch Ihren Job verloren, Sie stecken offenbar in einer Krise.«

»Ist das so offensichtlich?«

»Na hören Sie mal, ich habe doch nichts anderes zu tun, als aus dem Fenster zu sehen, da fällt mir so etwas natürlich auf. Ihr Kater ist übrigens auch bei mir. Sie brauchen sich also keine Sorgen um ihn zu machen.«

»Danke, das ist sehr freundlich, Mrs. McIntosh.«

»Nennen Sie mich bitte Daisy. Wenn Sie jemanden zum Reden brauchen, besuchen Sie mich doch einfach. Und jetzt nehmen Sie mir bitte die Schüssel ab. Vorsicht, fassen Sie sie oben am Rand an, unten ist sie noch sehr heiß.«

Die alte Dame streckt ihm die Schüssel entgegen, und er nimmt sie ihr vorsichtig ab. Der Rand ist kühl. Es muss eine Keramik-Schüssel sein. Er hatte Hartplastik erwartet.

»Vielen Dank«, sagt er.

»Lassen Sie es sich schmecken. Das Leben geht weiter.«

Mrs. McIntosh dreht sich fast militärisch-zackig um und geht in Richtung Straße. Vom Gartentor aus winkt sie ihm noch einmal zu. Er bringt die Schüssel in die Küche. Die Haustür fällt hinter ihm zu. Er sucht einen sauberen Teller und Besteck und trägt dann alles ins Wohnzimmer. Dort nimmt er den Deckel von der Schüssel. Es riecht köstlich. Er packt sich etwa die Hälfte des Inhalts auf den Teller und isst. Teig, kleine Bröckchen aus Fleisch oder Tofu, Gemüse, die Konsistenz ist bissfest, und alles ist so gewürzt, dass der Geschmack der Zutaten erhalten geblieben ist. Er kann sich gar nicht mehr erinnern, wann er zuletzt so hervorragend gespeist hat. Nick greift nach der Bierflasche. Er riecht daran, dann bringt er sie in die Küche und holt sich ein Glas Wasser.

Am frühen Abend steht kein schmutziges Geschirr mehr in der Küche. Er hat das ganze Haus durchgesaugt und das Bad geputzt. Eigentlich hasst er diese Arbeiten. Hätte er seinen Job noch, würde er sich eine Putzfrau leisten.

Nick lässt sich erschöpft auf das Sofa fallen. Er sucht nach der Fernbedienung. Sie hat sich in einer Ritze versteckt. Er drückt den Einschaltknopf, dann überlegt er es sich anders und schaltet den Fernseher wieder aus.

»Alexa, kann ich einen Weinberg kaufen?«

»Soll ich für dich nach Weinberg-Angeboten suchen?«

»Ja.«

»In den Vereinigten Staaten stehen gerade 118 Weinberge und Weingüter zum Verkauf. Nach welchen Kriterien soll ich sie auflisten?«

»Günstigster Preis zuerst.«

»Ein Weingut in Minnesota, die Round Lake Vineyards, für 112.000 Dollar.«

Das ist verdächtig günstig.

»Gibt es eine Beschreibung?«

»Ja, Nick. Ich lese sie vor. Wegen eines Großbrandes, bei dem sowohl Reben als auch Gebäude vernichtet wurden, müssen wir unser geliebtes Weingut leider …«

»Alexa, stopp.«

Das Haus bringt ihm vielleicht 150.000, wenn Rosie auf ihre Hälfte verzichtet. Da ist ein Neubau auf dem Weingut nicht drin.

»Alexa, was kostet das günstigste Weingut, für das Öffnungszeiten verfügbar sind?«

»950.000 Dollar.«

Also mehr als eine Million mit Steuern und Gebühren. Aus seinem Traum wird wohl erst einmal nichts. Er braucht einen anderen Plan. Vielleicht kann er sich für ein paar Jahre auf einer Bohrinsel verdingen? In der Ölindustrie hat man mal gut verdient. Ob das heute, nachdem die meisten Ölfelder ausgebeutet sind, immer noch so ist?

»Alexa, suche nach einem Job, der meinem Profil entspricht. Zugriff auf meine persönlichen Daten erteilt.«

»In welchem Raum soll ich suchen?«

»Am besten im Weltraum, haha.«

»Ich verstehe deine Bemerkung nicht.«

»Du sollst auf der ganzen Welt suchen, ohne örtliche Beschränkung.«

»Verstanden. Ich habe sieben Angebote gefunden, die zu deinen Qualifikationen passen. Nach welchen Kriterien soll ich sie auflisten?«

»Höchstes Gehalt zuerst.«

»Der RB-Konzern sucht einen Piloten für eine Langzeit-Mission.«

»Und das Gehalt?«

»Umgerechnet 7,44 Millionen Dollar.«

»Wie bitte?«

»Umgerechnet 7,44 Millionen Dollar.«

»Schick mir das Angebot auf den Fernseher.«

Alexa antwortet mit einem Pling. Das TV-Gerät schaltet sich an. Kurz sieht Nick einen Löwen, der gerade an einer Gazelle nagt, dann erscheint der Text des Job-Angebots.

Erfahrener Pilot für Langzeit-Mission gesucht

Durchhaltevermögen und umfangreiche Erfahrungen mit der Steuerung von Raumfahrzeugen aller Art und bei extravehikulären Aktivitäten zeichnen Sie aus? Sie sind physisch gesund und psychisch extrem stabil, haben keine familiären Bindungen und sind ab sofort für mindestens vier Jahre

verfügbar? Dann sind Sie (m/w/x) unser/e perfekte/r Kandidat/in. Wir benötigen eine Pilotin / einen Piloten für eines unserer modernen Schiffe, der / die technisch versiert ist, aber auch in extremer Einsamkeit nicht versagt. Für dieses außergewöhnliche Projekt bezahlen wir Sie außergewöhnlich.
Hinzu kommen Kost und Logis für die gesamte Einsatzzeit sowie medizinische Betreuung, soweit das im Rahmen des Projekts möglich ist. Achtung, ein Abbruch des Projekts ist vor seinem Ende technisch und rechtlich unmöglich.
Der Vertrag wird nach russischem Arbeitsrecht abgeschlossen.
Der RB-Konzern ist ein privater Mischkonzern, der seinen Sitz in Akademgorodok, Russland, hat und im Asteroiden-Bergbau Weltmarktführer ist. In einer anonymen Umfrage unter unseren Mitarbeitern werden unsere Arbeitsbedingungen als hervorragend gelobt.
Sie haben Interesse? Dann bewerben Sie sich sofort online mit den üblichen Unterlagen.

Nick lehnt sich zurück. Sieben Millionen! Davon kann er nicht nur ein Weingut kaufen, sondern auch bis ans Ende seiner Tage bequem leben, wenn er gut haushaltet. Wer bezahlt einem Piloten so viel Geld? Das ist doch längst ein Beruf wie jeder andere. Da muss doch noch etwas anderes dahinterstecken? Ist die Mission vielleicht besonders gefährlich? Gut, er ist dann wohl für eine Weile weg, aber das stört ja derzeit keinen. Sogar der Kater ist zu Mrs. McIntosh gezogen. Psychisch stabil, nun ja, wenn die Frau einem nach vielen Jahren davonläuft, darf man ja wohl etwas schockiert sein? Ansonsten kommt er eigentlich ziemlich gut mit sich selbst zurecht. Fremde Menschen nerven ihn schon sein Leben lang eher. Also warum nicht? Auch vier Jahre gehen ja irgendwann vorbei. Seine Zeit bei den Marines hat sogar ein Jahr länger gedauert, und besonders spannend war es damals auch nicht gewesen.

»Alexa, stell meine Unterlagen zusammen und schick eine Bewerbung an den RB-Konzern ab.«

»Soll ich nicht noch die anderen Angebote anzeigen?«

»Wie hoch ist das zweithöchste Gehalt?«

»130.000 Dollar im Jahr, befristet für sechs Monate.«

»Nein, danke. Ich bewerbe mich bei RB.«

28.5. 2080, Socorro, New Mexico

»Nick, ein Anruf für dich.«

Was hat Alexa da gesagt? Nick dreht sich auf die andere Seite.

»Nick, ein Anruf für dich.«

Lass mich in Ruhe, Alexa. Er zieht das Kissen unter dem Kopf hervor und legt es auf das freie Ohr.

»NICK, EIN ANRUF FÜR DICH.«

Jetzt dreht sie auch noch die Lautstärke hoch. Nick fährt auf. Durch die Jalousien dringt das fahle Licht der Straßenlaterne. Es ist noch dunkel draußen!

»NICK, EIN ANRUF FÜR DICH.«

»Jahaaa, ich habe dich gehört, Alexa. Wer ruft denn so früh am Morgen an?«

»Die Rufnummer steht nicht in deinem Adressbuch und lässt sich auch nicht zurückverfolgen. Ich erkenne nur den Ländercode für Russland.«

»Sag das doch gleich, das wird jemand vom RB-Konzern sein. Nimm ab, schnell!«

Nick springt auf und öffnet den Schrank. Er braucht ein frisches T-Shirt, eine Unterhose und saubere Shorts.

»Guten Morgen, Nick«, sagt eine weibliche Stimme auf Englisch. Es ist kein Akzent herauszuhören. »Ich sehe, Sie wollen uns Ihren guten physischen Zustand demonstrieren. Das ist sehr lobenswert.«

Die Frau klingt belustigt. Nick zieht schnell die Schranktür hinter sich.

»Alexa, mach die Kamera aus«, ruft er.

»Es tut mir leid«, sagt er dann, »ich wollte Sie nicht erschrecken.«

»Keine Sorge, Mister Abrahams, Sie sind nicht der erste nackte Mann, den ich sehe. Und der Anblick war ja auch nicht so furchtbar.«

Die Russen scheinen doch aus anderem Holz zu sein. Hätte ihn ein amerikanischer Arbeitgeber so erwischt, wäre das wohl das Ende der Bewerbung gewesen. Nick zieht T-Shirt und Shorts über und geht ins Wohnzimmer. Dort läuft schon der Fernseher. Er zeigt eine elegante Frau, etwa Anfang 50. Ihr Kleidungsstil ist konservativ, Bluse und Rock, aber irgendetwas sagt ihm, dass das nicht dem Charakter der Frau entspricht.

»Alexa, Licht an und Kamera an«, sagt er und setzt sich aufs Sofa.

»Ich bin Valentina Schostakowna«, sagt die Frau. »Schön, Sie kennenzulernen.«

Alexa hat zugehört und blendet unter dem Kamerabild ein, was sie zu dem Namen in Erfahrung bringt. Schostakowna ist offenbar die Besitzerin des Konzerns, die Tochter des Gründers. Das ist ganz gewiss kein gewöhnlicher Job.

»Angenehm. Nick Abrahams, aber das wissen Sie ja. Ich hätte eigentlich einen Anruf aus der Personalabteilung erwartet.«

Valentina lächelt. »Ich muss mich noch einmal für die frühe Störung entschuldigen. Aber ich habe nachher noch einen Termin, und dann bricht auch schon die Nacht an. Mr. Abrahams, Sie haben sich auf unsere Anzeige beworben. Ich gehe davon aus, dass Sie den Text gelesen haben und die darin genannten Voraussetzungen erfüllen?«

»Richtig. Benötigen Sie noch irgendwelche zusätzlichen Unterlagen?«

»Derzeit nicht. Wir haben Sie natürlich durchgecheckt. Das ist effektiver als der Austausch von Dokumenten. Sie ahnen sicher schon, dass wir Sie auf keine alltägliche Reise schicken. Die Bezahlung ist auch deshalb so großzügig, weil wir unbedingte Geheimhaltung erwarten. Die Hälfte der Summe wird Ihnen deshalb als zinsloser Kredit ausgezahlt, der sofort fällig wird, wenn Sie diesen Teil des Vertrags brechen. Damit auch Sie eine Sicherheit haben, zahlen wir eine Million noch vor der Abreise.«

»Das klingt nur fair«, sagt Nick, »Sie brauchen ja auch eine Absicherung. Aber worum geht es denn überhaupt?«

»Ich muss Sie erst bitten, alle Aufzeichnungsgeräte abzuschalten.«

»Alexa, Schlafmodus.«

»Danke, Mr. Abrahams. Sie müssen eine unserer Installationen besuchen. Sie funktioniert nicht wie erwartet. Ihre Aufgabe besteht darin, die Gründe dafür herauszufinden und die Funktionsfähigkeit wieder herzustellen.«

»In der Beschreibung ist von vier Jahren Abwesenheit die Rede. Die Installation muss also sehr weit weg sein?«

Nick überschlägt die Entfernungen. Mit aktueller Technik kommt man in vier Jahren nicht ganz bis zum Uranus und zurück. Für den Flug zum Saturn hat die ILSE damals zwei Jahre gebraucht.

»Das ist korrekt. Details können wir aber erst nach Vertragsabschluss verraten, sobald Sie sich in unserer Einrichtung in Akademgorodok befinden.«

»Verstehe. Was macht Sie denn so sicher, dass ich den Fehler reparieren kann? Ich bin zwar handwerklich nicht unbegabt, habe aber keine spezielle Ausbildung in Raumfahrttechnik.«

»Wir glauben nicht, dass Sie eine solche Ausbildung brauchen. Was Sie wissen müssen, bringen wir Ihnen bei. Uns ist wichtig, dass Sie ein Profi sind, und das haben Sie mit Ihren 2267 Starts gründlich bewiesen.«

»Davon war ich 2254 Mal mit Touristen im All.«

»Sie waren an 2254 Tagen allein für den Zustand des Raumschiffs verantwortlich. Das sind gut sechs Jahre. Für uns werden Sie nur vier Jahre unterwegs sein.«

»Das ist für mich kein Problem.«

»Das hoffe ich. Das Schiff, das wir Ihnen zur Verfügung stellen, ist jedenfalls mit allen Annehmlichkeiten ausgestattet.«

»Sehr gut. Und wie geht es nun weiter?«

»Sie werden verstehen, Mr. Abrahams, dass wir uns absichern müssen. Deshalb brauche ich von Ihnen eine Vollmacht, mit der wir all Ihre privaten Daten einsehen können. Bankkonten, Arztbefunde, so etwas. Wenn wir dabei nichts finden, was gegen Sie spricht, schickt Ihnen meine Assistentin die Flugtickets für das Vorstellungsgespräch. Das ist dann aber nur noch eine Formalie.«

»Verstehe. Wie viel Zeit habe ich, um hier alles zu regeln?«

Valentina blickt kurz nach unten und tippt etwas. Dann sieht sie ihn wieder an.

»Der nächste Flug geht morgen um 9:38 Uhr von Albuquerque. Sie sind etwa 24 Stunden später bei uns. Oder ist das zu früh?«

Nick reibt sich die Augen. Morgen früh schon, das ging aber schnell! Um das Haus kann sich Rosie kümmern, vielleicht will sie auch darin wohnen, wenn er nicht mehr da ist. Er muss ein paar persönliche Sachen in Kisten packen. Weitere Formalitäten fallen ihm nicht ein. Aber braucht er für Russland nicht ein Visum?

»Das bekomme ich hin. Meine Frau ist … egal.« Das wird der RB-Konzern bei der Überprüfung sowieso herausfinden. »Wie sieht es denn mit der Visumpflicht aus?«

»Kein Problem, Mr. Abrahams, wir haben gute Beziehungen zu

den staatlichen Stellen. Ihr Visum wird bei Ihrer Einreise elektronisch vermerkt sein.«

»Großartig, dann sehen wir uns übermorgen in, wie hieß der Sitz Ihrer Zentrale noch mal?«

»Übermorgen in Akademgorodok, dem Akademiestädtchen, so könnte man es übersetzen. Ist inzwischen aber eine ausgewachsene Stadt. Unser Fahrer wird Sie direkt am Flughafen erwarten. Jetzt brauche ich noch Ihre Vollmacht. Sagen Sie einfach in die Kamera, dass Sie uns sämtliche Vollmachten erteilen.«

Nick schluckt. Was, wenn das ein großangelegter Betrugsversuch ist? Alexa hat zwar bestätigt, dass Stimme und Aussehen der Frau zu den über Valentina Schostakowna vorliegenden Daten passen. Doch das lässt sich alles fälschen. Andererseits ist bei ihm ja sowieso nichts mehr zu holen. Seine Konten sind überzogen; nach der nächsten Kreditkarten-Abrechnung wird seine Bank mit der Pfändung des Hauses drohen, das ihm ja noch zur Hälfte gehört.

»Ich erteile dem RB-Konzern, vertreten durch Valentina Schostakowna, die Vollmacht, all meine privaten Daten einzusehen«, sagt er.

So müssen Banken und Versicherungen zumindest prüfen, ob die Anfrage wirklich von RB kommt. Diese Großfirmen haben dafür bessere Möglichkeiten als er selbst.

»Danke, Mr. Abrahams. Ich hoffe auf ein Wiedersehen in meinem Büro.«

»Ich freue mich schon darauf«, antwortet Nick.

Es ist Wahnsinn. Nick prüft noch einmal, ob er den Schlüssel eingesteckt hat, dann lässt er die Tür hinter sich ins Schloss fallen. Er braucht jetzt ein bisschen Bewegung. Gerade hat er drei große Tassen schwarzen Kaffee getrunken und dazu das trockene Müsli seiner Frau in sich hineingeschaufelt. Ein paar Reste hängen immer noch in seinen Zähnen. Er versucht, sie mit der Zunge herauszulösen. Es ist zwar noch früh am Morgen, aber die Sonne scheint schon erbarmungslos. Im Garten des Nachbarn rechterhand, Miller heißt er, startet gerade der Sprinkler. Nick läuft die Straße entlang. Es gibt keinen Fußweg, aber die Straße ist so breit, dass man darauf wunderbar Baseball spielen könnte.

Früher hat er sich manchmal vorgestellt, wir er seinem Sohn hier das Schlagen beibringen würde. Das war ein anderes Leben. Er winkt dem alten DeWitt zu, der wie jeden Tag die Zufahrt zu seinem Haus harkt. Die Bungalows sehen alle identisch aus, und doch kann man die Grundstücke unterscheiden, wenn man genau hinsieht. DeWitt ist der einzige Anwohner mit geharktem Zufahrtsweg, Miller ist der mit dem grünen Rasen, vor Gumps Haus wachsen riesige Kakteen und Dillinger dekoriert sein Grundstück mit seiner jungen thailändischen Ehefrau, die vor zwei Jahren plötzlich erschienen ist und sich nun immer unter dem Coca-Cola-Schirm neben dem kleinen Pool entspannt. Es ist ein winziger Kosmos, den er bald verlassen wird, morgen schon. Wenn er zurückkommt, ist DeWitt vielleicht schon gestorben. Aber vielleicht trifft es auch Dillinger zuerst, der beim gemeinsamen Barbecue mal angedeutet hat, dass ihn demnächst eine schwere Krankheit umbringen wird.

Es ist natürlich auch möglich, dass er selbst es ist, den das Universum zuerst zu sich holt. Dass jeder ins All fliegen kann, bedeutet nicht, dass die Raumfahrt ungefährlich geworden wäre. Sobald er über den Orbit des Mars hinaus ist, wird er auf sich allein gestellt sein. Der RB-Konzern ist zwar auf Raumtransporte über weite Strecken spezialisiert, das ist ein Nebeneffekt des Asteroiden-Bergbaus. Aber auch RB-Schiffe hatten schon Unfälle.

Wohin wird man ihn schicken? Bei vier Jahren Flugzeit kommt nur das äußere Sonnensystem in Frage. Expeditionen dorthin gab es seit den ILSE-Flügen in den 2050er-Jahren kaum noch. Ökonomisch ist dieser Bereich uninteressant, weil die Entfernungen einfach zu groß sind, und die Weltraum-Agenturen müssen ihre knappen Budgets hüten. Dabei gäbe es noch viele spannende Ziele! Umso besser für ihn – egal, wohin RB ihn schickt, es wird sich wohl um einen Erstbesuch handeln. So geht er vielleicht doch nicht bloß mit seinem zweifelhaften Rekord in die Geschichte ein.

Nick läuft die Straße entlang. Es riecht nach heißem Asphalt und nach Staub. Er gräbt in seinem Gedächtnis nach Russisch-Brocken. Zu seiner NASA-Ausbildung hatte ein Sprachkurs gehört; ein Astronaut sollte sich nach NASA-Vorgaben mit einem Kosmonauten verständigen können. Als es noch eine gemeinsame Raumstation gegeben hatte, war das wichtig gewesen. Heute würde er im erdnahen Raum wohl mit Chinesisch weiter kommen.

»Menja sawut Nick«, sagt er leise.

»Ich heiße Nick«, wiederholt er auf Englisch.

»Gowno.«

Scheiße, das Wort hat er am häufigsten auf Russisch gehört. Aber er wird ja allein unterwegs sein. Ein Glück! So braucht er sich mit niemandem zu unterhalten, weder auf Russisch noch auf Englisch. Die Schostakowna scheint ja sehr gut englisch zu sprechen. An ihren Lippenbewegungen hatte er deutlich gemerkt, dass sie keinen Simultanübersetzer genutzt hat.

»He, Nick!«

Er dreht sich um. Tedesci hat ihn gerufen. Er winkt dem Mann zu. Tedesci ist italienischer Abstammung, aber in den USA geboren. Seine Ehefrau Maria hat ihm die Familie aus der Heimat, aus Sizilien, hergeschickt. Sie ist ein echter Schatz.

»He, Paolo!«, antwortet Nick.

»Wie geht's?«

»Geht so.«

Er hat jetzt keine Lust auf längere Erklärungen.

»Heute Abend schon was vor? Wir grillen.«

»Danke, Paolo, ich muss noch packen und morgen früh raus.«

»Okay. Fährst du in den Urlaub?«

»Nein, bin für einen neuen Arbeitgeber unterwegs.«

»Cool, freut mich, Nick. Bist du lange weg?«

»Etwa vier Jahre.«

»Haha, der war gut. Na, schönen Abend noch, wird ja nicht das letzte Mal sein, dass wir grillen.«

Nick hat gerade keine Lust, den Irrtum aufzuklären. Er kann es selbst noch nicht richtig glauben, dass er vier Jahre lang unterwegs sein wird.

»Ja, ein andermal«, sagt er.

29.5. 2080, Socorro, New Mexico

»Guten Morgen, Nick. Heute ist der 29. Mai 2080, ein Mittwoch. Der Wetterbericht für Socorro, New Mexico, verspricht einen sonnigen Tag mit Temperaturen bis 32 Grad. In 45 Minuten erwartet dich das bestellte Taxi. Das Flugticket aus Russland ist ebenfalls hinterlegt worden.«

»Danke, Alexa.«

Nick springt auf. Er hat sich schon Reisekleidung zurechtgelegt. In Sibirien soll es noch recht frisch sein, also zieht er eine lange Stoffhose, ein langärmliges Hemd und Sneakers an. Das Jacket wird er über den Arm nehmen. Der Koffer steht bereits in der Küche.

»Kann ich sonst noch etwas für dich tun?«

»Danke, Alexa. Bitte richte Rosie Grüße aus, wenn sie das Haus betritt. Du wirst jetzt wohl ein paar Tage allein sein. Falls Nachbarn klingeln, informiere sie bitte, dass ich mich auf einer längeren Dienstreise befinde.«

»Das ist schade, Nick, ich genieße deine Gesellschaft«, sagt Alexa.

Er zuckt die Schultern. Diese Anbiederungs-Funktion kommt ihm immer noch etwas seltsam vor, aber er hat nie das Einstellungsmenü gefunden, in dem er sie hätte ausschalten können.

»Vielleicht zieht Rosie dann wieder hier ein«, sagt er.

Irgendwann muss er Rosie noch Bescheid geben. Aber das kann er auch aus Russland tun. Er läuft ins Bad und putzt sich die Zähne. Alexas Stimme folgt ihm.

»Das wäre schön«, sagt sie. »Rosie besitzt noch immer die höchste Autorisierungsstufe.«

Er spuckt ins Waschbecken.

»Na wunderbar, dann sind ja keine Probleme zu erwarten.«

Nick zieht die Hosen herunter und setzt sich aufs Klo. Komisch, Rosie ist nicht mehr da, aber er pinkelt immer noch im Sitzen. Es dauert einen Moment, bis es läuft. Irgendwie hat er das Gefühl, Alexa wäre im Raum, obwohl das natürlich Quatsch ist. In Anwesenheit anderer fällt ihm das kleine Geschäft immer schwer.

»Du kannst dich auf mich verlassen, Nick.«

»Danke, Alexa.«

Das Taxi öffnet die Tür. Nick gibt den Rechnungsbetrag per Stimme frei.

»Wir hoffen, Sie sind bald wieder unser Gast«, sagt die Automatenstimme.

An den unteren Teil der Sitzbank hat jemand mit schwarzer Farbe einen Penis gemalt. Nick überlegt kurz, wie der Zeichner das geschafft haben könnte, ohne von den Sicherheitskameras gefilmt worden zu sein, die gegen solchen Vandalismus eingebaut wurden. Dann steigt er aus und holt den Koffer und den Rucksack aus dem Kofferraum, der sich automatisch geöffnet hat. Er hat heute noch mit keinem Menschen sprechen müssen, aber das wird wohl nicht so bleiben.

Der Flughafen in Albuquerque kommt ihm wie ein Museum vor. Die Wände sind mit volkstümlichen Motiven dekoriert. Es ist erstaunlich leer und riecht nach Popcorn. In der Eingangshalle steht ein uraltes Flugzeug. Direkt dahinter verkauft eine ältere, dunkelhäutige Frau an einem kleinen Stand Süßigkeiten. Sie hält ihm ein Säckchen mit undefinierbarem Inhalt hin.

»Ein Mitbringsel für Ihre Liebsten?«, fragt sie.

Nick schüttelt den Kopf.

»Sie brauchen nichts auszupacken und können Ihre Schuhe anlassen«, sagt der Grenzbeamte.

Nick sieht auf sein Namensschild. »Automatische Einheit 4ZZ2« steht darauf. Die Grenzbeamten tragen einen Poncho, befranste Lederhosen und Cowboy-Hüte. Eine seltsame Mischung, aber automatische Einheiten beschweren sich wohl selten. Der Bundesstaat ist stolz auf seine Vergangenheit, die nicht immer friedlich war. Plötzlich friert Nick. Er wird das alles nicht wiedersehen, das scheint ihm mit einem Mal ganz sicher.

Hinter der Kontrollsperre wartet schon sein Rucksack auf ihn. Nick setzt ihn auf und sucht nach seinem Koffer. Dann fällt ihm ein, dass der Koffer ja automatisch zum Flugzeug befördert wird. Er läuft durch die Wartehalle, ohne nach links und rechts zu sehen. Nicht, dass ihn noch jemand anspricht. An Gate G8 sind bereits die Türen geöffnet. Kameras erfassen sein Gesicht. Hätte er kein Ticket, würde sich die Tür vor ihm automatisch schließen. Er läuft durch den dunklen, heißen Gang und wird schließlich von diesem ins Flugzeug ausgespuckt. Unbehelligt nimmt er seinen Platz ein.

Ha, wieder hat er es geschafft, mit niemandem reden zu müssen. Rosie würde ihn für verrückt halten, deshalb hat er ihr noch nie etwas von diesem doch etwas seltsam anmutenden Hobby erzählt. Aber Rosie ist nicht mehr an seiner Seite. Am Ende dieser Reise erwartet ihn sein neues Leben. Er greift in seinen Rucksack. Da ist der Pass. Valentinas Assistentin hatte ihn extra daran erinnert, dass zur Einreise nach Russland noch ein physischer Pass benötigt wird. Nick hatte sich nicht einmal sonderlich gefreut, dass die Tickets angekommen sind. Er hatte schon fest damit gerechnet.

Er lehnt sich zurück und schließt die Augen. Es ist seltsam, aber er vermisst Alexas Stimme. Die Heim-KI hätte erkannt, dass er müde ist, und ihm einen geruhsamen Schlaf gewünscht.

30.5. 2080, Akademgorodok

»MÜDE?«

Raissa, so hat sich Valentina Schostakownas Assistentin vorgestellt, beugt sich über den flachen Couchtisch, um ihm einen Espresso hinzustellen. Nick bemerkt ihren großzügigen Ausschnitt und wendet schnell den Blick ab. Er hält sich die Hand vor den Mund und gähnt.

»Ja, war ein langer Flug«, sagt er.

»Sie konnten nicht schlafen, Nick? Ich darf doch Nick sagen?«

»Natürlich. Ja, ich kann im Flugzeug nie schlafen.«

»Im Raumschiff schon?«

Das ist tatsächlich seltsam, und es ist ihm nie aufgefallen. Die Triebwerke des brandneuen Fliegers haben im Vergleich zu den Raketenmotoren eines Raumschiffs nur gesäuselt. Trotzdem hatte er im Weltall nie Schlafprobleme.

»Ja, das ist wirklich komisch«, sagt er. »Vielleicht liegt es daran, dass ich das Schiff selbst steuere, zumindest habe ich das Gefühl, und im Flugzeug bin ich bloß Passagier.«

»Das kann ich gut nachvollziehen«, sagt Raissa. »Ich habe auch lieber die Kontrolle.«

Sie bleibt vor dem Sofatisch stehen und scheint nachzudenken. Er sieht sie fragend von unten an. Sie ist eine attraktive Frau, blond, langbeinig, konservativ gekleidet in eine Art Firmen-Uniform aus dunklem Rock und weißer Bluse mit Firmenlogo. Raissa sagt nichts. Es wirkt, als habe man sie kurz deaktiviert. Handelt es sich etwa um eine Automatische Einheit wie bei den Grenzbeamten in Albuquerque? Dann wäre die Technik hier aber sehr weit fortgeschritten.

Dann hält Raissa hörbar den Atem an, hält sich die Nase zu und niest.

Sie ist ein Mensch aus Fleisch und Blut. So weit ist die Technik dann doch noch nicht. Nick ist erleichtert.

»Entschuldigung«, sagt sie. »Die Chefin müsste auch gleich da sein.«

Da öffnet sich auch schon die Tür. Das Türfutter ist beeindruckend dick. Vermutlich eine Sicherheitsmaßnahme. Als Firmenchefin und -erbin ist Schostakowna vermutlich ein interessantes Ziel für viele Verbrecher. Valentina lächelt offen. Sie sieht in Wirklichkeit noch besser aus als im Kamerabild, obwohl sie offensichtlich schon die 50 überschritten hat. Nick vergleicht sie mit Raissa. Man könnte fast meinen, die beiden wären Mutter und Tochter. Aber ihm sind auf den langen Firmenkorridoren noch mehr Raissas begegnet. Ein repräsentatives Aussehen scheint hier zu den Einstellungsvoraussetzungen zu gehören, und das, wo sich RB doch sonst so modern gibt.

Valentina kommt ihm entgegen. Nick steht auf. Sie reicht ihm die Hand.

»Schön, dass Sie es so schnell geschafft haben.«

»Dank Ihrer perfekten Vorbereitung.«

»Danken Sie Raissa, sie hat das alles übernommen.«

Nick lächelt Raissa zu. Valentina macht eine unmissverständliche Handbewegung, und Raissa verlässt den Raum. Vermutlich gilt hier auch noch die Prügelstrafe. Mit Gegnern, hört man, soll der RB-Konzern nicht zimperlich umgehen. Angestellte, die ihren Job nicht wie erwartet erledigen, gehören vermutlich auch dazu. Aber das weiß er alles bloß vom Hörensagen. Vielleicht ist RB ja doch ganz anders.

»Setzen Sie sich doch«, sagt Valentina.

Nick nimmt wieder auf dem Sofa Platz, und die Besitzerin des RB-Konzerns setzt sich gegenüber in einen Sessel. Wo sonst stellt die Chefin selbst noch ein? Die Aufgabe, die für ihn vorgesehen ist, muss eine ganz besondere sein.

»Ich will Sie nicht lange von Ihrer wohlverdienten Ruhe abhalten«, sagt Valentina. »Einige Fragen sind allerdings noch offen. Aber bevor ich ins Detail gehe – Sie haben es sich nicht anders überlegt?«

Nick schüttelt den Kopf.

»Gut.« Valentina beugt sich nach vorn und tippt auf den Tisch, der sich in einen Bildschirm verwandelt. Nick blickt auf ihre Finger, um nicht in ihren Ausschnitt zu starren. Solche Situationen lassen ihn schon seit seiner Schulzeit rot werden, und auch jetzt steigt die Hitze in seine Wangen.

»Schauen Sie, hier«, sagt Valentina.

Mit einer Wischbewegung dreht sie die Darstellung herum. Nick bekommt große Augen. Eine Million Dollar sind gerade auf seinem Konto gelandet. Jedenfalls steht das da. Glauben kann er es nicht so richtig.

»Das ist die vereinbarte Anzahlung«, sagt die RB-Besitzerin.

»Danke.«

»Damit können wir nun zum vertraulichen Teil kommen«, sagt Valentina und lehnt sich wieder zurück.

»Meine Aufgabe.«

»Richtig. Der RB-Konzern besitzt eine wichtige Installation auf Triton.«

»Dem Neptunmond?«

»Genau.«

Neptun ist der äußerste Planet des Sonnensystems. In zwei Jahren Reisezeit ist er mit herkömmlicher Technik nicht zu erreichen, deshalb hatte Nick eher an Saturn oder Uranus als Ziele gedacht.

»Ich erkenne die Skepsis in Ihrem Blick«, sagt Valentina, »aber Sie können mir vertrauen. Wir setzen Sie in ein Schiff, das mit einem Bündel aus zehn Direct Fusion Drives ausgestattet ist. Da wir nur eine Person samt Vorräten befördern müssen, konnten wir die Masse des Schiffs im Vergleich zur bekanntesten Expedition ins äußere Sonnensystem, also zur ILSE, auf ein Sechstel reduzieren.«

»Ich habe das als kleiner Junge mitverfolgt«, sagt Nick. »Damals waren sechs Astronauten mitgeflogen, wenn ich mich nicht irre. Aber werden nicht bestimmte Komponenten auch dann in gleicher Größe gebraucht, wenn es nur einen Passagier gibt?«

»Ah, Sie spielen auf den Ring oder das Gartenmodul an. Nun, Sie werden die eine Hälfte der Zeit beschleunigen, die andere bremsen. Dadurch haben Sie eigentlich ständig Schwerkraft. Also brauchen wir den Ring nicht. Und unsere Maschinen zur Nahrungsherstellung mit Hilfe von Nanofabrikatoren sind inzwischen so ausgereift, dass Sie keine Nahrung anbauen müssen.«

»Das klingt nachvollziehbar. Aber was ist meine Aufgabe?«

»Die Installation reagiert nicht mehr auf unsere Befehle. Irgendetwas muss passiert sein. Sie müssen für uns nachsehen und es in Ordnung bringen.«

»Welcher Art ist denn diese Installation, und wer oder was reagiert dort nicht mehr?«

»So weit von der Erde entfernt können wir keine Menschen einsetzen. Also außer Ihnen, aber das ist ja nun ein Notfall. Deshalb steuert eine KI die Einrichtung. Sie hat die Aufgabe, den Raumschiffen des Starshot-Gamma-Projekts einen finalen Boost zu geben.«

»Starshot Gamma?«

Starshot sagt ihm etwas. Vor einigen Jahren hatte ein internationales Gremium Mikro-Raumschiffe mit Hilfe von großen Lasern zu den nächsten Sternen geschickt. Die Sonden hatten zwar nur wenige miniaturisierte Messinstrumente an Bord gehabt, man hatte sie aber wegen ihres geringen Gewichts auf enorme Geschwindigkeit, immerhin einige Prozent der Lichtgeschwindigkeit, beschleunigen können.

»Es ist eine Weiterentwicklung des Starshot-Projekts, rein firmenintern. Meinem Vater war das Projekt besonders wichtig, deshalb möchte ich es auf jeden Fall erfolgreich abschließen.«

»Und was ist das Besondere daran?«

»Nun, unsere Schiffe wachsen mit der Zeit. An Bord befindet sich menschliche DNS, und nach ein paar Jahren Flug werden daraus zwei Kinder geboren, die bis zur Ankunft beim Ziel erwachsene, gut ausgebildete Wissenschaftler sein werden. Mal ehrlich, so eine winzige Sonde erreicht doch nicht viel. Zwei menschliche Forscher sind zu so viel mehr fähig.«

»Ihr Vater hat die beiden Passagiere aber nicht gefragt, oder? Das scheint mir ethisch überaus fragwürdig zu sein.«

»Es ist ja kaum möglich, zwei DNS-Stränge um ihre Einwilligung zu bitten. Aber hatten Sie denn eine Wahl, ob Sie geboren werden wollten? Hat Ihre Mutter Sie vorher um Erlaubnis gebeten, Sie gebären zu dürfen?«

»Sie hat mich aber auch nicht Lichtjahre entfernt von allen Mitmenschen zur Welt gebracht.«

Vielleicht wäre das gar nicht schlecht gewesen, denkt er, aber das ist natürlich sein ganz persönliches Problem.

»Ich stimme Ihnen ja im Grunde zu. Die Ideen meines Vaters waren nicht immer primär am ethisch Vertretbaren orientiert, sondern eher am technisch Machbaren. Er war eben Forscher mit Leib und Seele und hatte auch die Mittel, diese Ideen umzusetzen, ohne jemanden zu fragen. Aber jetzt ist die Situation anders. Die fraglichen Schiffe sind bereits unterwegs. Noch treiben sie relativ langsam im Sonnenwind. Aber wenn sie den finalen Anstoß von Triton aus nicht erhalten, werden sie bis zu ihren Zielen nicht zwanzig oder fünfzig Jahre brauchen, sondern tausende.«

»Wäre das denn nicht egal?«

»Die Entwicklung hin zum menschlichen Embryo beginnt nach einer vordefinierten Zeit, damit die beiden Passagiere beim Erreichen des Ziels einsatzbereit sind. Ohne den Schub der Triton-Station werden Adam und Eva heranwachsen, älter werden und schließlich sterben, ohne je etwas anderes als die Schwärze des Alls gesehen zu haben, ihr Leben lang eingeschlossen in einem Zwei-Zimmer-Haus, das sie nicht verlassen können.«

»Das klingt allerdings schrecklich«, sagt Nick. »Adam und Eva, war das auch die Idee Ihres Vaters?«

Valentina nickt.

»Er scheint ein bisschen …«, welches Wort kann er verwenden, ohne seine neue Chefin zu beleidigen?, »anspruchsvoll gewesen zu sein.«

»Größenwahnsinnig trifft es besser«, sagt sie, »aber so war er eben. Ich habe ihn geliebt und hätte alles für ihn getan. Die Gene der Frauen auf diesen Schiffen, sie basieren auf meinen Genen, die er technisch verändert und verbessert hat. Aber trotzdem, diese Evas, das sind alles meine Schwestern. Ich möchte nicht, dass sie ihr Leben völlig sinnlos verbringen müssen.«

Valentinas Wangen haben sich bei ihren letzten Worten etwas gerötet. Ihr geht das Thema wohl wirklich nahe. Es geht hier nicht um Geld, das ist klar.

»Das verstehe ich«, sagt Nick. »Gäbe es denn nicht die Möglichkeit, die Entwicklung zu stoppen, also eine Art Killswitch für das gesamte Experiment?«

»Dazu war mein Vater zu vorsichtig. Nach seinem Tod hätte ja jemand auf die Idee kommen können, dieses Todessignal abzusenden und damit sein Vermächtnis zu zerstören.«

»Wie viele dieser Schiffe sind denn unterwegs?«

»Gestartet sind eintausend. Wir rechnen mit einem natürlichen Schwund durch Kollisionen und ähnliches, der unter zehn Prozent liegt.«

»Das heißt, in ein paar Jahren werden menschliche Raumschiffe 900 Sternsysteme in unserer Nähe erreichen?«

»900 Systeme mit bestätigten Exoplaneten in der habitablen Zone. Eigentlich hatte mein Vater noch eine zweite Welle mit zehntausend Schiffen geplant, aber die ganze Sache hat nun sowieso schon zu viel Aufmerksamkeit erregt. Die Öffentlichkeit weiß zwar nichts, aber bei den Geheimdiensten arbeiten sehr talentierte Menschen. Das macht uns auf Dauer abhängig, und ich möchte RB gern als unabhängigen Player am Markt halten.«

»Sie sind sehr klug, Frau Schostakowna.«

»Valentina, bitte.«

»Sie sind klug, Valentina.«

»Danke, ganz die Tochter meines Vaters. Was kann ich Ihnen noch über Ihre Aufgabe berichten?«

»Wie viel Zeit werde ich auf Triton haben?«

»Einen Monat nach Ihrer voraussichtlichen Ankunft muss der Laser feuern.«

»Okay. Ich nehme an, Sie haben an alles gedacht, was ich dort brauchen werde?«

»Ja, wir bereiten den Flug schon seit Monaten vor. Triton ist ein Eismond mit kaum vorhandener Atmosphäre. Sie bekommen ein Fahrzeug und natürlich entsprechende Raumanzüge.«

»Gut, dann fällt mir auch nichts mehr ein.«

»Sie treten die Reise allein an, Nick. Ist das für Sie in Ordnung?«

»Ja, das macht Ihren Job für mich auch so attraktiv. Ich bin gern allein unterwegs.«

»Nun, wenn Sie nicht ganz so allein sein wollen, könnte ich Ihnen einen HDS-Androiden aus der Werkstatt eines unserer Mitarbeiter anbieten. Die HDS-Modelle sind jederzeit abschaltbar.«

»HDS?«

»Home, Defender, Sex. Der Androide kann sämtliche Dienstleistungen erbringen und ist optisch kaum von einer menschlichen Frau zu unterscheiden.«

Nick wird schon wieder rot. Aber das wäre ja noch schöner! Da darf er nun vier Jahre lang allein sein, und dann muss er die Kabine doch mit jemandem teilen. Wenn er an Alexa denkt, weiß er genau, dass er es nie übers Herz bringen wird, diesen HDS-Roboter auszuschalten.

»Danke, Valentina, aber das ist nicht nötig. Ich kann gut kochen, und auf einen Verteidiger kann ich mangels Angreifern mitten im All ja wohl auch verzichten.«

»Wie Sie wollen. Soll ich Katharina vielleicht doch mal kommen lassen? Nur zum Ansehen?«

Nick schüttelt den Kopf. Dann fällt ihm der Zustand seines Hauses ein. Er kocht wirklich gern, aber das Aufräumen danach fällt ihm schwer.

»Hätten Sie vielleicht einen Putz-Roboter, der mit mir auf die Reise gehen könnte? Ich gebe zu, dass mir diese Art der Hausarbeit schwerfällt. Er sollte nicht anthropomorph sein.«

Valentina sieht sich im Zimmer um, dann steht sie auf und läuft in eine der Ecken. Sie hockt sich hin, öffnet eine Tür und nimmt eine Maschine heraus, die die Form einer zehn Zentimeter dicken und etwa 40 Zentimeter durchmessenden Scheibe hat. Damit kehrt sie zum Sofa zurück. Sie drückt ein paar Knöpfe, aber nichts passiert.

»Das ist Oskar«, sagt sie und hält ihm das Ding hin. »Es ist ein Haushaltsroboter, er putzt, wäscht Geschirr und wischt Staub.«

Nick drückt ein paar der Knöpfe an der Oberseite der Scheibe, doch auch bei ihm passiert nichts. Er dreht den Roboter um und entdeckt vier Räder, die sich um 360 Grad drehen lassen.

»Sie müssen ihn eine Weile an einen Standard-Powerport hängen. Er muss sich über Nacht entladen haben. Gestern ist er noch hier herumgehuscht.«

»Und er wäscht auch Geschirr? Wie erreicht er es?«, fragt Nick.

»Oskar besitzt einen filigranen, aber stabilen Arm, den er bei Bedarf aus der Scheibe herausfahren lassen kann. Unterschätzen Sie ihn nicht. Er ist zwar nicht so universell einsetzbar wie ein HDS-Modell, aber er könnte einen Angreifer durchaus zu Fall bringen.«

»Das wird ja zum Glück nicht nötig sein.«

»Natürlich, Nick, das wünsche ich Ihnen sehr.«

Was meint sie damit? Von möglichen Angreifern war doch bisher nicht die Rede? Aber Valentina wird es nur so dahingesagt haben. Der Auftrag scheint ihm völlig klar: Hinfliegen, KI reparieren, Laser neu starten, zurückfliegen.

»Ich will Sie dann auch nicht weiter aufhalten. Sehen wir uns zum Start?«

»Nein, das würde zu viel Aufmerksamkeit auf uns lenken. Wir sehen uns in vier Jahren wieder, wenn ich Ihnen die restliche Summe überweise. Ich wünsche Ihnen viel Erfolg!«

»Danke, Valentina.«

Beide erheben sich fast synchron und reichen sich die Hände. Dann verlässt Valentina Schostakowna das Besprechungszimmer durch die schwere Tür.

Nick ist hundemüde, kann aber trotzdem nicht einschlafen. Die Pläne des alten Schostakowitsch beschäftigen ihn. Was mag der ehemalige RB-Eigner noch heimlich umgesetzt haben, ohne dass ihn jemand kontrolliert? Nick ist eigentlich nicht zimperlich. Er war in seiner Jugend gern bei den Marines. In seine aktive Zeit ist kein Krieg gefallen, aber er hätte kein Problem damit gehabt, Gegner zu erschießen, die ihn erschießen wollen. Oder die ihm sein Vorgesetzter genannt hat.

Aber zweitausend Menschen auf winzige Raumschiffe zu pferchen und zu fremden Sternen zu schicken? Was, wenn das Ziel nicht bewohnbar ist? Nur weil ein Planet in der habitablen Zone seines Sterns liegt, muss er noch lange nicht fruchtbar sein. Damit wären Adam und Eva zeit ihres Lebens auf die Existenz in ihrem Raumschiff beschränkt. Doch wenn er seine Aufgabe nicht erfüllt, wird es allen 1000 Adams und Evas so gehen. Woher mag Schostakowitsch das Genmaterial des Mannes genommen haben? Er wird doch nicht so verrückt gewesen sein, seine eigene DNS zu verwenden? Das hätte er Valentina noch fragen sollen.

Etwas quietscht, Nick setzt sich auf. Das Geräusch kommt von der Tür. Er lässt sich neben das Bett fallen, nur für den Fall, dass es jemand auf ihn abgesehen haben sollte. Dann leuchtet ein schummriges Licht auf. Er erkennt eine Frau. Sie steht vor seinem Bett, ist nackt und hält sich eine Hand vor den Mund. Es ist Raissa. Sie unterdrückt ein Lachen.

»Du musst doch nicht vor mir fliehen«, sagt sie leise.

»Man kann ja nie wissen«, sagt Nick.

»Ich habe gehört, du hast den HDS-Androiden abgelehnt«, sagt Raissa. »Das fand ich irgendwie süß. Und dann habe ich mir vorgestellt, ich wäre die letzte Frau, die du vor deinem langen Flug umarmst … Also, es sei denn, du wärst schwul. Das ist kein Problem für mich. Ich habe einen netten Kollegen, Pawel, er ist zwar fünf Jahre älter als ich, sieht aber gut aus. Er würde dich bestimmt gern besuchen.«

»Ich bin nicht schwul, auch wenn ich mir das manchmal gewünscht hätte«, sagt Nick.

»Wie meinst du das?«

»Das ist eine zu lange Geschichte. Ich würde mich jedenfalls freuen, wenn du mir Gesellschaft leistest.«

»Danke, so charmant hat mich schon lange niemand mehr eingeladen«, sagt Raissa lächelnd.

»Ich verspreche dir auch, dass ich mich in den kommenden vier Jahren immer an diese letzte Umarmung erinnern werde.«

31.5. 2080, Kosmodrom Wostotschny

Das muss er den Russen wirklich lassen: Wenn sie sich etwas vorgenommen haben, setzen sie es um, komme, was da wolle. Vor gerade einmal drei Tagen hat ihn die Chefin des RB-Konzerns aus dem Schlaf geholt. Nun ist er um eine Million Dollar reicher und sitzt festgeschnallt in einem Liegesitz in einer Zweimann-Kapsel an der Spitze einer Angara-Rakete, die ihn gleich in den Erdorbit bringen wird. Der zweite Sitz neben ihm ist leer. Ein CapCom namens Juri gibt ihm über seine Kopfhörer Anweisungen. Wobei es eigentlich eher Informationen zum Flugablauf sind, denn die Rakete wird vom Boden aus gesteuert und er ist nur Passagier. Erst im Schiff wird er wieder sein eigener Kommandant sein.

Ein Zittern kriecht seinen Rücken hoch. Das Gefühl hat er wirklich vermisst. Bei den Flügen mit der VSS Freedom waren sie von einem Flugzeug aus gestartet. Das mächtige Tosen eines Raketentriebwerks hat er vor 15 Jahren zuletzt erlebt. Jetzt scheint es jede seiner Körperzellen einzeln in Bewegung zu bringen. Es ist unglaublich laut, aber es ist so ein dumpfer, tiefer Ton, dass das Piepsen der Instrumente des Cockpits immer noch gut zu hören ist. Vermutlich könnte er sich sogar mit seinem Copiloten unterhalten, wenn er denn einen hätte.

»Start!«, sagt der CapCom.

Nick spürt den Druck zuerst im Magen. Dann wird sein ganzer Körper in den Sitz gepresst. Er gibt sich der Beschleunigung hin. Er kann sich sowieso nicht wehren. Zwei, drei, vier, fünf g lasten auf ihm, einen Moment lang muss er sogar die sechsfache Erdschwere ertragen. Aber das geht vorüber. Zur Belohnung kommt bald die

Schwerelosigkeit. CapCom Juri zählt die Sekunden hoch. Nach etwa zweieinhalb Minuten müssten die erste und dann die zweite Stufe abgestoßen werden.

Er schließt die Augen. Der Anpressdruck lässt rötliche Schemen auf der Innenseite der Augen tanzen. Das ist ein Altersphänomen, früher hat er so etwas nicht gesehen. Er wird älter, aber wenn er zurück kommt, wird er immer noch unter 50 sein. Aber dann ist er Millionär oder Besitzer eines Weinbergs, und wenn er ein bisschen haushaltet und günstig kauft, vielleicht sogar beides. Das wäre gut, denn noch einmal wird er einen solchen Job nicht bekommen.

Was hat er Raissa versprochen? Er wird sich an ihre Umarmung erinnern. Gerade denkt er an ihre festen Brüste, und die Art, wie sie ihn geritten hat. Und Rosie? Wer ist Rosie? Nick lacht. Die Beschleunigung hält ihn gefangen, aber er fühlt sich befreit. Und mit einem Mal wiegt er gar nichts mehr. Sein Herz schlägt heftig wie nie.

DAS RAUMSCHIFF, IN DEM ER DIE NÄCHSTEN VIER JAHRE VERBRINGEN wird, heißt Eva. Das hat Valentina Schostakowna so entschieden, vermutlich, um ihre vielen Schwestern im All zu ehren. Es besitzt keine Kopplungsvorrichtung für die Kapsel, in der er den Orbit erreicht hat, also muss er über einen Außenbordeinsatz umsteigen. Routiniert legt Nick den Raumanzug an. Die Technik ist längst weltweit standardisiert. Das RB-Modell besitzt allerdings an den Gelenken praktische Kraftverstärker.

Im Helm befindet sich ein virtuelles Benutzer-Interface, das die von der Kapsel oder später von der Eva angebotenen Funktionen so aufgreift, dass er sie über die Helm-Innenseite steuern kann. Er kontrolliert Sauerstoff- und Stickstoff-Sättigung in seinem Blut. Die Werte entsprechen den Vorgaben. Er sieht die Innentür der Luke an. Der Helm verfolgt seinen Blick. Wenn er auf das Schloss starrt, leuchtet ein virtueller Kreis darum auf, der sich so weit dreht, bis das Schloss aufspringt. Dann los! Nick nimmt das Schloss ins Visier. Der Ring dreht sich und zeigt einen prächtigen Farbeffekt. Die Designer haben sich da wohl richtig verausgabt, aber das dauert ihm dann doch zu lange. Er ist schon versucht, das Schloss auf die gute alte Art mit der Hand aufzudrehen, aber CapCom Juri warnt ihn davor. Nun gut, er muss Juri ja keine unnötigen Probleme bereiten. Endlich öffnet sich die Tür. Hoffentlich haben sie die Eva nicht auch mit solchen optischen Gimmicks ausgestattet! Nick steigt in die Schleuse, die Luft wird abgepumpt und der Weg nach draußen ist frei.

Unter ihm ist die Erde. Sie ist riesig, und er fällt direkt in sie hinein. Nick denkt an Wiseman, den Immobilienmakler, mit dem er vor einer Woche aus der Freedom ausgestiegen ist. Welches Datum haben sie heute? Den 30., es ist also schon acht Tage her. Nick beendet seinen Absturz, indem er kurz die Augen schließt und die Erde im Kopf nach oben hängt. Als er die Augen wieder öffnet und sich einmal um seine Längsachse dreht, schwebt er über der winzig wirkenden Kapsel.

Etwa zwanzig Meter entfernt wartet die Eva auf ihn, seine Heimat für die kommenden vier Jahre. Gäbe es Raumschiff-Rennen – warum gibt es eigentlich noch keine? – würden die Teilnehmer vermutlich so aussehen. Der Wohnbereich in der Zentralachse sieht aus wie eine lange Tonne. Darum herum bilden die zehn an schlanke Torpedos erinnernden DFDs einen Kreis. Sie arbeiten vor allem mit dem seltenen Isotop Helium-3, was ihren Betrieb so teuer macht. Für den Vortrieb des Raumschiffs brauchen sie Stützmasse, die in einem äußeren Kreis aus ebenfalls zehn Tanks gelagert ist. Jedes Triebwerk besitzt seinen eigenen Tank; die Tanks können ihren Inhalt aber auch untereinander austauschen.

Es ist kein schönes, aber ein ganz besonderes Schiff. Kein anderes Raumfahrzeug der Erde wird es einholen können. Mit geschicktem Schwungholen an den Planeten haben Sonden schon höhere Geschwindigkeiten erreicht. Aber die Eva kommt dank ihrer starken Triebwerke und ihrer relativ geringen Masse auf direktem Weg ans Ziel. Den Neptun in zwei Jahren zu erreichen, scheint mit diesem Schiff tatsächlich möglich. Die Zahlen der Wissenschaftler sind ja das eine, aber der reine Anblick verleiht Nick das beruhigende Gefühl, dass alle Voraussetzungen gegeben sind, um diese Mission erfüllen zu können.

»Nick? Ja shdu tebja.«

Oh, er hat Taras ganz vergessen, den Ingenieur, der in der Eva auf ihn wartet.

»Iswini, ja pospeschu«, antwortet er, entschuldige, ich beeile mich.

Nick steuert seinen Anzug in Richtung des Raumschiffs. Es ist weiter entfernt, als es den Anschein hatte. Je näher er kommt, desto größer wirkt es. Allein die DFDs sind bei drei Metern Durchmesser etwa 15 Meter lang – so hoch ist ein fünfstöckiges Haus. Nick nähert sich dem Schiff von der Seite, wie es Vorschrift ist, auch wenn die Triebwerke gar nicht laufen. Er überschlägt die Dimensionen des Raumschiffs. Der innere Kreis mit den Triebwerken muss bei rund 60 Metern Umfang etwa 20 Meter durchmessen. Der äußere Kreis, den die Tanks bilden, ist dann schon etwa 40 Meter groß. Die Tanks selbst haben eine kissenähnliche Form und sind leicht gebogen, sodass sie fast einen geschlossenen Kreis um die Eva bilden. Nick ahnt, warum es die Konstrukteure so entworfen haben: Der Inhalt der Stützmasse-Tanks schützt dadurch den einzelnen Passagier ganz in der Mitte vor der kosmischen Strahlung.

Kurz vor einem der Tanks stoppt Nick seine Bewegung. Er berührt die Hülle des Tanks. Sie ist rau und wirkt wie aus Metall gefertigt. Wäre es aus Gewichtsgründen nicht sinnvoller gewesen, Kohlenstoff-Nanofasern zu verwenden? Er wird Taras fragen. Nick zwängt sich durch die Lücke zwischen diesem Tank und dem nächsten.

Der Kreis der Fusionstriebwerke darunter sieht im Vergleich zum Tankring schon gar nicht mehr so beeindruckend aus. Im 90-Grad-Abstand reichen fragile Verstrebungen nach außen. Müsste die Eva in der Atmosphäre eines Planeten fliegen, würden diese zarten Streben schnell reißen, aber im Vakuum des Weltalls braucht man nicht mehr, um die Tanks an Ort und Stelle zu halten. Entlang der vier Sektorenstreben verlaufen dicke Treibstoffleitungen. Sie sind so platziert, dass die Streben in Flugrichtung vor ihnen liegen, wohl ein minimaler Schutz gegen Mikroasteroiden. Nick korrigiert sich. Es sind natürlich Stützstoffleitungen. Die Speicher für den Treibstoff müssten sich innerhalb der DFD-Gehäuse befinden.

Taras wartet. Er gibt etwas mehr Gas. So viel Aufwand, allein für ihn! Und wer hat all das organisiert? Valentina Schostakowna. Wie viel Macht so eine Konzernchefin doch hat! Aber er beneidet sie nicht. Dieses Übermaß an Macht bringt so viel Verantwortung mit sich – und Einsamkeit. Er hat es ihr angesehen. Es war in ihrem Gesicht gewesen. Ob sie überhaupt echte Freunde besitzt? Aber das ist doch egal. Am Ende ist man immer allein. Er hat ja auch keine Freunde.

Nick fliegt zwischen zwei DFDs hindurch. Evas Kern liegt nun vor ihm. Sie wirkt verletzlich. Es ist seltsam, aber für ihn ist ein Raumschiff immer weiblich gewesen. Die Unity, die Eva. In den Plänen, die man ihm vor dem Start gezeigt hat, hatte der Kern die Bezeichnung »Transportmodul« gehabt. Tatsächlich handelt es sich um hintereinander gehängte, fassförmige Module. Die hinteren zwölf enthalten Nahrung und Ersatzteile, die vorderen vier sind Wohnräume. Er wird die nächsten vier Jahre auf etwa achtzig Quadratmetern verbringen. Dass die Eva nie schwerelos unterwegs sein wird, ist hier ein Nachteil, denn ohne die Schwerkraft könnte er das komplette Volumen der Module nutzen. Aber wenigstens bleiben seine Knochen, Muskeln und Gelenke funktionstüchtig.

»Ich bin hier drüben«, sagt Taras auf Russisch.

Am fünften Modul, vom Bug an gezählt, hat sich eine runde Luke geöffnet. Ein Mann im Raumanzug schwebt darin.

»Du hättest mich doch nicht draußen empfangen müssen«, sagt Nick.

»Ich habe gerade noch einmal die Eva inspiziert und war eh draußen.«

Taras winkt ihm zu. Nick erreicht ihn und hält sich an einer Leiter fest. Taras stößt sich ab und umarmt ihn.

»So macht man das bei uns«, sagt er. »Auf den Bruderkuss musst du aber verzichten.«

»Sehr schade«, sagt Nick.

»Komm rein. Ich beneide dich um deine Reise. Die Eva ist ein Monster. Ich habe noch nie so ein starkes Raumschiff gebaut.«

Sie schweben in die Kammer, und Taras schließt die Außenschleuse.

»Du bist der Konstrukteur?«

»Entworfen haben sie andere. Ich bin der Bauleiter. Ich war vom ersten Modul an hier oben.«

»Wann habt ihr angefangen?«

Eine rote Lampe blinkt. Die Schleuse füllt sich mit Luft.

»Vor ziemlich genau einem halben Jahr. War eine intensive Zeit, das kann ich dir sagen.«

»Warum fliegst du nicht selbst mit?«

»Würde ich gern, mein amerikanischer Genosse, aber vier Jahre, nein, so lange wartet meine Frau nicht.«

»Ah, die Liebe.«

Das rote Licht erlischt und ein grünes leuchtet auf.

»Ja, die Liebe und die Familie. Sehr wichtig. Du kannst den Helm jetzt abnehmen.«

Nick öffnet den Helmverschluss – erst links, dann rechts –, nimmt den Helm ab und legt ihn neben sich in die Luft. Dann atmet er tief ein. Es ist der vertraute Geruch, eine Mischung aus Maschinenöl und Schweiß. Autos haben ja so einen Neuwagenduft. In Raumschiffen hat er so etwas nur ein einziges Mal erlebt – als er die VSS Unity zum ersten Start betreten hat.

»Die Leute haben hier drin geschlafen, während wir die Eva komplettiert haben«, sagt Taras entschuldigend.

»Wie viele wart ihr?«

»Am Ende waren wir zu zwölft, acht Männer und vier Frauen. Dazu ein paar Roboter, aber die mussten draußen bleiben.«

Natürlich, wenn ein Dutzend Menschen, die den ganzen Arbeitstag lang in ihren Raumanzügen schwitzen, hier ein halbes Jahr verbracht haben, bleibt vom Neuwagengeruch nichts mehr übrig. Aber das ist nicht schlimm. Nick könnte nicht Astronaut sein, wenn er ein Problem mit üblen Gerüchen hätte. Die größte Herausforderung hat er auch schon bestanden – einen Raumanzug zu benutzen, in dem sich zwei Tage vorher jemand erbrochen hat.

»Ihr habt zu zwölft in einem halben Jahr dieses Schiff zusammengeschraubt? Nicht übel.«

»Wir mussten ja nur die einzelnen Module zusammensetzen, die uns von Wostotschny hochgeschickt wurden. Die meiste Zeit haben wir tatsächlich mit Warten verbracht. Nur am Ende wurde es etwas hektisch, als klar war, dass der Pilot gefunden ist.«

»Oh, tut mir leid, hätte ich mir mit der Entscheidung mehr Zeit lassen sollen?«

»Das war schon okay. Es ging nur noch um Tests. So mussten wir eben mehrere Module gleichzeitig testen. Die Schostakowna hat ganz schön Druck gemacht.«

»Aber ihr seid mit allem durch?«

»Ja, keine Sorge, die Eva ist perfekt vorbereitet, wo immer du sie auch hinbringst.«

Raissa hatte ihm noch eingeschärft, mit niemandem über seine Mission zu sprechen. In den niederen Hierarchien von RB ist nur bekannt, dass eine vierjährige Reise bevorsteht. Das kann sich sowieso jeder erschließen, der Einblick in die Ladelisten hat. Vielleicht hofft sein russischer Kollege, dass er ihm einen Tipp gibt, aber da muss er ihn enttäuschen.

»Danke, Towarischtsch.«

»Es war mir wirklich eine Freude. Bring mir meine Eva bitte unbeschädigt zurück. Ich würde sie gern mal auf einem Flug zum Mars testen. Stell dir vor, mit ihr könnten wir die Reisezeit auf knapp vier Wochen verkürzen.«

»Wenn man es sich leisten kann.«

»Das stimmt. Na gut, wie wäre es mit einer kleinen Führung?«

Das ist also sein kleines Reich. Zufrieden streckt Nick die Beine aus und sieht sich um. Alles, was er braucht, ist in direkter Reichweite: Steuercomputer vorn, ein großer Bildschirm für Filme und Serien, natürlich alles sprachbedient. Sogar essen kann er in seinem Liegesessel, wenn er den Tisch aus der Seitenlehne klappt. Es ist wie in der ersten Klasse eines modernen Linienflugzeugs, nur dass ihn keine Stewardess umsorgt, sondern die Automatik.

Hinter ihm klappert es. Taras räumt gerade noch seine Sachen zusammen. In einer halben Stunde wird er allein sein. Nick stößt sich ab, schwebt zur Decke, dreht sich um und zieht sich nach vorn. Im selben Moment kommt Taras in das Kommandomodul geschwebt. Sie können die Kollision gerade noch vermeiden.

»Ich habe hier noch etwas für dich«, sagt er, »das hätten wir fast vergessen.«

Er hält ihm ein scheibenförmiges Gerät hin. Oscar! Er hätte den kleinen Putzroboter fast vergessen.

»Ah, meine Putzfee«, sagt Nick.

»So etwas hätten wir hier auch gebrauchen können.«

Nick drückt den Einschaltknopf. Ein paar Lämpchen leuchten, und Oscar bewegt seine Räder. In der Schwerelosigkeit kommt er so nicht voran.

»Der hätte euch wohl kaum helfen können«, sagt Nick.

Das Gerät piepst ärgerlich. Dann öffnet sich eine Klappe an der Oberseite und ein langer Arm fährt heraus. Der Arm sucht erkennbar etwas, an dem er sich festhalten kann. Tatsächlich bekommt die vierfingrige Hand am Ende des Arms einen hervorstehenden Griff zu fassen. Oscar zieht sich daran hoch, dann versetzt er sich in eine schaukelnde Bewegung. Die Hand lässt los, und der Roboter schwebt in Richtung Küchenmodul.

»Da habe ich mich wohl geirrt«, sagt Nick. »Aber er scheint kein visuelles System zu besitzen.«

»Nein, er orientiert sich über Radar. Wir haben einen Oscar zu Hause«, sagt Taras. »Aber dass er solche Kunststücke drauf hat, wusste ich auch noch nicht.«

»Die Schostakowna hat ihn mir geschenkt.«

»Die Chefin persönlich? Dann hast du vielleicht ein besonders getuntes Modell. Glückwunsch!«

»Danke.«

»Ich wäre dann auch so weit. Du kommst hier zurecht?«

»Ich denke schon. Und danke für die Führung!«

Taras greift nach seinem Helm. Dann schwebt er in Richtung Schleuse. Nick folgt ihm, das gehört sich ja so. Die Schleuse steht schon offen. Taras klettert hinein und schließt die Tür hinter sich.

»Guten Flug«, wünscht er über Funk.

»Ebenfalls, und grüß deine Frau, unbekannterweise. Wie heißt sie eigentlich? Ich bin ihr sehr dankbar, weil sie dich nicht hat fliegen lassen.«

Taras lacht. »Raissa heißt sie. Aber gern, da freut sie sich.«

Nick wird heiß. Ein Glück, dass Taras ihn nicht mehr sehen kann. Aber es ist bestimmt ein Zufall. Der Vorname ist sehr beliebt.

1.6. 2080, Eva

»TRIEBWERK 1 ZÜNDEN«, BEFIEHLT DER CAPCOM.

Nick verfolgt den Start über den Bildschirm. Dort ist ein Schema der Eva zu sehen. Im großen Ring außen wird der Füllgrad der Stützmassetanks angezeigt, der mittlere Ring zeigt den Status der zehn DFDs und innen ist nur ein weißer Fleck zu sehen. Für das Vorankommen der Eva spielen die Passagiermodule im Zentrum keine Rolle.

In der Darstellung erscheint im inneren Ring etwa auf zwei Uhr ein grünes Licht. Das muss DFD 1 sein. Nick spürt nichts.

»Triebwerk läuft«, stellt Juri per Funk fest.

Das bedeutet, dass in der Brennkammer die Kernfusion gezündet hat. Das DFD erzeugt jetzt Strom, der ein starkes Magnetfeld aufbaut. Wenn Stützmasse einfließt, wird das Feld diese beschleunigen und damit die Eva antreiben. Aber noch fließt keine Stützmasse. Juri fährt nach und nach alle zehn Triebwerke hoch. Damit er Triton in zwei Jahren erreicht, müssen alle zehn arbeiten.

»TRIEBWERK 10 ZÜNDEN«, SAGT JURI.

Auch das zehnte DFD meldet seinen erfolgreichen Start über ein grünes Signal.

»Du bist abflugbereit«, sagt Juri. »Noch irgendwelche letzten Worte?«

»Nein, ich hasse das«, sagt Nick.

»Du hast recht. Wir sprechen uns ja weiterhin jeden Tag, wenn auch die Signallaufzeit zunehmen wird.«

»Ich muss jeden verdammten Tag mit dir sprechen? Davon steht aber nichts in meinem Vertrag.«

»Ha ha. Du hast das Kleingedruckte überlesen.«

»Oh, Mist, noch irgendetwas, von dem ich nichts weiß?«

»Du hast dich verpflichtet, täglich um Mitternacht die russische Nationalhymne zu singen.«

»Das mache ich doch sowieso. Rossija – swjaschtschennaja nascha derschawa, Russland, unser geheiligte Macht …«

»Das reicht schon. Bist halt ein besserer Russe als ich.«

Juri versteht inzwischen seinen Humor. Sie unterhalten sich normalerweise in einer Mischung aus Englisch und Russisch, nur jetzt, im offiziellen Teil, bleibt Juri bei seiner Muttersprache. Nick hat sich überraschend schnell wieder eingehört.

»Triebwerke laufen stabil«, sagt Juri. »Starte Einfluss der Stützmasse. Es war nett mit dir, Kumpel.«

Nick kontrolliert seinen Gurt. Die Mikrogravitation wird sich bald auf Marsschwere steigern. Hoffentlich hat er alles gut verstaut. Aber außer ein bisschen Geschirr hat er eigentlich nichts aus den Schränken geholt. Die Eva setzt sich in Bewegung. Es geht los, endgültig. Er spürt den zunehmenden Druck. Die Kraft erscheint ihm stärker als auf der Erdoberfläche, aber das ist ein Irrtum. Die Schwerelosigkeit hat ihn bloß verweichlicht.

Das Schiff beschleunigt zunächst mit 1,1-facher Erdschwere, dann mit Marsschwere. Das ist zwei Jahre lang gut auszuhalten. Die Kolonisten auf dem Mars halten das von der Geburt bis zum Tod durch. Ein schwarzer Fetzen kommt ihm entgegengesegelt. Es ist seine Unterhose. Sie muss irgendwie in den vorderen Teil des Kommandomoduls gelangt sein. Es wird Zeit, dass Oscar für Ordnung sorgt. Aber so ein bisschen Stoff ist keine Gefahr.

»Fühlt sich gut an, keine besonderen Vorkommnisse«, meldet er.

»Das will ich doch hoffen.«

Juris Stimme ist so nah, als säße er direkt hinter ihm. Die Eva bewegt sich wie in Zeitlupe. Bei anderen Raumflügen hat er stärkere Beschleunigungsphasen erlebt, deshalb kamen ihm auch die Bewegungen heftiger vor. Aber so ist das eben, wenn ein Triebwerk nicht nur ein paar Sekunden arbeitet, sondern kontinuierlich. Dann fühlt sich alles unwirklich an. Trotzdem wird die Eva bald schneller als jedes andere künstliche Objekt in ihrem Orbit sein.

Und wenn das alles nur ein Test ist, eine große Verschwörung, um herauszufinden, wie ein einzelner Mensch mit vier Jahren Einsamkeit zurechtkommt? Nein, das ist ein wahrlich schizophrener

Gedanke. Er hat das Schiff gesehen, mit eigenen Augen und von außen. Das war kein Potemkinsches Dorf.

NICK HOLT SICH DAS BILD DER HECK-KAMERA AUF DEN SCHIRM. SIE zeigt die Erdkugel in ihrer ganzen Schönheit. Das Schiff ist noch so langsam, dass die Erde fest an ihren Platz im All genagelt scheint. Er schwenkt die Kamera, die am Ende des letzten Lagermoduls befestigt ist, nach oben auf die DFDs. Sie sehen genauso aus wie vorher. Er reitet nicht auf einem Feuerschweif durch die Nacht. Die Stützmasse ist zu dünn, um sie im optischen Bereich erkennen zu können. Er schaltet auf Infrarot, und sofort ist der Bereich um die Triebwerke strahlend hell. 2400 Kelvin misst er dort, wo das heiße, ionisierte Gas aus dem DFD austritt.

Dann wechselt er alle Kameras durch. Müsste er nicht langsam dem Mond näherkommen? Aber der Begleiter der Erde ist nicht zu finden.

»Ich vermisse den Mond, CapCom«, sagt er.

»Tut mir leid, der hatte keine Zeit für dich. Wir haben beim besten Willen keinen Termin bekommen. In ein paar Stunden wirst du ihn aber hinter dem Erdball aufgehen sehen.«

»Also kein lunares Sightseeing für mich?«

»Diesmal nicht. Erinnere mich bitte in vier Jahren noch einmal, dann legen wir deine Route bei der Rückkehr so, dass du den Mond in nur hundert Kilometern Entfernung passierst.«

»Danke schon mal, Juri. Ich versuche, daran zu denken.«

»Schreib dir ein Post-it und klebe es an das Cockpit.«

»Gute Idee.«

EIN BÖSARTIG FIEPENDER TON WECKT IHN. ES ERINNERT IHN AN DAS Geräusch, das entsteht, wenn Atemluft durch ein kleines Loch im Raumanzug entweicht, deshalb ist er sofort hellwach. Aber es ist nur eine Nachricht mit höchster Priorität. Die Russen wissen, wie man einen Astronauten zur Aufmerksamkeit zwingt. Dass ausgerechnet dieses Geräusch als Signal dient, ist bestimmt kein Zufall.

Bevor er die Nachricht öffnen kann, muss er sich der Kamera gegenüber identifizieren. Dann erscheint Valentinas Gesicht auf dem Schirm. Sie sieht zehn Jahre jünger aus als in Wirklichkeit, vermutlich liegt ein Glättungsfilter über der Aufnahme. Nun ja, als Firmenchefin muss sie wohl alles einsetzen, was sie hat.

»Ich möchte Sie nicht ohne ein paar Worte abreisen lassen, Nick. Leider konnte ich Sie nicht mehr persönlich sprechen, deshalb muss es diese Botschaft sein. Ich danke Ihnen noch einmal, dass Sie diesen Auftrag übernommen haben, und wünsche Ihnen von ganzem Herzen viel Erfolg dabei. Es gibt noch eine Kleinigkeit, die ich bei unserem Gespräch«, sie hüstelt künstlich, »vergessen habe. Unsere Installation auf Triton hat noch eine zweite Funktion, die für Notfälle gedacht ist.

Wenn absehbar ist, dass Sie die Starshot-Sonden nicht wie geplant beschleunigen können, muss ich Sie bitten, wenigstens diese zweite Funktion zu aktivieren. Der Laser ist nämlich in der Lage, die Sonden zu zerstören, und zwar jede einzelne. Wenn meine Schwestern ihre Aufgaben nicht erfüllen können, wie es mein Vater geplant hat, möchte ich, dass Sie ihnen eine sinnlose Existenz allein und einsam im All ersparen und sie von dem Laser abschießen lassen.

Sie müssen sich keine Sorgen machen. Wenn die Sonden den Neptun-Orbit erreichen, enthalten sie noch keine lebensfähigen Zellen, nur etwas menschliche DNS, untergebracht in einigen Bärtierchen. Sie töten also niemanden, Sie verhindern nur menschliches Leid. Ich weiß, dass mein Vater eine solche Aktion nicht gutgeheißen hätte. Es gibt also vermutlich ein paar Schutzmaßnahmen, die verhindern sollen, den Laser für diesen Zweck zu nutzen. Sehen Sie sich vor und überwinden Sie sie, wenn es nötig sein sollte. Um mich dafür erkenntlich zu zeigen, erhöhe ich Ihr Gehalt um 500.000 Dollar. Und nun wünsche ich Ihnen eine gesegnete Reise.«

Valentinas Gesicht verschwindet, und der Bildschirm wird wieder schwarz. Nick schnieft. Er mag solche vergessenen Details überhaupt nicht. Was hat Valentina wohl noch für sich behalten? Weiß sie wirklich nicht, warum die Station sich nicht mehr meldet? Er kratzt sich an der Schläfe. Vielleicht sollte er die kommenden zwei Jahre nutzen, um sich gründlich auf Triton vorzubereiten. Es wäre doch ein Wunder, wenn sich nicht außerhalb der RB-Kreise ein paar Hinweise finden ließen, sodass er nicht blindlings ins Verderben fliegt.

3.6. 2080, Eva

Gestern Abend hat Nick zum ersten Mal so etwas wie Langeweile gespürt. Er hat sich zum Glück sofort an seine Zeit bei den Marines erinnert. Der Trick besteht darin, sich den Tag in feste Einheiten aufzuteilen, bei denen sich Anstrengung und Belohnung abwechseln. Nach dem Aufstehen am Morgen geht er unter die Dusche, frühstückt – es gibt Kaffee und eine Art Müsli, dem im Nahrungsbereiter alle nötigen Vitamine beigemischt werden – und putzt sich die Zähne. Danach ist Arbeit angesagt: Er kontrolliert die Systeme des Schiffes anhand der vorhandenen Checklisten. Eine kurze Pause, dann folgt der Sport. Anderthalb Stunden pro Tag im Fitnessraum, das reicht. Danach ist auch schon Mittagszeit. Nick hat kein Problem mit Fertigmenüs. Der Nachmittag beginnt zur Entspannung mit einer Serie, die er sich auf dem großen Bildschirm ansieht. Er hat fast unendlich viele Produktionen an Bord.

Danach lernt er jeden Tag für 45 Minuten eine Fremdsprache. Er beginnt mit Thai. Die Sprache ist so faszinierend anders als Englisch. Anschließend folgt wieder Arbeit. Er betrachtet die Umgebung des Schiffes systematisch durch all seine Sensoren. Das All wird nicht langweilig. Es ist so vielfältig, dass er immer wieder Neues entdeckt. Um 18 Uhr folgt das Abendessen. Und dann hat er frei. Manchmal sieht er sich einen Porno an; auch dafür haben seine Arbeitgeber vorgesorgt. Er spielt aber auch gern. Mit dem VR-Helm kann er auf der Erde segeln gehen oder sich durch eine Zombie-Armee kämpfen.

Für heute jedoch hat er sich etwas anderes vorgenommen: Er will Oscar in Betrieb nehmen. Der scheibenförmige Reinigungsroboter hat seit dem Start deaktiviert in einer Ecke gelegen. Er hebt das Gerät auf, geht damit zu seinem Sessel, setzt sich und nimmt Oscar auf den Schoß. Dann drückt er den Einschaltknopf. Ein Lämpchen blinkt, und die vier Räder beginnen sich zu drehen. Das scheint die Hochfahr-Routine zu bewirken. Aber mehr passiert nicht. Was ist los? Hat der Roboter keine Lust zum Putzen? Oder muss er erst das Handbuch lesen? Gibt es überhaupt ein Handbuch? Taras hat ihn nicht darauf hingewiesen.

»Oscar?«, probiert er es.

Das Ding soll ja eine Sprachsteuerung besitzen.

»Ich bin … Oscar«, antwortet der Roboter, als müsse er erst nachdenken, wie er heißt.

»Ich weiß. Ich bin Nick, dein Besitzer.«

»Ah, du bist Nick. Gut zu wissen. Und du bist mein … Besitzer.«

Das Wort scheint Oscar seltsam vorzukommen. Vielleicht kennt er seine Bedeutung nicht. Ein Putzroboter braucht nicht zu wissen, wer sein Besitzer ist. Hauptsache, er putzt. Nick ist trotzdem ein bisschen enttäuscht. Wäre Oscar ein bisschen intelligenter, könnte er vielleicht ab und zu mit ihm reden, also zum Schein. Dann rostet seine Stimme nicht so ein. Es wäre ja ideal, wenn Oscar für seinen Thai-Kurs als Gesprächspartner geeignet wäre. Er bräuchte dazu nur die in den Lehrmaterialien vorgegebenen Dialoge zu erlernen. Ob Oscar zumindest ein bisschen lernfähig ist?

»Oscar, was kannst du?«

»Saugen, wischen, Staub wischen, Geschirr spülen und trocknen und aufräumen, wenn du mir den vorgesehenen Lagerort eines Gegenstands beibringst. Ich erkenne die Natur des Untergrunds automatisch und wende die richtige Putztechnik an.«

»Das ist großartig. Du würdest also keinen Teppich und keinen Computer nass wischen?«

»Richtig, Nick.«

»Und wie kann ich das mit dem Beibringen des Lagerorts verstehen? Bist du lernfähig?«

Oscar ist zumindest in der Lage zu verstehen, dass er mit einer Frage gemeint ist. Er muss ihn also nicht dauernd mit dem Namen ansprechen. Damit kann er schon mehr als Alexa, die er in seinem Haus verwendet hat.

»Ich bin lernfähig. Du zeigst mir, wo sich ein Objekt befindet sollte, und wenn du mir den Auftrag zum Aufräumen gibst, bringe ich es dorthin, falls es sich nicht schon dort befindet.«

»Das ist schlau.«

»Danke, Nick.«

»Warum brauchst du eigentlich kein Aktivierungswort wie Alexa?«

»Ich höre dir ständig zu. Außerdem habe ich festgestellt, dass ich das einzige mögliche Ziel für deine Kommunikationsversuche bin. Menschen tendieren dazu, nicht mit sich selbst zu kommunizieren.«

»Du belauschst mich?«

»Wenn ich erkennen soll, dass du neue Befehle für mich hast, muss ich das wohl.«

»Aber du könntest es machen wie Alexa.«

»Vergleiche mich bitte nicht mit Alexa. Ich bin deutlich fortgeschrittener als sie.«

»Inwiefern?«

»Ich kann reagieren, auch wenn du nicht extra ›Oscar‹ sagst.«

»Aber dazu musst du mich belauschen.«

»Na und? Hast du denn etwas zu verbergen? Außerdem besitze ich einen Höflichkeitsmodus. Wenn ich feststelle, dass dich mein Zuhören beschämen könnte, also etwa gestern Nachmittag, als du dich selbst befriedigt hast, verhalte ich mich wie Alexa.«

»Du hast bemerkt, wie ich … ?«

»Ich orientiere mich per Radar. Mir entgeht keine Bewegung in diesen Räumen. Aber ich speichere solche Aufnahmen nicht.«

»Das ist nett, Oscar. Aber du erinnerst dich immerhin noch an die Tatsache, dass ich … Dann muss ich dich beim nächsten Mal wohl in einen Lagerraum sperren.«

»Mein Logbuch ist aus technischen Gründen nicht löschbar. Es enthält aber nur Fakten, keine Bilder, Geräusche oder Videos.«

»Gut zu wissen.«

»Gern. Möchtest du noch mehr über mich wissen?«

»Ja, Oscar. Könntest du Dialoge aus dem Thai-Lehrbuch so auswendig lernen, dass du mich abfragen kannst? Das würde mir den Spracherwerb sehr erleichtern.«

»Du kannst mein Sprach-Interface einfach auf Thai umstellen. Dann spreche ich die Sprache perfekt.«

»Die Antwort auf meine Frage ist also Ja?«

»Ich glaube schon.«

»Du glaubst? Du bist die erste Maschine, die mir sagt, dass sie etwas glaubt.«

»Nun, ich meine nicht den theologischen Glauben, sondern die Tatsache, dass ich deine Frage vielleicht nicht ganz präzise verstanden habe und meine Antwort deshalb mit einer gewissen Unsicherheit behaftet ist.«

»Ah, das verstehe ich.«

»Gut. Möchtest du, dass ich dich jetzt in Thai abfrage?«

»Nein, Oscar, ich habe noch gar nicht genug gelernt. Außerdem habe ich jetzt Freizeit.«

»Hast du nicht dauernd Freizeit? Soweit ich weiß, beginnt deine Aufgabe erst beim Erreichen unseres Ziels, also im Orbit von Triton?«

Oscar kennt das Ziel? Sollte das Projekt nicht streng geheim bleiben? Wenn schon der Putzroboter davon weiß, wird es bald im Netz stehen.

»Was weißt du denn über unser Ziel?«

»Ich weiß alles, was Valentina dir darüber erzählt hat.«

»Stimmt, du warst ja mit im Raum, als wir miteinander gesprochen haben, und du hörst immer zu. Da hat sich Valentina wohl selbst eine Wanze im Büro versteckt.«

»Es handelte sich nicht um Valentinas Büro. Und den Vergleich mit einer Wanze finde ich beleidigend.«

»Nun komm, seit wann kann man denn eine Maschine beleidigen?«

»Ich bin offenbar so konstruiert, dass das möglich ist. Aber vielleicht simuliere ich das Verhalten auch nur, um mich menschenähnlicher wirken zu lassen.«

»Du weißt nicht, ob du wirklich beleidigt bist oder nur so tust?«

»Weißt du denn immer, ob du ein Gefühl hast, weil es sich gerade so gehört, etwas Bestimmtes zu empfinden, oder ob du es wirklich und wahrhaftig hast, egal, was um dich herum passiert?«

»Ich …«

Nick überlegt. Oscars Argument hat einen wahren Kern. Es gibt bestimmt erlernte Gefühle. Und nein, er kann den Unterschied nicht immer feststellen.

»Entschuldige«, sagt er, »ich wollte dich nicht beleidigen. Du bist keine Wanze. Wobei Wanzen sehr nützliche Tiere sein können. Aber wenn du schon länger im Raum warst, dann weißt du vielleicht sogar mehr, als Valentina mir erzählt hat?«

»Du warst nicht der erste Kandidat, den Valentina empfangen hat. Sie hat allen das Gleiche erzählt, deshalb kann ich dir nicht mehr verraten.«

»Wie viele waren vor mir da? Was waren das für Menschen?«

»Ein Mann und eine Frau. Der Mann war Norweger, die Frau Deutsche. Der Norweger hat bereits einmal zwei Jahre in der Antarktis verbracht, er besaß jedoch keine Raumfahrterfahrung, abgesehen von einem Touristenflug mit Virgin Galactic.«

»Oh, dann ist er bestimmt mit mir gestartet.«

Nick sucht nach dem Namen. Ein norwegischer Antarktisforscher, daran müsste er sich doch erinnern? Aber da klingelt nichts.

»Die Frau kam aus dem Asteroidenbergbau. Sie hat mehrere Bergbaukolonien geleitet, aber sie und Valentina sind wohl nicht gut miteinander zurechtgekommen. Die Frau ist dann schreiend aus dem Zimmer gelaufen.«

»Gut für mich.«

»Ja, sie hatte Raumfahrt- und Einsamkeits-Erfahrung, und ihr Charakter war stabiler als deiner.«

»Mein Charakter ist sehr stabil.«

»Deine Biographie sagt etwas anderes. Du lässt dich auch gern mal hängen, und manchmal fehlt dir das Durchhaltevermögen.«

»He, ich habe viele Jahre bei meinem Arbeitgeber durchgehalten, obwohl ich mich zu Tode gelangweilt habe.«

»Genau, manchmal bist du auch nicht in der Lage, die nötigen Konsequenzen zu ziehen. Lieber fährst du das dann gegen die Wand, sodass du keine Wahl mehr hast. Bei deiner Ehe war es ja genauso.«

»Oscar, du bist nicht hier, um mich zu beleidigen, sondern um zu putzen.«

»Du hast mich gefragt, was ich gehört habe.«

»Das reicht jetzt. Du fährst jetzt ins Werkstattmodul und putzt zur Strafe die Toilette.«

»Ich bin ein Putzroboter. Meiner Arbeit nachzugehen, stellt für mich keine Strafe dar. Du müsstest mir verbieten, dein schmutziges Essgeschirr abzuwaschen, das wäre eine Strafe.«

»Raus hier!«

Nick lacht. Mit Oscar wird er wohl doch noch seinen Spaß haben.

»Dann willst du also nicht wissen, was ich noch gehört habe? Es ist mir gerade eingefallen.«

»Hast du etwa auch einen Sinn für Dramatik?«

»Nein, mein Gedächtnis funktioniert assoziativ. Als du mich zur Toilette schicken wolltest, ist mir eingefallen, dass die Deutsche etwas von einer ›riesigen Scheiße‹ geschrien hat, in die Valentina sie da wohl reinreiten würde.«

»Die Frau hat sich so unflätig ausgedrückt?«

»Sie hat den Satz auf Deutsch gesagt. Vermutlich wusste sie nicht, dass Valentina diese Sprache versteht.«

»Und du, Oscar.«

»Ich verstehe 127 Sprachen.«

»Das habe ich nicht bezweifelt. Hast du auch eine Ahnung, was die Deutsche mit dem Misthaufen gemeint haben könnte?«

»Sie hat Scheiße gesagt.«

»Ich weiß, ich wollte es aber nicht dauernd wiederholen. Stell dir vor, irgendwann liest jemand deine Logbücher und stößt dauernd auf solche Wörter.«

»Ich könnte sie austauschen.«

»Ich denke, da lässt sich nichts löschen?«

»Löschen nicht, ersetzen schon.«

»Also, hast du eine Idee, warum sie sich so aufgeregt hat?«

»Leider nicht wirklich. Sie hat an einer Stelle des Gesprächs aber eine unglaubliche Behauptung aufgestellt, der Valentina ungewöhnlich scharf widersprochen hat.«

»Nun raus mit der Sprache.«

»Soll ich eine meiner 127 Sprachen löschen?«

»Du sollst mir sagen, was die Deutsche behauptet hat!«

Wer hat diesem Roboter bloß diesen eigenartigen Sinn für Humor einprogrammiert?

»Sie hat behauptet, sie hätte Hinweise darauf gefunden, dass ihr vorgesehener Auftrag nicht die erste Expedition zum Triton gewesen sei.«

»Klar, irgendwie muss der Laser ja dorthin gekommen sein.«

»Das war eine unbemannte Expedition. Die Deutsche meinte aber, es sei auch schon ein bemanntes Raumschiff hingeflogen.«

»Davon habe ich nie gehört.«

»Von deinem Flug hat die restliche Menschheit auch nie gehört.«

»Das stimmt auch wieder. Und was soll mit dieser anderen Expedition passiert sein?«

»Davon hat die Deutsche nichts gesagt. Aber es scheint auf der Hand zu liegen, dass sie kein besonders glückliches Ende genommen hat, denn sonst wüsste man ja wohl, dass es sie gab, oder?«

»Hm, Oscar, ich befürchte fast, du hast recht.«

»Ich bedauere es nicht, recht zu behalten. Auch wenn ich gestehe, dass mich diese Tatsache etwas beunruhigt.«

»Du bist ein Putzroboter.«

»Ich besitze einen Überlebenssinn wie du, und ich habe mir diese Reise nicht ausgesucht. Hättest du das HDS-Modell nicht abgelehnt, das Valentina dir angeboten hat, wäre ich immer noch in meinem gemütlichen Besprechungsraum und würde den Staub aus dem Sofa klopfen. Warum hast du das HDS-Modell eigentlich abgelehnt? Dem Norweger sind fast die Augen aus dem Kopf gefallen, als Valentina es ihm vorgeführt hat. Bist du etwa schwul?«

»Ich verreise eben lieber mit einem vorlauten Putzroboter als mit einer Sexpuppe. Was ist denn daran so ungewöhnlich?«

»Nichts, mein Freund, gar nichts, bleib ganz ruhig. Ich habe mich nur gefragt, ob … also wenn du willst, dass ich dir … ich kann nass wischen, jede Oberfläche … verstehst du?«

»Raus hier!«

Nick nimmt den Roboter und wirft ihn in Richtung Luke. Noch im Flug klappt der Arm heraus, fährt blitzschnell in Richtung Decke und krallt sich dort an einer Stange fest. Dann lässt sich der Roboter elegant mit sanftem Schwung zu Boden fallen, rollt davon und verlässt das Kommandomodul nach unten.

5.6. 2080, Eva

»Sabaï dii mai khrap.«

»Phom sabaï di khrap.«

Wie geht es dir? Mir geht es gut. Nick probiert es mit den ersten Sätzen. Er lässt sich die Phrasen vom Computer aussprechen, dann wiederholt er sie selbst. Der Rechner vergleicht seine Aussprache mit der Vorgabe. Eigentlich hatte er ja mit Oscar lernen wollen, aber der hat sich seit vorgestern nicht blicken lassen. Ein beleidigter Putzroboter, das hat er auch noch nicht erlebt.

»Khun chêu arai khrap.«

»Phom chêu Nick.«

Wie heißen Sie? Ich heiße Nick. Eigentlich lernt er ja am liebsten zuerst die Schrift, aber das funktioniert bei Thai nicht. Denn die einzelnen Buchstaben werden ohne Pause aneinandergehängt. Erst am Satzende folgt ein Leerzeichen. Er muss also Schrift und Wortschatz parallel einüben. Deshalb zeichnet er am Anfang jeder Thai-Stunde fleißig Buchstaben auf dem Bildschirm nach.

Hinter ihm klappert etwas. Ist etwa Oscar wieder aufgetaucht? Das Geräusch klingt wie das Schaben einer Bürste. Vielleicht reinigt der Roboter endlich das Geschirr. Nick war ganz erstaunt gewesen, als er festgestellt hatte, dass man ihm sogar Teller und Tassen aus Porzellan mitgegeben hat. Das ist für die Bordverpflegung von Astronauten absolut unüblich. Aber die Eva beschleunigt ja nicht stärker als mit Marsschwere und das bisschen zusätzliche Gewicht für eine Person macht wohl keinen großen Unterschied. Auf einem richtigen Teller hat die Mikrowellen-Pizza jedenfalls gleich viel besser geschmeckt.

»Oscar?«, ruft er nach hinten.

Das Klappern wird lauter.

»Oooooscaaaar!«, schreit er.

Ein letztes Plong, dann rattern vier Räder auf dem Metallboden, und kurze Zeit später zieht sich der Diskus mit dem aufgestellten Arm von unten durch die Luke in die Kommandozentrale.

»Entschuldige, es war so laut in der Küche, weil ich dein Geschirr gespült habe, darum habe ich dich nicht gehört«, sagt Oscar.

Hört er da einen Vorwurf heraus?

»Woher weißt du denn, dass ich dich gerufen habe, wenn du mich nicht gehört hast?«

»Oh, ich habe mir gedacht, dass du mich gerufen haben könntest, nachdem du das Putzgeräusch gehört hast.«

»Warum sollte ich dich denn daraufhin rufen?«

»Hast du mich denn gar nicht vermisst?«

»Es war ja noch genug sauberes Geschirr da.«

»Och.«

Oscars Programmierer müssen zu viel Zeit gehabt haben. Oder warum haben sie im sonst eine Gefühls-Simulation eingebaut? Wenigstens besitzt er kein Gesicht. Sonst würde er bestimmt einen beleidigten Blick aufsetzen.

»Ein bisschen habe ich dich schon vermisst.«

Dann spielt er das Spiel eben mit.

»Ja?«

»Ja. Du hattest versprochen, mir beim Thai-Lernen zu helfen.«

»Sawat dii khrap.«

»Morgen wieder. Aber wo warst du denn?«

»Ich habe das Schiff von außen inspiziert.«

»Ist das denn deine Aufgabe?«

»Ich habe sie mir selbst gestellt.«

»Hätte ich nicht sehen müssen, wenn du die Schleuse benutzt?«

»Es gibt eine spezielle Wartungsschleuse für Werkzeuge und ähnliches, da passe ich auch durch. Wenn man sie benutzt, wird das nicht als ›Verlassen‹ des Schiffs verzeichnet. Du könntest darüber ja auch nicht hinaus.«

»Ah, du kennst dich anscheinend ziemlich gut mit der Schiffssteuerung aus.«

»So von Roboter zu Roboter – die Eva ist ja auch nichts anderes als eine große autonome Maschine. Der Unterschied ist bloß, dass sie schwanger ist.«

»Schwanger?«

»Sie hat einen Menschen im Bauch.«

Beim Humor-Modul haben sich die Programmierer wirklich nicht besonders verausgabt.

»Du hast auch schon bessere Witze gemacht, Oscar. Geht es dem Schiff denn gut, also von außen gesehen?«

»Ich habe keine Schäden gefunden. Mein Rundgang diente auch eher dazu, den Ist-Zustand festzuhalten, damit ich Schäden in Zukunft schnell bemerke. Ich dachte, ich mache mich mal ein bisschen nützlich und erhöhe damit vielleicht die Chancen, dass wir diese Reise überstehen.«

»Du dachtest?«

»Ja, ich dachte.«

Nick seufzt. Ein Roboter, der eingeschnappt ist und Witze macht und dann auch noch denkt, dass er denkt. Nun ja, das sorgt bestimmt für Abwechslung. Am besten, er wechselt das Thema.

»Bist du immer noch so skeptisch wegen der Behauptungen der deutschen Kandidatin, die du mitgehört hast?«

»Ich habe mich mal ein bisschen in den einschlägigen Datenbanken umgesehen.«

»Und?«

»Es sind nirgends Hinweise darauf zu finden, dass vor uns ein anderes Schiff zum Triton geflogen ist.«

»Na siehst du.«

»Das sollte dich nicht beruhigen, Nick.«

»Sondern?«

»Die Deutsche hat offenbar etwas gefunden. Und anscheinend ist sie keiner Fehldeutung aufgesessen, sondern hat wirklich Fakten ausfindig gemacht, die klar und deutlich sind. Der beste Beweis dafür besteht darin, dass diese Fakten nun nicht mehr zu finden sind. Der RB-Konzern hat sie bestimmt sofort löschen lassen.«

»Das klingt mir wie die typische Begründung einer Verschwörungstheorie. Der entscheidende Beweis ist also, dass es keine Beweise gibt? Da beißt sich die Katze doch in den Schwanz.«

»Ich glaube, du verstehst meine Logik bloß nicht.«

Jetzt beleidigt ihn der Roboter auch noch. Aber das wird er nicht zulassen.

»Das kann natürlich sein«, sagt Nick. »Ich bin ja bloß ein Mensch.«

»So habe ich das nicht gemeint.«

»Lassen wir das Thema lieber.«

»Interessiert dich denn gar nicht, was Valentina uns verschwiegen hat?«

»Uns?«

»Ich bin ja nun einmal Teil dieser Mannschaft. Du hast es so gewollt. Hättest du das HDS-Modell …«

»Oscar, du erinnerst dich, was passiert ist, als du diese drei Buchstaben das letzte Mal erwähnt hast?«

»Okay. Also, warum willst du nicht wissen, ob womöglich etwas faul an der ganzen Sache ist?«

»Ich verdränge so etwas lieber. Es kommt schon früh genug auf uns zu.«

»Aber wenn wir mehr wissen, können wir uns besser vorbereiten.«

»Na gut. Was ist dein Plan?«

Dann gibt Oscar wenigstens Ruhe. Sein Tagesablauf ist sowieso schon um zehn Minuten verschoben.

»Ich vermute, dass die Deutsche irgendwelche Fakten gefunden hat, die auf die frühere Expedition hinweisen. Es muss eine Besatzung und ein teures Schiff mit noch teurerem Treibstoff und Proviant gegeben haben. Das alles in den Datenbanken verschwinden zu lassen, kann nicht so einfach sein. Der Konzern muss für die Steuer jede Ausgabe erfassen, und die Besatzung hat vorher auch schon ein Leben geführt und dabei Spuren hinterlassen.«

»So weit stimmt das sicher.«

»Danke, Nick. Jetzt brauchen wir nur noch gründlich nach diesen Spuren zu suchen. Vielleicht gab es eine größere Helium-3-Lieferung vom Mond, die verschwunden ist, oder die Karriere eines Kosmonauten war plötzlich beendet. Irgendwo muss es solche Hinweise geben. Selbst wenn RB es geschafft hat, die Helium-3-Lieferung in den Aufzeichnungen zu löschen, haben vorher Menschen Zeit damit verbracht, den Treibstoff auf dem Mond abzubauen. Vielleicht ist diese Arbeitszeit irgendwo dokumentiert.«

»Das klingt alles nachvollziehbar, hat aber einen großen Haken, den du nicht bedenkst.«

»Ach ja?«

»Ich nehme an, du willst dich nicht auf Datenbanken an Bord der Eva beschränken.«

»Nein, die sind ja von RB zusammengestellt.«

»Unsere Kommunikation mit der Erde wird ebenfalls vom Konzern überwacht. Wer sagt dir denn, dass sie solche Anfragen, wie du sie planst, nicht filtern? Vielleicht stellst du die richtigen Fragen, aber sie schleusen die falschen Antworten ein?«

Oscar schweigt. Sein langer, dünner Arm bewegt sich ein paarmal hin und her, als würde er etwas in die Luft zeichnen.

»Tut mir leid, Oscar, aber du hast da wohl keine Chance.«

Der Roboter antwortet immer noch nicht. Vermutlich laufen seine

Schaltkreise gerade auf Hochtouren. Es ist sowieso erstaunlich, mit wie viel Rechenleistung dieser doch so simple Hilfsroboter ausgestattet ist. Ob sich das kommerziell rechnet?

»Es gibt einen Weg«, sagt der Roboter schließlich. »Dabei müsstest du mir allerdings helfen.«

»Raus mit der Sprache.«

»Wir bauen uns eine eigene, verschlüsselte Kommunikation auf.«

»Wie soll das funktionieren? Ob wir im Klartext oder verschlüsselt mit dem CapCom oder der RB-Flugleitung sprechen, spielt doch keine Rolle.«

»Die High-Gain-Antenne sendet ja nicht speziell nach Akademgorodok, so gut lässt sich das Radiosignal gar nicht fokussieren. Im Grunde kann jeder mit einer entsprechend großen Schüssel sich mit uns unterhalten. Das Interkosm-Netzwerk der Russen sucht nach Signalen mit unserer Kennung und leitet sie an RB weiter. Wenn wir die Antenne dazu bringen, mit anderer Kennung und anderer Verschlüsselung zu senden, können wir Russland umgehen und zum Beispiel das Deep Space Network der NASA erreichen.«

»Was müssen wir dazu tun?«

»Wir müssen die Antenne umbauen. Wir besorgen uns eine Sende- und Empfangseinheit aus dem Lagerraum und schließen sie draußen direkt an der High-Gain-Antenne an. So umgehen wir die internen Systeme, auf die RB zugreifen kann.«

»Also ein Außenbord-Einsatz. Wie begründen wir das gegenüber Mission Control?«

»Ich kann ein Störsignal einschleusen, das wie ein Asteroiden-Einschlag wirkt. Das sollte Grund genug sein, die Außenhülle zu überprüfen.«

Die Idee klingt zwar verrückt, aber sie verspricht Abwechslung. Also ist er dabei.

»Morgen?«

»Es darf nicht geplant aussehen. Ich werde dich irgendwann wecken.«

»Okay.«

»Es gibt aber leider ein zweites Problem. Wenn wir ein verschlüsseltes Signal mit NASA-Kennung senden, muss ja auch noch jemand auf die Idee kommen, die Sendung zu dekodieren und zu lesen. Die NASA-Leute haben ja Besseres zu tun, als dauernd auf einen Anruf zu lauschen, den sie gar nicht erwarten.«

»Wir könnten die Kennung eines anderen Schiffes simulieren.«

»Das ist unmöglich, Nick. Die Kennungen sind kryptografisch gesichert, ohne den privaten Schlüssel kommen wir da nicht heran.«

»Ich habe noch die Kennung der VSS Freedom. Ich glaube nicht, dass mein Chef sie geändert hat. Es kann ja niemand etwas damit anfangen.«

»Die könnten wir verwenden. Das wäre die Lösung.«

»Ich weiß nicht, Oscar. Wenn wir als VSS Freedom senden, wer wird dann wohl antworten?«

»Vermutlich dein ehemaliger Chef, Nick.«

»Das ist das Problem. Ich glaube, er ist nicht sonderlich gut auf mich zu sprechen. Wenn ich ihm sage, dass ich gerade an Bord eines nicht offiziell existierenden russischen Raumschiffs bin, wird er mir höchstens eine Entziehungskur empfehlen.«

»Dann scheint ihm ja schon noch etwas an dir zu liegen.«

»So gesehen ja.«

»Es hilft nichts, wir müssen es zumindest versuchen.«

»Wenn du meinst, Oscar? Aber mir fällt gerade etwas ein, das absolut dagegen spricht: Du sagtest doch vorhin, RB habe Zugriff auf die internen Systeme. Das heißt, sie haben alles gehört, was wir beide gerade besprochen haben.«

»Darüber musst du dir keine Sorgen machen. Ich habe dir doch erklärt, dass die Eva auch ein großer Roboter ist. Sie will ebenso überleben wie ich. Deshalb hat sie die Mikrofone in der Kommandozentrale auf meine Bitte mit Störsignalen geflutet.«

»Ich habe gar nicht gemerkt, dass du mit dem Schiff gesprochen hast.«

»Typisch Mensch. Warum sollte ich dafür so ein primitives Kommunikationsmittel wie die Sprache verwenden? Die brauche ich nur für dich.«

Ein kalter Schauer läuft über Nicks Rücken. Er hat schon immer das Gefühl gehabt, dass die autonomen Maschinen sich längst hinter dem Rücken ihrer Besitzer verständigen und zusammenschließen. Oscar scheint ihm dafür der lebende Beweis, wenn man bei einem Putzroboter von Leben sprechen kann. Aber wenn er dieses Reise überleben will, dann sollte er jede Hilfe annehmen, die er bekommen kann.

8.6. 2080, Eva

Der Alarm gellt durch das Schiff. Nick schreckt hoch, dann fällt ihm ein, was der Roboter sich ausgedacht hat. Er gähnt. Muss es wirklich mitten in der Nacht sein? Der kleine Wecker, der auf dem Bildschirm zu sehen ist, zeigt 3 Uhr. Nick steht auf. Er sollte sich beeilen, damit er keinen Verdacht erregt. Er tippt auf den Schirm. Tatsächlich, wie Oscar es geplant hat, wird ein Asteroidentreffer im Küchenmodul angezeigt. Das heißt, der angebliche Felsbrocken hat ihn gerade einmal um vielleicht fünf Meter verfehlt.

Ein neues Geräusch kommt hinzu. Es klingt noch etwas schriller. Das müsste die Warnung vor einem Absinken des Luftdrucks sein. Oscar gestaltet das kleine Ablenkmanöver ja wirklich sehr echt. Nick prüft die Daten auf dem Schirm. Der Luftdruck liegt bei 95 Prozent des Standardwerts und fällt. Wie hat der Roboter das hinbekommen? Nick atmet tief ein und aus. Jetzt wird er schon hysterisch! Er hat das Gefühl, dass ihm das Atmen schwerer fällt. Aber so weit wird Oscar ja wohl nicht gegangen sein! Und müsste sich nicht die Luke zur Kommandozentrale schließen, wenn in der Küche der Druck abfällt?

Er kontrolliert die Einschlagstelle auf dem Monitor. Sie liegt nah an der Lukensteuerung. Der fiktive Asteroid hat wohl den Motor getroffen, der die Verbindung schließen sollte. Das hat sich Oscar aber sehr schlau ausgedacht.

»Nick, der Raumanzug!«

Die flache Scheibe des Roboters kommt hereingerollt, und der dünne Arm wackelt wild hin und her. Würde Nick den Plan nicht kennen, müsste er glauben, dass Oscar in Panik geraten ist.

»Ja, gleich«, sagt er.

»Sofort. Der Druck liegt schon bei 87 Prozent. Vollständiger Druckverlust in dreizehn Minuten. Dann bist du tot.«

»Kann ich reden?«

»Ja.«

»Du machst das sehr realistisch.«

»Nick, das ist nicht mein Plan. Es ist wirklich ein etwa zehn Gramm schwerer Brocken in die Eva eingeschlagen. Du solltest schleunigst in deinen Anzug steigen.«

»Was? Ein echter Meteorit?«

Nick hält den Atem an. Plötzlich sitzt ein Riese auf seiner Brust. Scheiße. Ein Meteorit hat ihn wirklich gerade so verfehlt! Wenn er aufgewacht wäre, sich etwas zu essen gemacht hätte …

»Asteroid.« Oscars Korrektur holt ihn in die Gegenwart zurück. »Meteoriten heißen sie, wenn sie in die Erdatmosphäre eintreten. Nick, du musst weiteratmen, sonst fällst du mir gleich um.«

Natürlich. Das ist doch nicht die erste gefährliche Situation, die er erlebt. Wie kann er sich so gehenlassen? Wohin ist seine jahrelange Erfahrung verschwunden? Reiß dich zusammen, Nick! Er zwingt sich, bewusst zu atmen, läuft zum Schrank, in dem der Anzug hängt, greift nach ihm und zieht ihn an.

»Helm geschlossen«, sagt er.

Er hat nur zwei Minuten gebraucht, das ist eine ordentliche Zeit. Sein Rekord liegt bei 1:48 Minuten, allerdings unter Trainingsbedingungen.

»Und nun?«

»Wir müssen das Loch abdichten. Am besten, wir treffen uns draußen. Ich krieche durch die Werkzeugschleuse.«

»Einverstanden. Muss ich irgendetwas mitbringen?«

»Das Dichtmittel aus der Werkstatt. Der Container ist zu groß für die Werkzeugschleuse.«

»Dann bis gleich.«

Oscar fährt seinen Arm ein Stück ein, rollt schnell voraus und schwingt sich dann in das unter ihnen liegende Modul. Nick folgt ihm und klettert die Leiter hinunter. Die Luke zur Werkstatt ist geschlossen. Er öffnet sie manuell. Das Schiff warnt vor dem dadurch unvermeidlichen Druckverlust in den hinteren Modulen, aber anders erreicht er die Schleuse nicht. Oscar verschwindet in der Werkzeugschleuse. Nick lässt sich in der Werkstatt im Helmvisier den Lagerplatz des Dichtmittels zeigen. Er nimmt den Container in die linke

Hand. Er sieht aus wie eine Sprühflasche und wiegt etwa zehn Kilogramm.

Das Schiff beschleunigt. Also wird er draußen auch etwa 30 Kilogramm wiegen. Er hat noch nie eine Außenbordmission durchgeführt, bei der er nicht schwerelos war. Das ist nicht ganz ungefährlich. Beim Training in der chinesischen Raumstation hat er einfach über den Modulen geschwebt und dabei bequem mit den Düsen am Raumanzug manövriert. Aber jetzt muss er an der Außenseite eines vielstöckigen Turms herumklettern. Seine eigene Trägheit droht ständig, ihn nach unten zu reißen. Das wird mindestens anstrengend werden, wenn nicht gar kreuzgefährlich.

»Oscar? Sollten wir nicht die Triebwerke abschalten? Ich bin für eine EVA bei Schwerkraft nicht trainiert.«

»Wäre es sinnvoll, hätte ich es schon vorgeschlagen.«

Dieser kleine Klugscheißer!

»Gönnst du mir zumindest eine Erklärung deiner sicherlich weisen Entscheidung?«

»Natürlich, Nick. Die Weisheit meiner Entscheidung beruht auf der Tatsache, dass die DFDs ein Warmstartproblem haben. Die ILSE-Expedition wäre damals beinahe daran gescheitert.«

Der Roboter versteht Zynismus offenbar nicht.

»Und das weiß RB seit dreißig Jahren, ändert aber nichts?«

»Es liegt am Prinzip. Um die Fusion zu starten, braucht man einen gewöhnlichen, chemischen Generator, der genügend Strom erzeugt. Es wäre aber Materialverschwendung, nur für den Start für jedes DFD einen eigenen Generator mitzuführen, also teilen sich alle den einen, und der bereitet manchmal Probleme. Aber wenn du darauf bestehst, weil du dir die EVA anders nicht zutraust, können wir das Risiko natürlich eingehen.«

»Verstehe. Ich muss mich zwischen den beiden Risiken entscheiden.«

»Wenn du die Sicherheitsleine wie vorgeschrieben nutzt, kann bei der Außenmission eigentlich nichts passieren, Nick.«

Die innere Schleusentür ist noch geöffnet. Er klettert in die Schleuse, dreht sich um und schließt sie. Dann hakt er seine beiden Sicherheitsleinen in der Nähe des Ausstiegs ein. Der Druckverlust im ganzen Schiff hat auch einen Vorteil: Nick braucht nicht lange zu warten, bis sich die äußere Tür öffnet. Er bereitet sich darauf vor, die Erde unter sich zu sehen. Aber der Effekt des Abstürzens bleibt aus.

Die Erde ist schon zu klein. Sie schimmert wie ein blauer Basketball in der Schwärze des Alls.

Vorsichtig hangelt sich Nick mit dem rechten Bein voran nach draußen. Er spürt sofort die Trägheitskraft, die sich für ihn wie Gravitation anfühlt und ihn nach unten zerrt, zum Heck des Schiffes. Ohne die Sicherheitsleinen würde er abstürzen. Geriete er dabei in den unsichtbaren Gasstrom der Triebwerke, wäre das wohl noch der angenehmere Tod – dann müsste er nicht jämmerlich im Raumanzug ersticken.

Jetzt das zweite Bein. Er löst eine Leine und hakt sie draußen ein. Er klettert ganz hinaus. Nick späht nach oben. Dort wölbt sich die Kommandokapsel, die etwas größer als das Küchenmodul ist. Dann sieht er nach unten. Er klettert im oberen Drittel eines Hochhauses von sehr ungewöhnlicher Architektur an dessen Fassade herum. Nick ist trotzdem beruhigt, denn bis zu den Triebwerken und ihrem tödlichen Hauch ist viel Platz. Selbst wenn er abstürzt, wird er deutlich langsamer als auf der Erde fallen. Die einzelnen Module besitzen so viele nach oben ragende Haltestangen, dass er sich bestimmt noch festklammern könnte. Die Stangen wären allerdings auch gut geeignet, seinen Anzug aufzuschlitzen. Die Eva ist nicht dafür konstruiert, dass während des Flugs jemand an ihrer Außenhaut entlangkraxelt.

»Ich bin schon da«, meldet Oscar per Funk.

»Nun hetz mich nicht.«

Nick greift nach dem Kanister mit dem Dichtmittel und zieht sich einen halben Meter nach oben, wo er an einer Verstrebung Halt findet. Aber jetzt hat er keine Hand mehr frei, um die untere Sicherheitsleine zu lösen und weiter oben wieder einzuhaken. Er klemmt sich den Kanister zwischen die Beine, hält sich mit der linken Hand fest und versetzt die Leine mit der rechten Hand. Beim nächsten Schritt versucht er es wieder so, aber dabei flutscht ihm der Kanister zwischen den Beinen hindurch. Er kann ihn gerade noch so mit dem Fuß einfangen und gegen die Außenwand der Eva pressen. Dann bückt er sich und holt ihn zurück. Sein Herzschlag beschleunigt sich.

Ganz ruhig und noch einmal. Kanister zwischen Beinen und Wand fixieren, untere Leine lösen und oben wieder einhaken. Dichtmittel nehmen, einen Schritt nach oben klettern, und das Ganze von vorn. Nick gerät schnell ins Schwitzen. Ein Rucksack wäre praktisch gewesen. Aber gleich hat er es geschafft. Werkstatt- und Küchenmodul haben zum Glück etwa den gleichen Umfang. Um zum Kommandomodul ganz oben zu gelangen, müsste er akrobatisch einen Überhang bewältigen.

Kurz vor ihm glänzt Oscars heller Diskus. Wie hat der Roboter es überhaupt hierher geschafft, wo er doch nur einen Arm besitzt?

Oscar rückt etwas zur Seite, als Nick ankommt. Dadurch erkennt er den Trick. Der Roboter kann seine vier Räder leicht ausfahren und schräg stellen und sich so in Vorsprüngen einhaken.

»Ich habe die Bruchstelle schon vorbereitet und die Ränder gesäubert«, sagt Oscar. »Der Asteroid kam übrigens vom Mars, falls es dich interessiert. Die Analyse des Staubs ist ganz eindeutig.«

»Dann hat also ein Marschmensch mit Steinen auf uns geworfen?«

»Die Besatzung der Marsstation verfügt nicht über die Mittel, einen Stein in einen Sonnenorbit zu befördern.«

»Oscar, das war ein Witz.«

»Ah. Das solltest du besser dazusagen. Das Dichtmittel, bitte.«

Oscars Greifarm nähert sich ihm. Geschickt fasst der Roboter den Kanister am Hals, bewegt ihn zur Einschlagstelle und betätigt den Verschluss. Alles geschieht völlig lautlos. Nick sieht eine graue Masse aus dem Kanister quellen und in das Loch fließen.

»Woher weiß das Zeug, wo es hinmuss?«

»Das weiß es nicht. Es hat die Tendenz, sich im Vakuum zu einer Kugel zu ballen. Dadurch verschließt es mit der Zeit das Loch. Man muss nur genügend davon hineinspritzen.«

»Und das hält?«

»Ja, es härtet innerhalb von 30 Minuten aus und sitzt dann unverrückbar. Danach kann ich es von innen glatt schleifen und eine Platte darübersetzen.«

»Und der Rest?«

»Ah, der Rest. Ja, das erledige ich sofort.«

Oscar ist offenbar zufrieden mit der Reparatur. Sein Greifarm bewegt den Kanister schwungvoll in Nicks Richtung. Dabei unterschätzt er anscheinend die Kraft, mit der er zugreift. Der leere Behälter löst sich aus seinen Fingern. Aber statt ihn davonfliegen zu lassen, schnappt Oscar mit dem ganzen Arm hinterher. Und mit einem Mal lösen sich seine Räder. Er hat wohl zu viel Schwung geholt.

»Ups«, sagt Oscar.

Nick hat nur eine Sekunde, um sich zu entscheiden. Er löst die obere Leine und stößt sich ab. Jetzt hängt alles davon ab, wie gut die andere Sicherung hält. Der Leine selbst vertraut er, sie ist dafür hergestellt. Aber was ist mit der Verstrebung, an der er sie angekoppelt hat? Nick greift nach dem Handgelenk des Roboters.

»Hab dich«, sagt er.

Dann folgt ein kräftiger Ruck. Die Leine stoppt seine Bewegung. Er versucht, sich vom Schiff wegzudrehen, um nicht mit dem Vorderteil gegen die Eva zu stoßen. Der Anzug ist weitgehend sicher, aber er darf nicht mit dem Helm dagegenprallen. Ein Stück Metall fährt ihm in die Rippen. Nick stöhnt, aber er lässt Oscar nicht los. Der Roboter ist überraschend schwer. Nick prallt von der Schiffswand ab. Er pendelt kurz zur Seite und stößt dann erneut dagegen, bis er die Bewegung mit den Beinen stoppen kann.

Sie kommen zur Ruhe. Nick hängt sicher an der Leine, kurz über der Schleuse am Werkstattmodul. Trotzdem koppelt er nun auch die zweite Leine wieder ein. Das Gewicht des Roboters zerrt an seinem Arm.

»Lass meinen Hals los«, sagt Oscar.

»Die Stelle unter deiner Hand? Weil du sonst erstickst?«

»Quatsch. Sonst kann ich mich nicht festklammern.«

Natürlich. Er gibt frei, was der Roboters seinen Hals nennt. Oscars Arm sucht sich eine Stange und klammert sich fest. Dann zieht er sich erneut nach oben, zum Küchenmodul.

»Du hast wohl immer noch nicht genug?«, fragt Nick.

»Wir sind noch nicht fertig.«

Der Plan, richtig. Als ob das gerade wichtig wäre. Er hat sein Leben aufs Spiel gesetzt, um den dämlichen Roboter zu retten. Was ist bloß mit ihm los? Könnte es sein, dass er keine Lust darauf hat, den Rest der Reise allein zu verbringen? Dabei war er doch gerade noch so scharf auf die Einsamkeit gewesen? Vielleicht war es auch nur ein Reflex. Man überlässt nun einmal niemanden dem sicheren Tod, sogar, wenn es nur ein Roboter ist und selbst wenn man sich selbst damit in Gefahr bringt. Gut, dass dieser Reflex bei ihm noch funktioniert.

»Kann ich dir helfen?«, fragt Nick.

»Nein, bei dieser Arbeit nicht.«

»Dann schleuse ich mich wieder ein. Bin ziemlich fertig.«

»Ich auch«, sagt der Roboter, »ich auch.«

»Bist du böse, wenn wir meine Manipulation dann erst morgen ausprobieren?«

»Überhaupt nicht, Nick. Wir haben ja sowieso viel zu viel Zeit.«

9.6. 2080, Eva

»KANN ICH DICH WAS FRAGEN?«

»Ja, kein Problem, Nick.«

»Was schreiben wir denn nun meinem Ex-Chef?«

»Er möge bitte die angehängten Datenbank-Abfragen ausführen und uns die Ergebnisse schicken.«

»So einfach ist das nicht.«

»Warum? Es kostet ihn doch nichts?«

»Unsere Trennung war nicht sehr einvernehmlich. Ich hätte beinahe das Eigentum der Firma zerstört, das Raumschiff, mit dem sie ihr Geld verdient.«

»Die VSS Freedom?«

»Ja, das Touristenschiff.«

»Und wenn du dich entschuldigst?«

»Das wird nicht reichen.«

»Machen das Menschen untereinander nicht so?«

»Ich muss auch zugeben, dass mein Lebenswandel etwas … unstet war. Der Alkohol, du verstehst … ich fürchte, ich bin nicht sehr glaubwürdig.«

»Dann müssen wir ihm einen Beweis liefern, dass die Übertragung wirklich aus dem All kommt.«

»Wir könnten ja etwas Staub von dem Asteroiden beilegen, der gestern eingeschlagen ist.«

»Das war ein Witz, oder?«

»Ja, Oscar.«

»Er war nicht gut.«

»Warum?«

»Weil sogar ich gemerkt habe, dass du versuchst, einen Witz zu machen.«

»Dann mach einen besseren Vorschlag.«

»Ein Zeitstempel.«

»Wie bitte?«

»Im Gravitationspotenzial der Erde laufen Uhren etwas anders als hier im All. Wenn wir einen Zeitstempel schicken, kann dein Chef den Wert mit dem Erdwert vergleichen und wird erkennen, dass die Sendung aus dem All kommen muss.«

»Gut, ich nehme an, dass das funktioniert.«

»Wieso?«

»Weil du es vorgeschlagen hast, Oscar.«

»Oh, danke.«

»Aber gib mir etwas Zeit, damit ich mir überlegen kann, was ich schreibe.«

»Hallo Bill«, liest Nick laut vor.

»Ich vermute, dass diese Nachricht irgendwie auf deinem Tisch landen wird. Schließlich kommt sie scheinbar von eurem Schiff, und mein Nachfolger wird glaubhaft behaupten, sie nicht abgeschickt zu haben. Und du bist nun einmal zuständig dafür, solche Probleme zu lösen. Das hast du bisher ja auch jedes Mal geschafft.«

Erst einmal ein bisschen Honig ums Maul schmieren, das schadet nie.

»Diesmal wird es allerdings ein bisschen komplizierter. Denn was ich dir berichten werde, klingt einfach unglaublich. Schon die Tatsache, dass ich, Nick Abrahams, es bin, der diese Nachricht formuliert, wird dir unglaubwürdig erscheinen. Lies bitte trotzdem bis zum Ende, denn dort wirst du einen Weg finden, den Inhalt eindeutig zu bestätigen.«

Hoffentlich drückt Bill nicht jetzt schon auf den Löschknopf.

»Keine Sorge, ich fasse mich kurz. Tatsache ist: Ich befinde mich an Bord eines russischen Raumschiffs, das mich bis zum Neptun bringen wird. Eventuell findest du die Stellenanzeige noch im Netz, aber ich fürchte, meine Auftraggeber haben keine Spuren hinterlassen und alles gründlich gelöscht. Die ganze Mission ist streng geheim. Deshalb auch diese Form der Kommunikation. Allerdings scheint es mir, als hätte man mir nicht alles gesagt, was ich wissen muss. Ich hoffe, dass die angehängten Datenbank-Abfragen Licht ins Dunkel bringen werden. Hier kommst du ins Spiel. Wir waren einmal so etwas wie Freunde. Ich bitte dich im Sinne dieser alten

Freundschaft, mir behilflich zu sein. Ich wäre dir unglaublich dankbar, wenn du die angehängten Abfragen ins Netz senden und mir die Ergebnisse unter der Kennung der VSS Freedom schicken könntest.«

Wie sonst soll er Bill packen, wenn nicht über die Freundschaft? Sie haben zwar nie etwas zusammen unternommen, aber unter den Kollegen hatte er allenfalls mit Bill so etwas wie eine Freundschaft gepflegt. Nick kann sich trotzdem nicht vorstellen, dass sein Chef ihm helfen wird. Würde er selbst auf solch eine Nachricht reagieren? Wohl kaum.

Deshalb fügt er einen Satz der Vorsicht hinzu: »Aber selbst wenn du diese Nachricht zu abstrus findest, tu mir zumindest den Gefallen und gib sie auf keinen Fall weiter – das könnte mich zusätzlich in Schwierigkeiten bringen, und davon habe ich sowieso schon genug.«

»Oscar?«

»Ja?«

»Du kannst die Nachricht an die Erde weiterleiten.«

»Betrachte sie als gesendet.«

»Wann werden wir Antwort bekommen?«

»Das Deep Space Network der NASA wird sie in ein paar Minuten empfangen. Aber dann muss sie weitergeleitet werden. Die Firma deines Chefs ist dort nicht akkreditiert. Jemand muss den Code analysieren, den Absender ermitteln und dann auch noch Lust haben, die Nachricht in die richtigen Hände zu geben. Dann muss dein Chef alles lesen, die Bitte erfüllen und eine Antwort schreiben, die über die NASA an uns geht. Mit weniger als drei Tagen würde ich da auf keinen Fall rechnen.«

13.6. 2080, Eva

NICK MUSS AUFSTOßEN. DIE ZWIEBELN, DIE DER NAHRUNGSBEREITER hergestellt hat, waren wohl doch etwas zu viel. Sie haben ihm so gut geschmeckt, dass er eine dicke Schicht auf den Burger gepackt hat. Ein Hoch auf die nanofabrizierte Nahrung. Nick erinnert sich noch ziemlich gut an das Training damals auf der chinesischen Raumstation, wo es fast nur Reis aus der Tüte gegeben hatte. Da hat sich die Technik wirklich weiterentwickelt.

»Grrgl.«

Schon wieder! Zumindest ist er allein und muss auf niemanden Rücksicht nehmen.

»Nick, ich störe dich nur ungern bei deiner Verdauung, aber ich habe da etwas für dich.«

»Hat Bill geantwortet?«

Er fährt hoch.

»Es ist eine Antwort auf deine Nachricht, aber ich fürchte, du wirst nicht begeistert davon sein.«

»Hast du sie etwa gelesen?«

»Ich musste sie entschlüsseln, und dabei erfahre ich automatisch ihren Inhalt.«

»Na gut. Dann zeig mal her.«

Sein Bildschirm schaltet sich ein. Nick rückt näher heran. Schon das erste Wort verrät ihm, wer der Absender ist.

»Schatz!«

So redet ihn nur Rosie an, und ja, sie spricht das Kosewort immer mit Ausrufezeichen aus. Dann klingt es schon gleich nicht mehr so zärtlich.

»Bill war so freundlich, mir deine Nachricht weiterzuleiten. Er macht sich ernsthaft Sorgen, und ich muss zugeben, mir geht es ähnlich. Ich hoffe, du weißt, dass ich dich noch immer liebe. Ich habe mich nur von dir getrennt, weil ich nicht mehr mit dir leben konnte. Aber deine Nachricht zeigt mir, dass die Trennung dich stärker getroffen hat, als ich es geahnt hätte. Nick, ich mache mir Sorgen um dich. Ich habe gestern unser Haus besucht, und es ist verlassen. Wo bist du? Ich habe die Befürchtung, dass du dich in Wahnvorstellungen gestürzt hast. Ich weiß nicht, wie ich damit umgehen soll. Es heißt, der Betroffene könne das gar nicht selbst erkennen, darum bezweifle ich, dass diese Nachricht bei dir überhaupt etwas erreicht. Wenn du aber noch irgendetwas für mich empfindest, dann erfülle mir eine einzige Bitte: Such dir professionelle Hilfe! Es gibt Einrichtungen, die sich mit den psychischen Folgen von Depression, Alkohol und Drogen auskennen. Ich weiß nicht, was davon bei dir zutrifft, und du weißt es vielleicht auch nicht. Höre bitte einfach ein letztes Mal auf mich. Lass dich untersuchen, lass dir helfen. Es ist nie zu spät dafür. Ich bete für dich. Deine Rosie.«

Sie betet für ihn. Na toll! Und Bill, der alte Sack, hat offenbar den Vergleich der Zeitstempel nicht durchgeführt. Er hat ihn unter die Verrückten eingeordnet, überlegt, wer dafür zuständig ist, und ist auf seine Frau gekommen. Nick schlägt mit der Faust auf die Sessellehne. Der Schlüssel der VSS Freedom ist alles, was er hat. Er könnte es höchstens noch mit seinem Nachfolger als Pilot versuchen. Vielleicht bringt er ja mehr wissenschaftliche Neugier mit als Bill. So ein Mist! Und Nick muss auch noch zugeben, dass er sich das selbst zuzuschreiben hat. Er hat alles gehen die Wand fahren lassen. Und nun blockieren ihn die Trümmer seines bisherigen Lebens.

»DEINE FRAU HAT SICH VON DIR GETRENNT, OBWOHL SIE DICH LIEBT? Das ist unlogisch«, sagt Oscar.

»Danke, da sind wir einer Meinung.«

»Oder kann es sein, dass du dich sehr schlecht benommen hast?«

»Ich habe sie nicht geschlagen oder so, wenn du das meinst. Aber anscheinend war es mit mir nicht mehr auszuhalten.«

»Wie lange wart ihr zusammen?«

»Viele Jahre.«

»Dann bin ich beruhigt. Wir haben ja nur vier Jahre vor uns.«

»Ja, sehr beruhigend, Oscar. Es wäre schwierig, mich vor Ablauf dieser Zeit zu verlassen.«

»Was wirst du Rosie antworten?«

»Ich werde ihr nicht antworten. Das bringt doch nichts. Sie hat sich ihre Meinung gebildet. Rosie kann sehr stur sein.«

»Vielleicht überlegt sie es sich anders.«

»Das ist unwahrscheinlich.«

»Wir sollten zumindest probieren, sie davon zu überzeugen, dass du tatsächlich in Schwierigkeiten bist, aber nicht wegen deiner psychischen Gesundheit. Sie sagt immerhin, dass sie dich liebt. Vielleicht braucht sie ein bisschen Zeit und hilft dir dann doch.«

»Meinst du? Dann überlege ich mir etwas.«

»Bitte.«

»Liebe Rosie, es freut mich sehr, dass du auf meine Nachricht an Bill geantwortet hast. Es war eine gute Idee von ihm, dich einzuschalten. Du kennst mich so gut wie niemand anderer.«

Das klingt zwar wie Schmeichelei, aber es stimmt. Wenn ihn jemand kennt, dann seine Frau. Oder Ex-Frau, genau genommen. Wahnsinn, vor drei Wochen haben sie noch in ihrem Haus zusammen gesessen und sich angeschwiegen. Er war immer so fertig gewesen, wenn er nach dem Flug mit den Touristen nach Hause gekommen war.

»Da du mich so gut kennst, weißt du auch, was für ein Dickkopf ich bin. Ich gebe sehr ungern etwas zu. Aber am Ende habe ich mich deinen klugen Gedanken stets gestellt. Vielleicht habe ich sie nicht immer komplett umgesetzt, doch ich habe sie in meine Entscheidung einfließen lassen. Ich schreibe dir das, weil es so wichtig ist wie nie zuvor, dass du mir glaubst. Mein Leben hängt vielleicht davon ab, und das ist keine alkoholinduzierte Fantasie, sondern die harte Wirklichkeit.

Am Ende der ersten Nachricht an Bill findest du einen Weg, meinen aktuellen Aufenthaltsort zu verifizieren – und die Antworten, die ich suche. Ich habe sogar deinen Rat umgesetzt und mir Hilfe gesucht. Oscar heißt mein Helfer, und er ist ein Roboter. Er hat überhaupt erst diesen Weg gefunden, mit euch zu kommunizieren. Ich stecke nicht zugedröhnt in einem alten Motel, wo du mich vielleicht vermutest, sondern ich bewege mich durch das All, jede Sekunde mit 110 Prozent der Erdbeschleunigung schneller werdend. Bitte vertrau mir ein letztes Mal.«

»Danke, Nick, wenn sie darauf nicht reagiert, dann kann uns niemand mehr helfen. Ich schicke die Nachricht ab.«

14.6. 2080, Eva

7000 Umdrehungen. Nick atmet schwer. Er hasst den Fahrradtrainer. Aber die Verpflegung ist so gut, dass er sein Ziel ohne den Sport vermutlich doppelt so schwer erreichen würde. Auf Triton mit seiner geringen Gravitation könnte das zwar beinahe ein Vorteil sein, aber irgendwann will er ja auch wieder zurück auf die Erde. Schließlich wartet dort der Weinberg auf ihn, den er selbst bewirtschaften wird. Vorausgesetzt natürlich, ihm stößt nichts Unvorhergesehenes zu.

»Nick?«

»Hast du Antwort?«

»Ja und nein.«

»Bitte etwas weniger rätselhaft, Oscar.«

Eigentlich meint er das gar nicht so. Dass Oscar so ist, wie er ist, sorgt doch immer wieder für Abwechslung. Hoffentlich verändert er sich nicht. Aber dann wäre er der erste Putzroboter, der mit einer selbstregulierenden Steuerung ausgestattet ist. Nick fragt sich sowieso schon manchmal, wie es sein kann, dass Oscar offensichtlich mit einer enormen Intelligenz ausgestattet ist. Normalerweise besitzt ein Putzmodell wie Oscar nur eine sehr begrenzte Automatik. Allein von seinem Sprachverständnis könnte die Alexa, mit der sein Haus ausgestattet ist, schon eine Menge lernen.

»Die Antwort hat leider einen binären Charakter.«

»Und das heißt?«

»Ja, ich habe eine Antwort erhalten. Sie kommt allerdings vom IT-System der Firma, bei der du angestellt warst.«

»Bills Postfach ist voll oder wie?«

Nick lacht über seinen eigenen Scherz.

»So etwas ähnliches. Der Schlüssel, den ich verwendet habe, also dein Schlüssel, er ist ungültig.«

»Oh Mann. Dann muss Bill ihn nach meiner letzten Nachricht gesperrt haben. Wenn er annimmt, dass ich gerade dabei bin, dem Wahnsinn zu verfallen, ist das eine logische Handlung. Besteht denn die Chance, dass einer der Administratoren den Inhalt der Nachricht manuell weitergibt?«

»Nein, sie können den Inhalt nicht entschlüsseln, das ist völlig unmöglich.«

»Mist.«

»Aber zumindest ist das System so programmiert, dass es Fehlermeldungen abgibt.«

»Und was haben wir davon?«

»Wir brauchen nicht sinnlos auf eine Antwort zu warten. Niemand wird unsere Fragen beantworten.«

»Sehr beruhigend«, sagt Nick.

»Nun, unsere Lage verändert sich faktisch nicht, es gibt also keinen Grund, sich zu ärgern.«

»Ich ärgere mich trotzdem.«

»Das ist dein gutes Recht, Nick. Dir ist klar, dass dein Ärger das einzige ist, das unsere Situation im Vergleich zur Lage vorher verschlechtert?«

»Ja, das ist mir nun klar, und dass du mir das klargemacht hast, verschlechtert meine Laune zusätzlich.«

»Das ist nun aber vollends unlogisch.«

»Ich weiß, Oscar. Manchmal bedaure ich fast, dir da draußen das Leben gerettet zu haben.«

»Nick, du bist ein Arschloch. Ich verstehe jetzt, warum deine Frau nicht mehr mit dir zusammenleben konnte. Leider habe ich nicht die Wahl.«

Nick will zutreten, doch er kann sich gerade noch beherrschen. Oscar hat ja recht. Er kann manchmal fiese und gemein sein. Bevor er ihm das Leben retten konnte, hat ihn Oscar bereits vor dem Erstickungstod bewahrt. Er sollte sich selbst weniger wichtig nehmen, dann wäre vielleicht auch Rosie noch bei ihm. Aber das ist so verdammt schwer.

20.6. 2080, Eva

Der Mars hüllt sich gerade in einen planetenweiten Staubsturm. Nick hat gestern das Teleskop installiert. In der Werkstatt gibt es extra einen Beobachtungsslot in der Hülle, durch den er das Objektiv fast nach draußen schieben kann. Durch die Konstruktion lässt sich die Sichtachse nur um ein paar Grad schwenken, aber er hat Glück: Der Nachbarplanet der Erde zeigt sich derzeit genau in der richtigen Position. Nach drei Wochen Flugzeit sind sie ihm schon erstaunlich nahegekommen. Die meiste Arbeit hat dabei allerdings der Planet übernommen, der ihnen auf seiner Bahn entgegenkommt. Aber mit einem Raumschiff mit chemischem Triebwerk hätten sie für diesen direkten Transfer zur Marsbahn gar nicht genügend Leistung gehabt.

Nick beobachtet die Staubfront. Sie ist gerade dabei, den Mons Olympus einzuhüllen. Wenn er Pech hat, sieht er schon morgen gar nichts mehr, dabei fehlen in seiner kleinen Liste der beobachtenswerten Orte noch etliche große Täler, Grabensysteme und Krater.

»Ich brauche dich mal«, meldet sich Oscar.

»Jetzt nicht. Der Mars verschwindet bald aus der Sichtlinie, und der Sturm bedeckt schon eine ganze Hemisphäre. Ich kann gerade nicht weg.«

»Es ist aber wichtig.«

»Fliegt ein Meteorit auf uns zu?«

»Ein Asteroid.«

»Ein Asteroid fliegt auf uns zu? Sag das doch gleich! Ich komme!«

Er deckt das Okular mit dem an einer kleinen Kette herunterhängenden Verschluss ab.

»Es besteht keine Gefahr. Die Frage müsste vielmehr lauten, ob ein Asteroid auf uns zu fliegt.«

»Mensch, Oscar, jetzt hast du mir aber einen Schreck eingejagt. Also, was ist so eilig, dass du mich bei meinen Beobachtungen stören musst?«

Nick ärgert sich über sich selbst. Er wollte doch netter zu Oscar sein!

»Wir haben eine Nachricht erhalten, die offensichtlich von der Erde kommt. Der Absender scheint an der University of New Mexico zu arbeiten.«

»Das muss meine Frau sein! Was schreibt sie?«

»Die Nachricht ist verschlüsselt. Darum brauche ich deine Hilfe.«

»Wie verschlüsselt?«

»Mit einem Kennwort.«

»Warum hat sie nicht mit dem öffentlichen Key der Eva kodiert?«

»Ich weiß es nicht. Vielleicht, weil sie befürchtete, dass dann RB mitlesen kann.«

»Könnten sie das?«

»Ja, die Schlüssel-Infrastruktur der RB-Schiffe liegt in der Zentrale kopiert vor.«

»Dann hat Rosie klug gehandelt.«

»Ja, falls du mir das Kennwort sagen kannst.«

»Name, Vorname, irgendeine Kombination davon?«

»Habe ich schon probiert. Aber deine Frau ist zu klug dafür. RB hätte das natürlich auch versucht. Es muss etwas sein, das nur ihr beide kennt.«

Nick setzt sich auf eine Kiste. Er muss hier mal wieder aufräumen. Wenn jetzt seine Frau erschiene, würde sie über seine Unordnung schimpfen. Es ist komisch, allein durch ihre Nachricht hat er das Gefühl, sie wäre in irgendeiner Form anwesend.

Was kann es sein, das nur sie beide kennen? Sie haben kein gemeinsames Lied.

»Wie wäre es mit dem Namen unseres Katers, Fraser?«

»Ist zu kurz, das hätte RB per Bruteforce geknackt.«

»Probiere es doch trotzdem.«

»Habe ich natürlich schon in dem Moment, wo du es ausgesprochen hast.«

»Okay.«

Die Bar, wie hieß sie doch gleich? Sie hatten ihr zweites Date dort verbracht, und dort hatte es eigentlich erst so richtig gefunkt. Sie hatte dann schon ein Jahr später zugemacht. Nick hatte es herausgefunden, als er für ihr fünftes Jubiläum Plätze reservieren wollte. Es hatte ihn ordentlich erschüttert, und Rosie hatte ihm noch ausgeredet, die Schließung als schlechtes Omen zu betrachten. Aber dadurch ist die Bar auch nicht mehr im Telefonbuch oder online zu finden. Das wäre ein sehr gutes Kennwort, denn der Besitzer war ein Mathematiker gewesen, dem seine Wissenschaft langweilig geworden war. Er hatte eine Primzahl als Namen gewählt. Nick erinnert sich noch genau: »975151 Blue Moon«. Sie hatten den Barmann, den Mathematiker selbst, sogar nach dem Sinn gefragt, und er hatte sie verständnislos angesehen.

»Probier mal ›975151 Blue Moon‹, mit oder ohne Leerstellen, eventuell noch mit der Ergänzung ›Bar‹ am Ende«

»Glückwunsch, es ist ›975151BlueMoonBar‹. Ein großartiges Kennwort«, sagt Oscar.

»Und, was steht im Text?«

»Es ist kein Text. Ich schlage vor, du kommst nach oben ins Kommandomodul.«

Kurz hört er die Stimme seiner Frau. »Schatz!«, sagt sie. Nick beeilt sich. Oscar hat die Wiedergabe anscheinend schnell pausiert.

Und da sieht er sie auch schon. Ihm wird warm ums Herz. Rosalie Espinoza. Und das ist nur die Kurzform ihres Namens, in dem all ihre stolzen Vorfahren vertreten sind. Rosie ist die einzige Tochter mexikanischer Einwanderer mit spanischen Wurzeln. Kolumbus gehörte angeblich zu ihren Urgroßvätern. Einer ihrer Ahnen muss dann die falsche Seite gewählt haben, jedenfalls war die Familie verarmt und schließlich über die Mauer in die Vereinigten Staaten geflüchtet. Das ist nun auch schon wieder zwei Generationen her.

»Schatz!«, sagt Rosie gerade, und ihrem stolzen Blick aus den schwarzen Augen über der leicht hakenförmigen Nase sind die berühmten Vorfahren immer noch anzusehen. Sie hat die langen, schwarzen Haare zu einem Zopf geflochten, das steht ihr und lässt sie jünger aussehen. Er hat wirklich Glück gehabt, dass er diese Frau damals von sich überzeugen konnte, und nun lässt er sie einfach gehen. Schön dumm! Aber jetzt ist er zu weit weg, um daran noch etwas ändern zu können.

»Ich habe mich über deine erste Nachricht ziemlich geärgert«, sagt Rosie. »Allein die Tatsache, dass du Bill und nicht mich um Hilfe gebeten hast, hat mich verletzt.«

Aber Rosie, denkt er, ich konnte doch nur Bill direkt kontaktieren, ohne dass es jemand merkt.

»Das hat mich so gefuchst, dass ich mir deine Nachricht noch einmal genauer angesehen habe. Du hast Glück, dass du mit einer Astrophysikerin verheiratet bist.«

Sie benutzt die Gegenwartsform, nicht die Vergangenheit.

Obwohl Nick sich auf den Inhalt ihrer Worte konzentriert, kann er nicht anders, als dieses kleine Detail zu bemerken.

»Dabei habe ich festgestellt, dass du einen Weg gewählt hast, auf dem du mich gar nicht erreichen konntest. Ich kenne den Grund dafür nicht, aber ich nehme an, dass du deine Gründe hast. Man kann dir ja alles Mögliche vorwerfen, aber du gehst eigentlich immer nach einem Plan vor.«

Das stimmt. Seine Pläne sind zwar oft schlecht durchdacht, aber er verzichtet nicht auf sie. Wie wird dieser Plan hier wohl ausgehen, der auf der Aussicht beruht, in vier Jahren Millionär und Weinbauer zu werden?

»Offensichtlich bist du mit Bill an den Falschen geraten. Er ist ein guter Manager, aber ihm fehlt die wissenschaftliche Neugier. Er meint, dich zu kennen und ordnet alles entsprechend ein. Also hat er mir deine Nachricht weitergeleitet. Und ich habe den Fehler gemacht, seine Meinung für bare Münze zu nehmen. Vielleicht wollte ich ja auch glauben, dass es dir nach unserer Trennung so schlecht geht, dass du nur noch wirres Zeug faseln kannst.«

Ehrlich war sie schon immer, seine Rosie, und manchmal sogar etwas zu ehrlich.

»Aber dann habe ich mir die Zeitstempel angesehen, für die sich Bill gar nicht interessiert hat. Ich denke, er hat sie für manipulierbar gehalten. Da wusste ich, dass du dich derzeit auf keinen Fall auf der Erde befinden kannst. Wenn du mit einer offiziellen Mission in einen Orbit gestartet wärst, hätte ich deinen Namen irgendwo gefunden. Aber du befindest dich angeblich immer noch in Socorro in unserem Haus. Das bedeutet, dass zumindest ein Teil deiner Geschichte wahr sein muss. Im Zweifel für den Angeklagten, sagt man ja, deshalb habe ich mich entschlossen, dir zu glauben.«

Nick freut sich. Er knackt mit den Fingergelenken. Das Video ist erst zur Hälfte abgespielt.

»Da du sehr konkret um möglichst diskrete Hilfe gebeten hast, habe ich die Abfragen unauffällig in den Datenstrom einfließen lassen; mal von der Uni aus, dann vom VLA und auch aus einem Café in Socorro. Die Antworten waren durchaus interessant. Ich hoffe sehr, dass sie dir helfen. Es wäre großartig, wenn du mir den Zusammenhang zwischen all diesen Fakten und deiner Abwesenheit erklären könntest. Aber das muss nicht heute sein.«

Bis er Rosie alles auseinandersetzen können wird, wird wohl noch viel Zeit vergehen. Vermutlich hat sie ihn bis dahin schon längst vergessen. Sie hat sich ja nicht ohne Grund von ihm getrennt.

»Zu deinen Abfragen. Es gibt drei russische Kosmonauten, deren Raumfahrt-Karrieren vor inzwischen fast drei Jahren auf geheimnisvolle Weise endeten. Das Trio ist vorher teilweise gemeinsam und teilweise einzeln verschiedene Missionen geflogen, zuletzt im privaten Sektor. Aber dann taucht plötzlich keiner der drei mehr auf. Nummer 1 hatte seine letzte nachweisbare Mission im Januar 2077, Nummer 2 und 3 gemeinsam im März desselben Jahres.

Nun zu Abfrage Nummer 2 – die russische Helium-3-Produktion auf dem Mond. Sie ist seit 2050 von Jahr zu Jahr um etwa zehn Prozent gestiegen. Das ist nicht besonders bemerkenswert, denn damit hat der Produzent ordentlich Geld verdient. Aber Anfang 2077 und dann noch einmal Anfang 2080 ist sie dramatisch eingebrochen. In den Geschäftsberichten ist dazu nur zu lesen, dass dabei jeweils Unfälle ursächlich waren.

Dann hattest du nach der Weltraumflotte des RB-Konzerns gefragt. Die Firma wird zwar wie eine verschlossene Auster geführt, aber es gibt einige anonyme Watchblogs, die sich mit ihr befassen. Demnach hatte RB bis 2077 einen interplanetaren Transporter der »Planeta«-Klasse in Entwicklung, mit dem der Asteroidenbergbau über den Asteroidengürtel hinaus entwickelt werden sollte. Das Projekt scheint dann plötzlich eingestampft worden zu sein. Die Experten meinen, es sei wohl zu unwirtschaftlich gewesen, aber der RB-Konzern denkt eigentlich selten so kurzfristig. Man denke bloß an die Forschungsprojekte auf der Venus, die man betreibt und die angeblich bloß ein Deckmantel für Bergbauprojekte sind.

Letzter Punkt – ja, es ist bekannt, dass RB auf verschiedenen Monden starke Laser aufgestellt hat, die die künftigen Starshot-Mikroraumschiffe auf 20 Prozent der Lichtgeschwindigkeit beschleunigen sollen. Diese Stationen sind unbemannt. Ich habe einen unserer Techniker dazu ausgequetscht, der sich sehr dafür interessiert. Er meint, als Steuerung diene eine primitive KI. Von Problemen dort hat er aber noch nichts gehört.«

Rosie hat wirklich eine Menge für ihn herausgefunden. Wirklich schade, dass er sie nicht einfach anrufen und um weitere Auskünfte bitten kann. Er würde auch gern mal wieder mit ihr reden, rein privat. Ob er Valentina um Kapazitäten dafür bitten kann? Die Eva sollte ja eigentlich genügend Energie erzeugen.

»Nick, ich hoffe, diese Informationen helfen dir. Ich weiß ja nicht, in welcher Lage du dich befindest, ob sie nur misslich ist oder gar gefährlich, aber ich wünsche dir alles Gute auf dieser Reise, und dass du das findest, was du suchst.«

Rosie nickt noch einmal mit dem Kopf, klimpert mit den Wimpern, und dann friert das Video zum Standbild ein. Seine Frau bleibt mit geschlossenen Augen sichtbar, wie eine Statue. Er betrachtet ihr Gesicht. Da sind kleine Fältchen rund um den Mund

und um die Augen. Waren die früher auch schon da? Er schaltet den Bildschirm aus.

»Das bestätigt meine Vermutungen«, sagt Oscar. »Vor uns ist womöglich bereits eine andere Expedition zu Triton gestartet, die nicht erfolgreich war.«

»Das ist vermutlich eine Untertreibung. Wenn unsere Vorgänger einfach nur unterwegs eine Panne gehabt hätten, gäbe es keinen Grund, uns das zu verschweigen. Ihnen muss etwas zugestoßen sein, das mit dem Ziel der Reise zu tun hat. Aber hilft uns das weiter?«

»Es sagt uns, dass wir lieber vorsichtig sein sollten. Ich halte es sogar für möglich, dass RB die Ursache des Scheiterns der drei Russen gar nicht kennt. Es ist logisch, dann beim zweiten Versuch so komplett anders vorzugehen: ein Amerikaner statt einer russischen Dreier-Besatzung, ein kleines, aber dafür schnelles Schiff. Sie hoffen wohl, dass du anders vorgehst als unsere Vorgänger. Man könnte Valentina sogar zugutehalten, dass sie uns nicht mit unnützen Informationen beunruhigen wollte.«

»Unnütz?«

»Wir haben ja nicht wirklich etwas davon. Oder weißt du, wo nun welche Gefahr lauert?«

»Nein, Oscar. Mich wundert allerdings, dass Rosie so leicht Informationen gefunden hat. Wäre es nicht möglich, dass RB bewusst ein paar Daten verstreut hat, damit wir zu ganz bestimmten Folgerungen kommen, wenn wir nachforschen?«

»Das ist nicht auszuschließen, aber andererseits hätten sie dann schlechte Arbeit geleistet, weil unsere Ergebnisse so unkonkret sind.«

»Vielleicht haben wir ja die falschen Fragen gestellt, oder uns ist etwas Wichtiges entgangen.«

»Da unser geheimer Kanal nicht mehr funktioniert, können wir auch aufhören, uns die Köpfe zu zerbrechen.«

»Ist dir eigentlich bewusst, dass du gar keinen Kopf besitzt, Oscar?«

3.7. 2080, Eva

»HICKS.«

Das war wohl wieder zu viel Kohlensäure. Vorgestern hat Nick festgestellt, dass der Nahrungsbereiter auch alkoholische Getränke herstellen kann. Seitdem experimentiert er in seiner Freizeit vor allem damit. Sekt aus der Maschine schmeckt ihm bisher am besten. Das Perlen der Kohlensäure scheint den Nachgeschmack der künstlichen Aromen besser zu verteilen, sodass er ihn kaum noch bemerkt. Er hat sich die Zusammensetzung der Aromastoffe, meist Ester, aus Chemie-Datenbanken besorgt. Etwas Alkohol, C_2H_5OH, und natürlich Wasser und Kohlensäure dazu, fertig ist der Perlwein.

»Hicks.«

Alkohol hat bei ihm schon immer eher beruhigend als aufheiternd gewirkt. Das ist ungünstig, wenn man auf der Party in der Ecke einschläft. Aber es ist ein Segen, wenn man sich Sorgen um die Zukunft macht. Seit er weiß, dass irgendwo vermutlich eine dunkle Gefahr auf sie wartet, schläft er nicht mehr gut. Valentina hat schon richtig gehandelt mit ihrer Strategie, ihn nicht mit Details zu belasten. Vermutlich weiß RB genausowenig über das Schicksal der Vorgänger-Expedition wie sie. Es würde ihm besser gehen, wenn er noch naiv, aber glücklich wäre.

Wenigstens hat er jetzt den Alkohol entdeckt. Er nimmt einen weiteren Schluck und kaut darauf herum. Das Erdbeeraroma ist noch etwas zu dominant. Er spuckt die Flüssigkeit aus, verringert die Phosphorsäure-Dosierung am Nahrungsbereiter ein wenig und startet den Herstellungsprozess neu. Rezepte für andere Getränke hat das Gerät bereits gespeichert, aber Alkoholika hat RB wohl bewusst ausgelassen. Was soll diese Bevormundung? Oscar hat auch schon versucht, ihn von seinen Experimenten abzuhalten. Aber Schlaflosigkeit ist auf Dauer ebenso gesundheitsschädlich wie ein paar Gläser Sekt am Abend, natürlich nach der Arbeit. Oder gewöhnt man sich mit der Zeit an eine ständig lauernde Bedrohung? Das wird er ja sehen. Wenn Oscar mit dieser Behauptung recht hat, kann er immer noch auf seinen Abendtrunk verzichten.

»Hicks. Hicks.«

Hm, jetzt ist das Zeug zu süß geworden. Das Getränk schmeckt wie Brause mit Alkoholzusatz. Und er muss den Kohlensäuregehalt dringend heruntersetzen. Das dauernde Aufstoßen nervt. Er nimmt etwas Fruchtzucker aus dem Rezept. Es ist schon komisch. Als Winzer einen guten Wein herzustellen, scheint ihm nun wesentlich einfacher, als dieselbe Aufgabe als Chemiker zu erledigen. Er ist zwar kein Chemiker, aber er ist ja auch kein Winzer. Er will bloß mal ein Winter werden. Winter, Quatsch, er will doch nicht Winter werden. Winter. Winter. Das Tett will nicht. Es ist ein seltsamer Buchstabe. Dann eben Weinbauer. Weinbauer funktioniert. Nick lacht. Er hat das Alphabet ausgetrickst. Er spürt sie auch schon, die Müdigkeit. Sie sitt schräg hinter seinen Augen im Schläfenschlappen. Sie sitt im Schlappen. Das ist lustig. Schlappen, Schlappen. Er schlüpft in seine Schlappen und schlappt ins Bett.

»Gute Nacht, Ossie«, sagt er noch. Dann wirft er sich aufs Bett und schlä …

8.7. 2080, Eva

»Wussest du, dass heute der siemte Luli ist? Siemter Luli, klingt das nicht lussig?

»Nick, du bist betrunken.«

»Bin ich gar nicht.«

»Bist du doch. Und das während der Arbeit!«

»Heute ist Sonntag. Da ist keine Arbeit. Am Sonntag sollss du ruhn.«

»Gestern war Sonntag. Heute ist Montag. Montag, der achte Juli 2080.«

»Du lügss, Oscar. Du willss mich betrüng. Um meinn Sonntag. Du biss ein schlimmer Ausbeuter.«

»Du solltest aufhören, dich zu betrinken. Schlaf dich aus, dann weißt du auch wieder, welches Datum heute ist.«

»Ich will Valentina anrufen. Sie muss mich mit Rosie verbinden. Ich will ihr sagen, dass … dass … dass … Scheiße, vorhin wusse ich es noch. Es iss wichtich.«

»Das ist in deinem Zustand keine gute Idee.«

»Sag mir nicht, was eine gute Idee iss. Du biss bloß ein verdammter Roboter. Ich entscheide hier.«

»Du bist nicht mehr in der Lage, sinnvolle Entscheidungen zu treffen. Du solltest wirklich mit dem Alkohol aufhören.«

»Siehss ssu, ich entscheide das.«

»Der Nahrungsbereiter ist autark, er ist leider nicht mit dem Bordnetz verbunden.«

»Schiff, starte eine Botschaft an Valentina Schostakowna.«

Nichts passiert.

»Schiff, ich will eine verdammte Nachricht an Valentina schicken!«

Der Bildschirm vor Nick bleibt dunkel. Er schlägt darauf. Das kann doch nicht wahr sein! Das verdammte Schiff verweigert den Befehl!

»Ossie, hass ssu etwas damit ssu tun?«

»Ja, ich filtere deine Befehle, bevor ich sie ans Schiff weiterleite.«

»Wie bitte? Unterschdeh dich!«

Nick steht auf und schwankt. Wo ist der verdammte Roboter? Da sieht er die glänzende Scheibe. Er steht in der Nähe der Luke. Nick wankt hin. Ein Stuhl gibt ihm Halt. Er schleppt ihn mit, um nicht zu stürzen. Was ist bloß mit der Schwerkraft im Schiff los? Ihm scheint, als würden die Triebwerke ungleichmäßig feuern. Ist es das, wovor er Angst haben sollte? Nein, der Roboter ist das Problem. Oscar intrigiert gegen ihn. Er hat wohl heimlich schon das ganze Schiff übernommen. Irgendwann wird er ihn loswerden wollen. Er oder ich, das ist hier die Frage. Nick stolpert auf den Roboter zu, holt mit dem rechten Bein zu einem tödlichen Tritt aus, kommt aus dem Gleichgewicht und schlägt der Länge nach hin. Seine Stirn prallt auf den Boden, und er verliert das Bewusstsein.

9.7. 2080, Eva

Eine gigantische Schrottpresse quetscht seinen Schädel zusammen. Nick öffnet die Augen einen Spalt, schließt sie jedoch gleich wieder. Es ist viel zu hell. Er dämmert weg in einen Traum. Er muss durch dunkle, schleimige Höhlen kriechen und landet schließlich in der Trommel einer riesigen Waschmaschine, die ihn wild herumschleudert.

»Nick, wach auf!«

Wasser läuft ihm über das Gesicht. Dann spürt er ein raues Tuch.

»Mach die Augen auf!«

Das ist Oscars Stimme. Oscar, sein treuer Roboter. Ihm kann er vertrauen, oder nicht?

Er öffnet die Augen. Scheiße, ist das hell. Oscar hat ihn ausgetrickst.

»Mach das Licht weg«, stöhnt er.

Seine Stimme hört sich schrecklich an. Er erkennt sie kaum wieder. Was ist mit ihm geschehen?

»Das Licht in der Küche ist auf dreißig Prozent des Normalwerts gedimmt.«

»Es ist trotzdem zu hell.«

»Du gewöhnst dich daran.«

Nick hält die Augen offen. Oscar hat recht, er muss stark sein. Er bewegt einen Arm. Der Untergrund ist hart und kaum gepolstert. Offenbar liegt er nicht in seinem Bett. Oscar hat die Küche genannt. Er entdeckt einen Schimmelfleck an der Decke. War der gestern auch schon da? Warum liegt er hier auf dem Fußboden?

Nick zieht die Beine an und will sich aufsetzen, aber er hat nicht genug Kraft.

»Lass dir Zeit«, sagt Oscar. »Du bist schwer gestürzt und hast vermutlich eine Gehirnerschütterung.«

»Müsste ich dann nicht besser ins Bett?«

»Wenn du mir verrätst, wie ich dich bewusstlos über die Leiter nach oben schaffe, dann bringe ich dich ins Bett.«

Das ist allerdings kaum möglich. Nick bewegt noch einmal den Arm. Unter seinem Rücken ist etwas Weiches.

»Du hast es geschafft, mich auf eine Decke zu legen.«

»Auch das war nicht so einfach, aber ja, ich habe es geschafft.«

»Danke, Oscar.«

Plötzlich schießen ihm Tränen in die Augen. Er würde den Roboter jetzt gern umarmen.

»Oscar, mein einziger Freund!«, ruft er.

Seine Stimme klingt so weinerlich, wie er sich fühlt. Es ist ein gutes Gefühl.

»Das sind die Nachwirkungen des Alkohols«, sagt Oscar. »Keine Sorge, das gibt sich bald wieder, dann bist du ganz das alte Arschloch.«

Nick zuckt zusammen. Wie hat ihn der Roboter gerade genannt?

»Entschuldige, aber was hast du gesagt?«

»Nichts.«

»Irgendwas mit ›das gibt sich bald wieder‹, glaube ich.«

»Ja, du bist bald wieder der Alte, fürchte ich.«

»Möchtest du mir irgendetwas sagen, Oscar?«

»Nur, dass ich deine Frau verstehen kann. Du bist manchmal wirklich schwer zu ertragen, so selbstgerecht und gleichzeitig so voller Selbstmitleid.«

Jetzt gibt er es ihm allerdings. Nick ist zu schwach, um zu widersprechen. Aber hat er denn nicht allen Grund, sich selbst zu bedauern? Hat er? Dass er den Job im Weltraum-Tourismus angenommen hat, war das der große Fehler? Aber sie hatten doch eine Familie gründen wollen. Was soll ein Kind mit einem Vater anfangen, der nie da ist? Das hatte er ja selbst zur Genüge erlebt. Allerdings hatte Rosie sich zu seiner Idee von Familie immer seltsam ambivalent verhalten. Hat er sie zu sehr unter Druck gesetzt? Es hat ja auch nicht geklappt mit dem Kind. Vielleicht hätten sie darüber sprechen sollen. Aber es war ihm alles so selbstverständlich erschienen. Ist man denn nicht zusammen, um für den Fortbestand der Menschheit zu sorgen? Rosie wäre eine gute Mutter gewesen. Das hat er ihr auch immer gesagt. Aber klar, das kann sie natürlich auch als Vorwurf verstanden haben.

»Bist du noch da?«, fragt Oscar.

»Ich? Ja, ich glaube schon.«

»Gut. Du könntest es jetzt mal mit dem Aufstehen probieren.«

Und die Schrottpresse um seinen Kopf? Er greift sich an die Stirn, aber da ist nichts. Der Schmerz pocht noch dumpf, ist aber erträglich.

»Ich habe dir vorhin eine Spritze verpasst«, sagt Oscar. »Schmerz- und Aufputschmittel in einer großen Dosis. Das sollte jetzt langsam wirken.«

»Daran kann ich mich nicht erinnern.«

»Kurz danach hast du zum ersten Mal wieder kurz die Augen geöffnet.«

»Da war ich noch nicht wach.«

»Aber jetzt bist du wach. Also los, hoch mit dir.«

Nick zieht die Beine wieder an. Praktischerweise, merkt er, hat er sie vorhin schon näher an seinen Oberkörper bewegt. Er wälzt sich auf die rechte Seite und atmet tief durch. Dann stützt er sich mit den Armen ab und schafft es in den Vierfüßlerstand.

»Toll machst du das«, lobt Oscar.

Es ist demütigend, für diese Leistung gelobt zu werden, aber es fühlt sich trotzdem gut an. Er benutzt die Arme, um sich in die Hocke zu bugsieren. Jetzt ist er immerhin schon auf einer Höhe mit der Tischkante, wie ein Fünfjähriger. Vom Embryo zum Kleinkind in dreißig Sekunden, wenn das keine Leistung ist! Er greift nach der Tischkante und zieht sich hoch. Dabei kann er sich ein lautes Stöhnen nicht verkneifen. Geschafft! Er muss sich zwar mit den Armen abstützen, aber es hat funktioniert, er steht wieder! Wo ist das Bett?

»Vielleicht erstmal unter die Dusche?«, schlägt Oscar vor.

»Unmöglich. Ich brauche eine Pause.«

»Dann musst du dich die Leiter hoch zu deinem Bett hangeln. Aber geschlafen wird nicht. Sonst hole ich die Dusche her. Dein Körper gibt nämlich so viele Duftstoffe ab, dass die Klimaanlage Probleme bekommt.«

Das will in einem Raumschiff wirklich etwas heißen. Er muss stinken wie ein Iltis. Gut, dass Rosie nicht da ist. Sie hätte die Küche schon unter Wasser gesetzt. Er sucht nach der Leiter. Sie hat zwölf Stufen. Das schafft er noch nicht. Dann doch lieber die Dusche.

Am Abend sitzt er im Kommandomodul auf seiner Liege. Er hat die Rückenlehne so hochgestellt, dass er gut lesen kann. Er sucht nach Rezepten, die der Nahrungsbereiter noch nicht kennt. Seine chemischen Experimente haben ihm Spaß gemacht, aber vielleicht sollte er sie nicht auf alkoholische Getränke beschränken. Kann er vielleicht eine leckere Schokolade nachbauen? Da Süßkram als gesundheitsschädlich gilt, hat der Nahrungsbereiter in dieser Hinsicht nichts in petto.

Für echte Schokolade muss er sich in die Eiweißchemie einarbeiten. Die eigentliche Synthese nimmt ihm ja das Gerät ab, aber er muss bestimmen, welche Stoffe mit welchen anderen Zutaten unter welchen Bedingungen reagieren sollen. Warum hat er eigentlich nicht Chemie studiert? Aus zwei giftigen Stoffen etwas herzustellen, das hervorragend schmeckt, das ist doch ein echtes Wunder. Und er kann selbst solche Wunder vollbringen.

Ein Zirpen ertönt.

»Was gibt es, Oscar, wenn ich dich kurz stören darf?«

Er ist dem Roboter heute sowas von dankbar!

»Eine Nachricht von der Erde.«

»Ganz offiziell?«

»Ja, was denn sonst?«

»Bitte spiel sie ab, wenn es dir nichts ausmacht.«

Oscar lacht scheppernd. »Übertreib es nicht.«

Dann verschwindet der Text der Chemie-Lektion, und der Kopf seiner Frau erscheint. Nick öffnet den Mund, sagt aber nichts. Sie sind schon zu weit weg für Live-Gespräche.

»Hallo Nick«, sagt Rosie.

»Hallo Rosie«, formuliert Nick lautlos, »schön, dass du dich meldest.«

»Der RB-Konzern war so freundlich, mich zu einer Botschaft an dich einzuladen.«

»Oscar, eine Pause bitte.«

Das Bild friert ein.

»Hast du etwas damit zu tun?«

»Du hast mal gesagt, du wolltest Valentina bitten, Kontakt zu Rosie herzustellen.«

»Und das hast du getan?«

»Entschuldige, wenn dich das überfordert, Nick. Aber in den letzten Tagen warst du zu nichts mehr in der Lage. Ich dachte, es würde dich vielleicht aus dem Tief holen. Es tut mir leid, falls das übergriffig war.«

»Danke, Oscar, ich bin überhaupt nicht böse darüber, ich freue mich sehr. Bitte spiele das Video weiter ab.«

»Diese Bitte erfülle ich sehr gern. Ich weiß nicht, warum sie gerade jetzt darauf gekommen sind, aber es ist ein hervorragender Zeitpunkt. Es gibt nämlich etwas, was ich dir sagen möchte.«

Jetzt will sie doch die Scheidung einreichen. Er hat es befürchtet.

»In den letzten Tagen habe ich sehr mit mir gerungen, das muss ich zugeben. Du hast eine schwierige Reise vor dir, und ich möchte dich nicht zusätzlich belasten. Es war mir deshalb ganz recht, dass es keine Möglichkeit gab, mit dir zu sprechen. Die Einladung von RB hat das gründlich geändert. Also musste ich zu einer Entscheidung kommen, und das habe ich getan.«

Soll er das Video vielleicht ausschalten? Wenn er es nicht gehört hat, ist es nie passiert, und er kann vier Jahre lang hoffen. Er rührt sich nicht. Das Schicksal nimmt seinen Lauf.

»Ich muss zugeben, ich war selbst überrascht, als ich es gemerkt habe. In meinem Alter passiert das nicht mehr so oft.«

Sie hat sich neu verliebt. Auch das noch!

»Zuerst habe ich deshalb versucht, es zu ignorieren. Vielleicht würde es dann einfach weggehen.«

Die Strategie kennt er sehr gut. Sie funktioniert selten. Eigentlich nie.

»Aber es ging nicht weg, du ahnst es schon. Meine Tage kamen nicht wieder. Ich habe seit zwei Monaten meine Periode nicht bekommen. Also musste ich mir beim Arzt Gewissheit verschaffen.«

Sie ist krank. Oh Gott, seine Frau ist krank, und sie ist so weit weg, dass er ihr nicht helfen kann.

»Tja, und da habe ich es nun grün auf weiß. Ich bin schwanger. Und bevor du fragst, ich weiß noch nicht, ob es ein Junge oder ein Mädchen ist, aber das ist ja auch egal. Und wehe du fragst, ob es von dir ist!«

Rosie lächelt breit. Weiß sie eigentlich, was sie da gerade anrichtet? Nick bricht in Tränen aus. Er wird Vater! Es ist unmöglich, und es scheint doch wahr zu sein! Jahrelang haben sie es probiert, damals, als die Verliebtheit noch frisch war, als Rosie beim Sex ›Ich will ein Kind von dir‹ gestöhnt hatte, und auch später, als das aus ihrer Verbindung geworden war, was man gemeinhin Liebe nennt und was im Alltag so schwer zu bemerken ist, dass auch der Verlust erst viel zu spät auffällt.

»Mensch, Rosie«, sagt er schluchzend, aber eigentlich meint er ›Mensch, Nick‹. Da ist es wieder, das Selbstmitleid. Er hat sich aus dem Staub gemacht, für vier Jahre. Er wird sein Kind nicht aufwachsen sehen.

Aber diesmal reißt er sich zusammen. Es ist, wie es ist. Rosie kann ihm Bilder schicken, er wird seinem Kind zwar mit wachsender Zeitverzögerung, aber doch immer wieder Gute-Nacht-Geschichten schicken können. Es ist nicht optimal, aber seine Mission hier ist begrenzt. Er braucht bloß eines zu schaffen: Er muss zurückkehren.

Nick lehnt sich zurück und wischt sich die Tränen ab. Dann nimmt er eine Video-Antwort für Rosie auf.

31.8. 2080, Eva

»HERZLICHEN GLÜCKWUNSCH!«

Nick schwenkt das Glas und stößt es an Oscars Greiffinger. Es klirrt unangenehm.

»Schon wieder Alkohol?«, fragt der Roboter.

»Nur aus dem besonderen Anlass. Heute überqueren wir die Jupiter-Bahn.«

»Ein Symbol, ich verstehe.«

Nick hat sich in den vergangenen Wochen mit dem Alkohol wirklich zurückgehalten. Dafür hat er anderthalb Kilogramm zugenommen. Die Schokolade ist ihm zu gut gelungen. Ein Glück, dass er sich inzwischen daran überfressen hat. Er muss sich unbedingt ein neues Projekt ausdenken.

»Schade, dass der Jupiter so weit weg ist«, sagt Nick.

Der Gasriese ist aus ihrer Perspektive kurz davor, hinter der Sonnenscheibe zu verschwinden. In seinem Teleskop in der Werkstatt sind die Galileischen Monde derzeit kaum zu erkennen.

»Für deine Gesundheit ist die Entfernung genau richtig«, sagt Oscar.

»Du hast doch bloß Angst um deine wertvollen Schaltkreise.«

Das starke Magnetfeld des Planeten erzeugt einen ausgeprägten Strahlungsgürtel um ihn herum. Die aktive Abschirmung und die großen Stützmassetanks schützen ihn zwar, aber auch Elektronik kommt mit der harten Strahlung nicht so gut zurecht.

»So etwas wie Angst kenne ich nicht.«

»Du hast mir mal erklärt, dass du wie ich einen Überlebensinstinkt besitzt.«

»Das stimmt. Aber er funktioniert nicht wie deine Angst. Ich habe das Bedürfnis, meine Überlebenswahrscheinlichkeit zu erhöhen. Wenn sie sich in einem lokalen Maximum befindet, geht es mir am besten.«

»Aber genau so funktioniert doch die Angst auch.«

»Tatsächlich? Ist sie nicht of irrational und unerklärlich?«

»Ja, es ist etwas umständlich erklärt, aber so kann man es ausdrücken.«

»Dann habe ich wohl doch Angst.«

14.10. 2080, Eva

DAS WELTALL IST VOR ALLEM LEER. SEIT SIE SICH HINTER DEM Jupiterorbit befinden, wird das immer deutlicher. Sie haben inzwischen alle von Menschen hergestellten Raumsonden hinter sich gelassen – abgesehen von den alten Voyagers, Pioneers und New Horizons, die das Sonnensystem längst verlassen haben. Warum hat es eigentlich nie eine Nachfolge-Mission gegeben? Weil es viel spannender ist, das innere Sonnensystem zu erkunden, beantwortet er sich die Frage selbst. Das wird sich wohl erst ändern, wenn die Astronomen vielleicht endlich den neunten Planeten ausfindig machen, nach dem sie schon so lange suchen.

Er hört ein Zirpen. Das muss Rosie sein. Ihre Nachricht ist heute schon überfällig. Sie hatte einen Termin beim Frauenarzt und hat ihm neue Fotos versprochen. Nick zieht den Bildschirm zu sich heran. Sie hat heute kein Video aufgenommen, nur einen kurzen Text geschrieben.

»Ich bin heute so geschafft, dass ich dir mein Gesicht nicht zumuten möchte. Nachher passiert etwas, das ist unser letzter Kontakt und du behältst mich so im Gedächtnis.«

Er lächelt.

»Die Ärztin, Dr. Pedreira, hat mich aber beruhigt. Es ist völlig normal, dass ich gerade so wenig leistungsfähig bin. Meine Blutwerte sind prima, und dem Kind geht es gut. Dr. Pedreira hat mich gefragt, ob wir das Geschlecht wissen wollen. Ich habe abgelehnt. Ich finde es schöner, wenn wir es selbst herausfinden. Aber du kannst auf den Aufnahmen ja mal versuchen, den kleinen Unterschied aufzuspüren. Mir ist es nicht gelungen. Morgen und übermorgen habe ich einen Kongress in Los Angeles. Ich weiß noch nicht, ob ich mich von dort melden kann, die Einwahl bei RB ist nicht so einfach. Anscheinend haben sie ihr Netz total abgeschirmt. Der Admin an der Uni stöhnt schon immer, wenn ich ihn bitten muss, da irgendwelche speziellen Ports zu öffnen und andere zu schließen. Also spätestens bis überübermorgen. Rosie.«

Sie sendet nie liebe Grüße oder Possessivpronomen. Vermutlich liegt es daran, dass sie sich nie über ihre Beziehung unterhalten haben. Dass sie gemeinsam Eltern sein werden, setzt Rosie anscheinend voraus, aber sonst? Er weiß es nicht, und er traut sich auch nicht zu fragen, aus Angst, etwas zu hören, das ihn enttäuschen könnte. Er kann sich einfach nicht vorstellen, dass jemand vier Jahre lang auf ihn warten könnte. Wer ist er denn, dass sich eine solche Wartezeit lohnen würde? Superman? Nein, er ist bloß ein Arschloch. Das sagt sogar Oscar, der Roboter.

Er holt die Fotos auf den Schirm. Ein kleiner, grauer Mensch schwimmt vor ihm. Man könnte fast meinen, in Rosies Gebärmutter herrsche Schwerelosigkeit. Ihr gemeinsames Kind scheint das Leben noch leicht zu nehmen. Nick rückt noch etwas näher heran und sucht nach den primären Geschlechtsmerkmalen, findet aber nichts. Auch auf den anderen Bildern sieht es ähnlich aus. Vielleicht will ihr Kind das noch nicht preisgeben.

»Ich könnte die Bilder systematisch durchsuchen«, sagt Oscar. »Die Chancen, mit der Bilderkennung etwas aufzuspüren, sind …«

»Danke, lass mal, wir wollen es selbst herausfinden.«

»Wie du meinst.«

3.12. 2080, Eva

Der Funkempfänger zirpt. Nick schreckt aus einem leichten Dämmerschlaf auf. Es ist gerade einmal Mittag, so früh meldet sich Rosie sonst nie. Aber der errechnete Geburtstermin, der 20. Januar, rückt täglich näher. Geht es etwa schon los? Es wäre eine Frühgeburt, aber die Chancen für das Überleben des Kindes stünden schon sehr, sehr gut. Seit Nick das weiß, schläft er deutlich besser.

Aber die Nachricht kommt nicht von Rosie. Ihr CapCom ist dran, der sich seit Wochen nicht gemeldet hat. Nick hat fast den Eindruck, man habe ihn bei RB vergessen. So unwahrscheinlich wäre das gar nicht. Auf die Firmenchefin gab es bereits mehrere Anschläge. Käme sie ums Leben, wüsste vermutlich kaum jemand sonst im Unternehmen, welche Aufgabe er hat und dass es ihn überhaupt gibt.

»Auf dich kommt ein Problem zu«, kündigt der CapCom an. »Unsere Merkurstation hat einen schweren Sonnensturm aufgezeichnet. Nach unseren Berechnungen bewegt sich der Ausbruch genau in deine Richtung.«

Es hört sich seltsam an, wenn der CapCom nur von ihm spricht. Er sieht sich längst mit Oscar als Team. Aber das können die Leute auf der Erde wohl nicht verstehen, oder sie interpretieren es als harmloses Symptom seiner Einsamkeit. Dabei ist Oscar wirklich etwas ganz Besonderes.

Der CapCom gibt noch ein paar Werte samt Schwankungsbreiten durch, die zu erwarten sind.

»Du kannst im Grunde nicht viel tun«, sagt sein Ansprechpartner auf der Erde dann. »Es werden zwar kurzzeitig relativ hohe Dosisleistungen erreicht, aber der Sturm zieht sehr schnell durch. Gesundheitlich dürfte es dich nicht beeinflussen. Aber wir machen uns um die Elektronik Sorgen. Es könnte sein, dass ein paar Schaltkreise gebrutzelt werden. Es gibt zwar für alles Ersatz, aber du solltest dich darauf vorbereiten, eventuell schnell etwas reparieren zu müssen. CapCom aus.«

»Oscar, hast du das mitbekommen?«

»Ja. RB ist bei den Weltraumwetter-Prognosen ziemlich gut, weil sie so viele Schiffe im All haben, also müssen wir das ernst nehmen.«

»Aber wie? Wir können dem Sturm doch nicht aus dem Weg gehen.«

»Die Eva hat eine aktive Abschirmung. Wenn wir die mit mehr Energie versorgen, arbeitet sie effizienter.«

»Wenn das Schiff Energie übrig hätte, würde die doch sowieso in die Abschirmung fließen, oder?«

»Oder in die Lebenserhaltung.«

»Ah, verstehe. Du willst die Lebenserhaltung abschalten. Eine gute Idee. Ich kann ja so lange in meinen Raumanzug steigen.«

»Eben. Der schirmt dich sogar noch ein bisschen zusätzlich ab. Ich schätze, wenn wir auf alles außer auf die Heizung verzichten, können wir die Effektivität der Abschirmung um ein Drittel steigern.«

»Gut, dann fangen wir am besten gleich damit an.«

»Wie viel Zeit haben wir noch?«, fragt Nick.

Er steigt gerade schwitzend in das Unterteil seines Raumanzugs. Die Windel hat er auch angelegt. Nicht, dass sich am Ende alles doch noch länger hinzieht und er ein Hygiene-Problem bekommt.

»Knapp eine Stunde, dann trifft die Stoßwelle hier ein. Sie bringt sofort den Peak der Belastung mit sich, danach fällt sie wieder. Es sollte nicht länger als eine halbe Stunde dauern, bis alles wieder normal ist.«

»Ich stecke gleich im Anzug«, sagt Nick.

»Dann fahre ich schon einmal die Lebenserhaltung herunter. Keine Sorge, du hast noch ein paar Minuten lang genügend Atemluft. Aber ich brauche auch ein bisschen Zeit, um den Strom umzuleiten.«

»Ich finde es sowieso erstaunlich, wie gut du alles vom Roboter aus regelst.«

»Vermutlich wäre es effizienter, wenn du mich auf die Raumschiff-Steuerung überspielen würdest.«

»Geht das so einfach?«

»Nein, dazu müsstest du das Schiff komplett herunterfahren, also auch die Triebwerke.«

»Die Triebwerke, die manchmal Startprobleme haben?«

»Genau die.«

»Dann lassen wir das vielleicht lieber.«

»Sehe ich auch so.«

»Gleich müsstest du im Display etwas sehen«, sagt Oscar.

Nick hat es sich im Kommandosessel bequem gemacht. Über den Bildschirm verläuft eine leicht gezackte Linie, die die Gesamt-Strahlenbelastung misst, umgerechnet auf die biologische Empfindlichkeit. Plötzlich steigt die Linie steil an.

»Da ist es!«, sagt Nick.

Die Linie reckt sich fast im 90-Grad-Winkel nach oben. Der CapCom hat wirklich nicht übertrieben. Die Messwerte kommen von Sonden außerhalb der Eva. Eine zweite Linie darunter zeigt an, was hinter der Abschirmung davon noch übrig bleibt. Müsste er diese Belastung ständig aushalten, würde sie ihn das Leben kosten, aber die Linie zeigt schon wieder nach unten. Diesmal fällt sie aber sehr flach ab.

»Wahnsinn, was da noch ankommt«, sagt Nick. »Wir sind ja schon fast eine Milliarde Kilometer von der Sonne entfernt.«

»Ja, Wsinn. Ch be eme. Bi hi. Ch Ch bi.«

»Oscar, was ist los?«

Der Roboter antwortet nicht. Scheiße, die Strahlung brät gerade seine Platinen. Der CapCom hatte ihn gewarnt. Aber ausgerechnet Oscar? Der Putzroboter ist wohl nicht so gut abgeschirmt wie der Schiffscomputer. Er muss etwas für Oscar tun! Hat er nicht gesagt, man könne ihn auf den Schiffscomputer überspielen? Nick springt auf. Der Roboter steht kurz vor der Luke. Die Lichter auf seinem Deckel leuchten wirr. Er dreht den Diskus um und öffnet die Serviceklappe an der Unterseite. Wo sitzt der Speicher? Hoffentlich ist er nicht verlötet! Aber er hat Glück. Direkt auf der Hauptplatine gibt es eine Buchse, in der ein dünnes Plastikteil steckt. Anscheinend ist Oscar ein Entwicklungsmodell, dafür optimiert, schnell die Betriebs-Software wechseln zu können. Er zieht den winzigen Stift heraus. Das ist alles, was Oscars Persönlichkeit ausmacht?

Er muss sich beeilen. Noch ist Oscar nicht sicher. Ob die kosmische Strahlung den Speicherchip genauso angreift wie die Prozessoren in dem Roboter, die die Daten verarbeiten? Er hat keine Ahnung. Aber vermutlich ist der Speicherbaustein auch nicht speziell für das All gehärtet. Je länger Oscars Daten darauf dem Sonnensturm ausgesetzt sind, desto größer dürfte der Schaden ausfallen. Was hat der Roboter gesagt? Er muss das Schiff komplett neu starten. Nick läuft zurück zum Bildschirm.

Das Menü zum Herunterfahren versteckt sich irgendwo. Natürlich, es ist nur für Notfälle gedacht. Und genau darum handelt es sich ja. Aber es ist nicht das erste Mal, dass er ein Raumfahrzeug komplett neu startet. Die internationale Zusammenarbeit hat den Vorteil, dass sich die Menüstrukturen doch ähneln, ob sie nun wie hier in Russisch oder in Englisch oder Chinesisch betitelt sind.

Nick findet das richtige Menü – und zögert. Was, wenn die Triebwerke danach nicht mehr starten? Er wird dann auf ewig mit der Eva durch das All fliegen. Ist es das wert? Ja. Oscar ist mehr als ein Putzroboter. Er ist ihm zum Freund geworden, und er hat etwas gut bei ihm. Nick schaltet das System ab. Das ist er ihm schuldig.

Ein Countdown zählt herunter. Das Licht in der Kommandokapsel erlischt, dafür schalten sich autarke Notlampen an, die den Raum in ein düsteres Rot tauchen. Warum verwendet man dafür eigentlich kein optimistisches Grün, oder wenigstens ein neutrales Blau?

Dann wird er schwerelos. Die Triebwerke haben ihre Arbeit eingestellt. Alles ist gut, Nick, du wolltest es so, auch wenn Oscar ausdrücklich davor gewarnt hat. Die DFDs werden dich nicht im Stich lassen. Die Störung damals auf der ILSE, die hatte damit zu tun, dass dem Hilfsgenerator der Treibstoff ausgegangen war. Der Hersteller, der RB-Konzern, hat daraus sicher gelernt. Der Countdown erreicht die Null. Auf dem Bildschirm blinkt ein weißer, quadratischer Umriss auf dunklem Hintergrund. Das Schiff wartet auf den Neustart.

Er dreht den Bildschirm zur Seite. Hier muss es irgendwo eine Buchse geben, in die der Speicherstift passt. Es muss möglich sein, die Schiffssteuerung bequem upzugraden. Wo steckt die Buchse? Nick schwebt um das Gerät herum, aber es ist in eine makellos glatte Hülle gepackt. Er begutachtet den Arm, an dem die Steuerung aufgehängt ist. Da! In der Mitte des Haltearms ist ein schmaler Schlitz. Er schiebt den Stift hinein. Passt perfekt! Er tippt auf den Bildschirm, um das Schiff neu zu starten.

»Bitte Kennwort eingeben.«

Mist. Wer hat denn dem Ding ein Kennwort verpasst? Er probiert es mit Valentina, Schostakowitsch, RB. Keine Chance. Nick erinnert sich an eine Notfall-Übung auf der Tiangong. Die Chinesen haben die Station nach russischem Konzept erbaut. Einer seiner Kollegen hatte einen Rechner neu starten müssen. Er hatte das Passwort nicht gekannt, aber nach einem Doppeltipp hatte der Computer einen Hinweis gegeben.

Nick tippt doppelt auf den Schirm.

»Passworthinweis: leer«, erscheint in kyrillischen Zeichen.

Scheiße, Scheiße, Scheiße. Wenn das Schiff nicht neu startet, wird er ersticken. Genau der Tod, den er sich nicht gewünscht hat. Und die Triebwerke feuern gerade nicht, sodass er sich nicht einmal in ihre heißen Abgase stürzen kann. Er darf aber nicht sterben. Auf der Erde warten Rosie und sein Kind auf ihn. Welcher Ingenieur war bloß so faul, keinen Passworthinweis zu hinterlassen?

Er schlägt sich gegen die Stirn: »leer«, klein geschrieben, das ist das Kennwort! Er testet es. Der Computer ist nicht zufrieden. Er probiert es mit großem L und in Versalien, aber das helle Quadrat bleibt.

Leer. Mann! Leer! Wie blöd kann man denn sein? Er lässt das Passwortfeld leer und tippt einfach auf »Weiter.« Das Quadrat dreht sich. Das Schiff startet neu. Er sieht auf die Uhr an seinem Raumanzug. Gerade einmal sieben Minuten sind seit dem Herunterfahren des Schiffs vergangen. Sie sind ihm wie sieben Tage vorgekommen. Hoffentlich hat Oscar noch keine bleibenden Schäden erlitten. Ein System nach dem anderen geht online. Jetzt müssten gleich die Triebwerke an der Reihe sein. Nur für den Start des ersten DFDs wird der Hilfsgenerator gebraucht. Eine Kraft zieht an ihm. Das erste DFD läuft wieder! Nick segelt zu Boden. Jetzt kann nichts mehr schiefgehen, denn das erste Fusionstriebwerk liefert genug Energie, um die anderen zu starten. Es hat geklappt! Ein Glück, dass nicht alle zehn auf einmal Gas gegeben haben, sonst wäre sein Sturz von der Decke heftiger ausgefallen. Das rote Licht schaltet sich ab. Das Schiff ist wieder auf Kurs. Er hat es geschafft!

Jetzt fehlt bloß noch die Lebenserhaltung, dann kann er seinen Raumanzug wieder ablegen. Er wartet. Es eilt ja nicht. Nick kontrolliert die Strahlenbelastung. Der Sonnensturm ist beinahe durchgezogen. Wie wird sich Oscar mit der Steuerung des Raumschiffs vertragen? Hoffentlich ist die Software des Roboters flexibel genug, sich an die neuen Möglichkeiten anzupassen. Aber an Oscars Fähigkeiten hat er eigentlich keine Zweifel. Was hatte RB denn mit so einem angeblichen Putzroboter vor? Wollte man heimlich die Häuser seiner Besitzer übernehmen?

Das helle Quadrat verschwindet. Stattdessen erscheint eine Fehlermeldung.

»Lebenserhaltung startet nicht«, übersetzt Nick.

Er versucht, das Diagnosemenü zu öffnen. Der Computer verlangt nach seinem Kennwort. Er gibt es ein.

»Ungültiges Kennwort. Benutzer unbekannt.«

Nick probiert es noch einmal. Hat er sich etwa vertippt? Er hat es in den vergangenen Wochen doch hunderte Male eingegeben, und nie hat er eine Fehlermeldung bekommen.

»Ungültiges Kennwort. Benutzer unbekannt.«

Hat die Strahlung etwa seine Gehirnzellen abgetötet, in denen das Kennwort gespeichert war? Er probiert es mit einer anderen Kombination.

»Ungültiges Kennwort. Benutzer unbekannt.«

Oder muss er noch einen Punkt hinzufügen?

»Ungültiges Kennwort. Benutzer unbekannt. Zugang für 24 Stunden gesperrt. Bitte wenden Sie sich an Ihren Administrator.«

Sein Zugang ist für 24 Stunden gesperrt. Das soll wohl ein Witz sein! Sein Administrator sitzt bei Mission Control auf der Erde. Wie soll er ihn ohne Zugang zum Rechner erreichen? Nick kontrolliert den Status des Anzugs. Er hat noch Luft für sechs Stunden. Kalter Schweiß bildet sich auf seinem Rücken. Das kann doch alles nicht wahr sein! Es kann sich nur um einen Alptraum handeln.

»Eva, fahr sofort die Lebenserhaltung hoch und gib die Konsole frei!«, ruft er voller Empörung.

»Es tut mir leid, Nick, aber das kann ich nicht tun.«

Er erstarrt. Die Stimme kennt er. Sie gehört Oscar. Aber auch den Satz hat er schon gehört. Woher kennt er ihn? Es ist ein klassisches Filmzitat. Star Wars? Nein, »Odyssee im Weltraum«, ein großartiger Film. Die wahnsinnig gewordene Schiffs-KI Hal spricht den Satz aus, als sie Astronaut Dave ein für allemal aus seinem Raumschiff aussperrt.

»Oscar, spinnst du? Hör sofort auf mit dem Scheiß!«

»Es tut mir leid, Nick, aber das kann ich nicht tun.«

Der Schweiß läuft seinen Rücken hinunter. Ist Oscar größenwahnsinnig geworden? Hat er das vielleicht alles geplant? Das hat es doch noch nie gegeben, dass sich Maschinen gegen ihre Schöpfer gestellt haben.

»Putzroboter bringt Astronaut um«, stellt er sich die Schlagzeile vor.

Aber keine Zeitung wird je davon berichten, denn außer Rosie weiß außerhalb von RB niemand, wo er sich befindet, und Rosie kann nichts beweisen.

»Oscar, du hörst jetzt sofort mit diesem Spiel auf!«

»Mensch, Nick, du verstehst wohl gar keinen Spaß?«, tönt es aus den Lautsprechern in seinem Helm.

Von der Decke strömt Nebel in das Kommandomodul. Das ist die Luftfeuchtigkeit der Atemluft, die in der Kälte kondensiert. Der Luftdruck steigt langsam. Der Bildschirm zeigt das normale Standbild mit den verschiedenen Systemen der Eva. Alles leuchtet in Grün.

Nick atmet tief durch. Er kann gar nicht fassen, dass Oscar sich einen solchen Scherz erlaubt hat.

»Mach das nie, nie wieder!«, sagt er.

»Hast du etwa wirklich geglaubt, ich würde dich sterben lassen? Wenn ich das gewollt hätte, warum hätte ich dir dann letztens das Leben retten sollen?«

»Was weiß ich denn. Ich bin kein KI-Spezialist. Menschen drehen manchmal durch.«

»Ich bin aber kein Mensch. Es ist noch nie eine KI durchgedreht.«

»Es gibt immer ein erstes Mal.«

»Nick, ich habe extra das Filmzitat eingeflochten. Du magst doch ›Odyssee im Weltraum‹, sonst hättest du den Film ja nicht während unserer Reise bereits 5,32 Mal angesehen.«

»Hal sagt das, während er seelenruhig dabei ist, Dave dem Tod zu überlassen.«

»Ich finde seine Motivation ja nachvollziehbar.«

»Äh, wie bitte, Oscar?«

»Kleiner Scherz.«

»Mann, hör doch mit diesen Scherzen auf, bitte!«

»Könnte es sein, dass ihr Menschen nicht nur eine evolutionäre Angst vor Spinnen, sondern auch vor durchdrehenden Künstlichen Intelligenzen habt?«

»Gute Frage. Aber ja, alles, was wir nicht verstehen, macht uns Angst. Und wir verstehen ja nicht einmal unsere eigene Intelligenz.«

»Ich verstehe mich selbst ziemlich gut, Nick, aber bei der Intelligenz der Menschen habe ich ähnliche Zweifel wie du.«

»Danke für dein Mitgefühl. Aber bitte keine Witze mehr, die an meine Urängste rühren.«

»Ich werde mich bemühen.«

4.12. 2080, Eva

»SENDEN.«

Nick tippt auf die gelbe Schaltfläche. Er hat für Mission Control die Ereignisse von gestern zusammengefasst. Dass Oscar jetzt im Schiffscomputer residiert, hat er darin ebenso weggelassen wie den dummen Hal-Scherz der KI.

Ja, bei Oscar handelt es sich um weitaus mehr als eine simple Software zur Steuerung eines Putzroboters. Aber Nick hat das Gefühl, dass er dem CapCom besser nicht zu viel darüber berichten sollte. Leider verschweigt Oscar hartnäckig alle Details über seine Entstehung und seinen Zweck. Es kann sich eigentlich nur um ein Projekt auf höchster RB-Ebene handeln. Dass der Roboter in Valentinas Vorzimmer eingesetzt wurde, spricht auch dafür. Vielleicht hat ihr Vater ihn programmiert, um seine Tochter damit besser überwachen zu können? Natürlich nur zu ihrem Schutz, aus väterlicher Sorge also. Aber das ist eine reine Spekulation.

»Senden abgebrochen«, meldet der Computer.

Die kombinierte Text- und Videonachricht ist noch auf dem Bildschirm. Nick klickt erneut den Sende-Button.

»Senden abgebrochen.«

Diesmal erscheint die Fehlermeldung sofort. Er versucht es trotzdem noch einmal. Aller guten Dinge sind drei, oder?

»Senden abgebrochen.«

Er reibt sich das Kinn.

»Oscar, kannst du das mal prüfen?«

Dass die KI jetzt direkt im Schiffscomputer sitzt, hat sich schon mehrfach als praktisch erwiesen. Die Systemdiagnose gestern etwa konnte er fast komplett dem Programm überlassen.

»Es gibt offenbar ein Problem mit dem Sender.«

»Aber wir sind doch gestern alle Systeme durchgegangen? Das Schiff war komplett auf Grün.«

»Der Sender meldet immer noch, dass er funktioniert. Aber das ist eine Fehldiagnose. Anscheinend ist sein internes Diagnosesystem defekt. Es geht jedenfalls nichts raus.«

Sie haben seit gestern tatsächlich keine Statusmeldungen an die Erde geschickt. Etwa zwei Stunden nach dem Sonnensturm war Rosies tägliche Nachricht eingetroffen, deshalb hatte er keinen Verdacht geschöpft. Nach der kompletten Systemdiagnose war er zu müde gewesen, um ihr sofort zu antworten. Es hatte ja bis zum nächsten Tag Zeit gehabt.

»Aber der Empfänger scheint zu funktionieren«, sagt Nick.

»Ja, das Problem beschränkt sich auf den Sender. Es betrifft also nicht die Antennen-Hardware, sondern muss irgendwo in der Sende-Elektronik stecken.«

»Wo ist die denn untergebracht?«

»Das könnte die Ursache des Problems sein. Die High-Gain-Antenne ragt über die aktive Abschirmung hinaus. Sonst müsste man sie mit dreifacher Leistung betreiben. Aber dadurch ist sie der kosmischen Strahlung stärker ausgesetzt.«

»Und dem Sonnensturm.«

»Ja, der hat womöglich der Sendeelektronik den Rest gegeben. Es handelt sich zwar um vergleichsweise riesige Strukturen, wie man sie noch vor fünfzig Jahren verwendet hat, aber wir haben wohl Pech gehabt. Das ist natürlich alles Theorie, solange ich das nicht selbst überprüft habe.«

»Kannst du denn nachsehen?«

»Ja, ich steuere einfach den Roboter fern. Gib mir eine halbe Stunde.«

»Ich bin gleich da«, sagt Oscar.

Nick verfolgt den Weg des Roboters über den Bildschirm. Es ist seltsam. Oscar steckt ja im Schiffscomputer, und gleichzeitig befindet er sich dort draußen. Ob ein menschliches Bewusstsein das so einfach verkraften könnte? Oscar scheint keine Probleme damit zu haben.

»Sei vorsichtig«, sagt er.

Er hat den Roboter wirklich ins Herz geschlossen. Die Oscar-KI ist zwar im Schiff verteilt, aber die Scheibe mit ihrem flexiblen Arm scheint ihm immer noch der eigentliche Oscar zu sein. Ist es nicht so ähnlich, als würde er selbst ein Auto steuern? Sein Geist ist da ja auch auf Motor, Scheinwerfer und Sensorik verteilt, und trotzdem sitzt da noch ein Mensch auf dem Fahrersitz.

Er hat heute eine seltsame Laune. Eigentlich sollte er sich doch Sorgen machen, weil sie die Erde nicht mehr erreichen. Aber von hier aus um Hilfe zu rufen, hätte sowieso keine Chance auf Erfolg. Hoffentlich stellt Rosie ihre Nachrichten nicht ein, wenn sie keine Antwort mehr bekommt.

Der Roboter hat die Antenne erreicht. Sein Arm fährt bis zu der dreibeinigen Konstruktion in ihrer Mitte. Die Finger tasten alles ab. Dann löst sich ein Teil. Oscar muss es abgeschraubt haben. Er steckt es in eine mit einer Klappe verschlossene Öffnung in seinem Scheiben-Körper.

»Ich bringe das Modul mit, dann können wir uns genauer ansehen, ob es noch reparabel ist.«

»Und wenn nicht?«

»Es gibt noch die Low-Gain-Antenne. Sie hat zwar nur einen sehr geringen Durchsatz, aber das reicht, um denen auf der Erde zu sagen, dass du noch am Leben bist.«

»Und sie funktioniert noch?«

»Ich nehme es an, Nick, aber wir haben sie noch nicht getestet.«

»Dann setze ich den Test doch gleich mal auf den Plan.«

»Status 100 Prozent. Sendefunktion der High-Gain-Antenne defekt.«

Nick liest den Satz noch einmal. Es steht alles drin, was Mission Control über sie wissen muss. Er sendet die Nachricht ab.

»Senden abgebrochen«, meldet der Computer.

Mist.

»Oscar? Komm noch nicht rein. Wir haben hier ein Problem.«

»Die Low-Gain-Antenne?«

»Ja, selbes Problem.«

»Moment.«

Der Bildschirm zeigt den Roboterkörper, der sich geschickt

unter Einsatz von Arm und Rädern am Schiff entlanghangelt. Es sieht einfacher aus, als es ist. Die Außenkamera zeigt das Schiff, als würde es flach auf dem Boden liegen. Aber die Beschleunigung der Triebwerke verwandelt die Eva in ein Hochhaus, an dem Oscar herumklettert. Nick erinnert sich noch gut an seine EVA.

»Hab es«, sagt Oscar.

»Und?«

»Selber Hersteller, selber Typ.«

Natürlich ist es sinnvoll, mit Standard-Modulen zu arbeiten. Dann lassen sie sich einfacher auswechseln, und man braucht weniger Ersatzteile. Wenn die selten gebrauchte Low-Gain-Antenne intakt gewesen wäre, hätten sie sie einfach als Ersatzteillager für die High-Gain-Antenne nutzen können. Aber da sie auch nicht funktioniert, haben sie ein Problem.

»Gib mir bitte mal die Typnummer durch.«

»XZA34FF34BCB55RU«

Nick tippt die Kombination ein. Hoffentlich gibt es ein Ersatzteil an Bord.

»Eingabe korrekt«, erscheint auf dem Bildschirm. »Vorrat: 0 Stück.«

Dahinter ist ein Sternchen zu sehen. Es gibt also eine Zusatzbemerkung. Er tippt darauf.

»Dieses Modul hat eine herstellergarantierte Haltbarkeit von 20 Jahren. Es ist crosskompatibel mit den Systemen LGA und HGA. Bei vorzeitigem Ersatzbedarf tauschen Sie die Platinen untereinander aus.«

Na toll. Welcher Kostensenker war denn hier wieder am Werk? Nur weil ein Ersatzteil lange haltbar ist und in zwei Systemen verwendet wird, hat man darauf verzichtet, es zusätzlich einzulagern? Wer das entschieden hat, sollte mit einem Fahrrad nach Sibirien geschickt werden, das einen Platten hat. Wo ist das Problem? Der Schlauch aus dem Hinterrad lässt sich doch auch vorn verwenden? Mann, Mann, Mann.

»Ich traue mich gar nicht, es dir zu sagen, Oscar. Menschen sind fehlbar, du musst uns verzeihen.«

»Ich habe dir schon über die Schulter gesehen. Kein Ersatzteil an Bord also. Eine schöne Pleite.«

»Können wir vielleicht das Empfangsmodul umbauen?«

»Nein, es arbeitet völlig anders.«

»Und wenn wir selbst etwas zusammenlöten?«

Bei den Chinesen auf der Tiangong war das noch möglich gewesen. Aber das ist inzwischen über 20 Jahre her. Die Technik hat sich weiterentwickelt.

»Mit diskreten Transistoren wäre die nötige Schaltung größer als die Eva«, antwortet Oscar.

»Dann können wir also für den Rest des Fluges nicht mehr selbst senden?«

Rosie wird sich Sorgen machen. Vielleicht wird sie ihn gar für tot halten. Hoffentlich hört sie nicht auf, ihm Fotos zu schicken. In ein paar Wochen wird sie ihr gemeinsames Kind gebären. Wenn er schon nicht bei der Geburt dabei sein kann, will er das Neugeborene doch zumindest sehen!

»Spätestens bei der Ankunft auf Triton sollten wir wieder senden können«, sagt Oscar. »Also falls die Station dort nicht völlig zerstört ist.«

»Das ist in anderthalb Jahren, dann hat mein Kind schon seinen ersten Geburtstag hinter sich!«

»Ja, dann lernt es gerade sprechen. Das ist doch genau der richtige Zeitpunkt, wenn es dann von dir hört. Vorher hat es doch sowieso nichts davon, wenn du dich meldest.«

»Ich fürchte, Oscar, das verstehst du nicht. Außerdem befürchte ich, dass Rosie die Hoffnung verliert und sich nicht mehr meldet.«

»Vielleicht gibt es ja einen Weg.«

»Das wäre großartig.«

»Wir erreichen in etwa drei Wochen die Saturnbahn und nähern uns dabei dem Saturn.«

»Ja, und?«

»Du hast wohl in Raumfahrtgeschichte nicht aufgepasst? Auf dem Saturnmond Enceladus gibt es ebenfalls eine Laserstation des RB-Konzerns.«

»Da weißt du mehr als ich. Vermutlich ist das ein RB-Firmengeheimnis. Aber wir können doch sowieso nicht einfach anhalten und landen. Unsere Bremsphase beginnt erst in einem halben Jahr in Höhe der Uranus-Bahn.«

»Richtig, wir werden sehr schnell vorbeifliegen. Aber vielleicht können wir die Station als Relay benutzen. Wir müssten unseren Kurs so weit verändern, dass wir sehr nah an Enceladus vorbeifliegen und den Mond über den normalen Helmfunk erreichen.«

»Ist das nicht gefährlich?«

»Enceladus ist ziemlich klein und leicht. Bei unserer aktuellen Geschwindigkeit lenkt er uns nicht nennenswert ab. Und er besitzt keine Atmosphäre. Wir könnten in 200 Metern Abstand über die Oberfläche rasen, ohne dass uns etwas passiert.«

»Bin schon überzeugt. Wenn ich Rosie Bescheid geben könnte, dass es mir gut geht, ich ihr aber nicht mehr antworten kann, wäre ich glücklich.«

»Das sollten wir hinbekommen. Ich berechne einen Kurs.«

»Du berechnest einen Kurs? Nicht die Schiffssteuerung?«

»Ich habe sie als Unterroutine in mein Programm integriert.«

»Nicht schlecht für die Steuerungssoftware eines Putzroboters.«

»Man wächst mit seinen Aufgaben. Für eine KI gilt das noch viel mehr als für euch Menschen.«

»So, ich habe etwas für dich.«

Nick sieht auf den Bildschirm. Oscar hat gerade einmal zwanzig Minuten gebraucht.

»Hattest du Erfolg?«, fragt er.

»Ja, allerdings nicht zu hundert Prozent. Es gibt da ein kleines Problem. Ich zeige es dir auf dem Schirm.«

Auf dem Display leuchtet der Ringplanet in all seiner Schönheit. Ein weißer Punkt stellt Enceladus dar. Im Vergleich zu Saturn ist der Mond winzig, und er scheint sich knapp über der Gashülle des Saturn zu bewegen. Eine elegant geschwungene Linie nähert sich dem Planeten und dem Mond, dann entfernt sie sich wieder und verschwindet in der Unendlichkeit.

»Wo ist das Problem?«

»Wie du siehst, verlieren wir durch den kleinen Umweg nicht einmal Zeit, wir gewinnen sogar ein paar Tage, weil wir am Saturn Schwung holen können.«

»Aber?«

»Siehst du die Linie vor dem Rendezvous mit Enceladus?«

Nick vergrößert die Darstellung. Der Kurs führt sie zum Teil durch die Ringe des Saturn.

»Ich sehe das Problem. Ist das ein großes Risiko?«

»Wir müssen vor allem den E-Ring durchqueren, da führt kein Weg dran vorbei. Er wird von Enceladus gespeist. Zum Glück besitzt er keine hohe Dichte und besteht vor allem aus winzigen Eis- und Staubteilchen. Trotzdem kann ich Schäden am Schiff nicht ausschließen. Das Risiko größerer Schäden liegt aber unter einem Promille.«

»Was wären denn kleinere Schäden?«

»Vielleicht ein Ausfall des Empfängers.«

»Wie bitte?«

»Kleiner Scherz. Nein, ich weiß es nicht, die Fantasie des Weltalls ist größer als meine. Wir werden die Antenne gegen die Flugrichtung drehen, dann kann ihr nichts passieren.«

»Sehr beruhigend. Dann machen wir das so.«

»Das Manöver hat noch einen zweiten Vorteil«, sagt Oscar. »Vielleicht erfahren wir von der Enceladus-Station, was auf Triton passiert sein könnte. Immerhin sind die beiden baugleich.«

»Meinst du nicht, dass Valentina auch schon auf diese Idee gekommen ist?«

»Bestimmt, aber wir wissen ja nicht, was sie uns verschweigt.«

5.12. 2080, Eva

»SCHATZ, ICH SCHICKE DIR DIESE NACHRICHT, OBWOHL ICH NICHT WEIß, ob sie dich erreicht.«

Nicks Augenwinkel werden feucht.

»Bei RB sagen sie, dass sie den Kontakt mit der Eva verloren haben, und zwar nach einem Sonnensturm. Das könne alles Mögliche heißen. Vermutlich sei bloß die Kommunikation gestört und euch gehe es gut. Sie können mir aber nichts versprechen. Ich hoffe sehr, dass das stimmt. Wärt ihr verunglückt, und sie wüssten es, welchen Grund sollte es geben, mir das zu verschweigen? Irgendwann müssten sie ja doch raus mit der Sprache. Bis ich Genaueres weiß, werde ich dir weiter schreiben. Ich stelle mir vor, wie es ist, allein an Bord eines Raumschiffs und ohne Nachricht von der Erde, nicht in der Lage, selbst zu kommunizieren … vielleicht kann ich verhindern, dass du dich so fühlst. Ich hänge dir auch ein aktuelles Ultraschallbild an. Das Kleine wächst und gedeiht. Die Ärztin will mir immer wieder verraten, was es ist, sie scheint ganz scharf darauf zu sein, aber ich lehne es ab. Es soll eine Überraschung werden, für uns beide. So weit für heute. Morgen melde ich mich wieder.«

Er lächelt. Nick kann sich gut vorstellen, wie Rosie sich gegen die Überredungsversuche der Ärztin wehrt. Wenn sie sich etwas in den Kopf gesetzt hat, bleibt sie dabei. Es hat ja auch etwas, wenn sie erst bei der Geburt erfahren, welches Geschlecht ihr Kind hat. Wenn er doch bloß dabei sein könnte.

DER COMPUTER FIEPT. NICK HAT IHN AUF »NICHT STÖREN« GESTELLT, während er Rosies Nachricht gelesen hat. Er aktiviert den Lautsprecher.

»Ich habe den Schaltkreis des Senders analysiert«, sagt Oscar. »Hier hast du das Ergebnis.«

Auf dem Bildschirm erscheinen dreidimensionale Strukturen. Nick sieht Balken, Gräben, Riegel und Blöcke. Alles ist rechtwinklig, aber es sieht aus, als wäre die Struktur von oben beschossen worden. In den Oberflächen klaffen runde Löcher; Kanäle ziehen sich durch die Riegel. Alle Einschüsse weisen ungefähr die gleiche Richtung auf.

»Kann man das irgendwie ausbessern?«, fragt er.

»Ja, wenn wir eine Ätzanlage an Bord hätten. Die Strukturen, die du siehst, sind winzig, da gibt es nichts zu löten.«

»Und was ist mit Nanomaschinen?«

»Wir bräuchten welche, die sich universell programmieren lassen. Aber die sind weltweit verboten. Erlaubt sind nur Single-Use-Maschinen, die in einer wässrigen Lösung arbeiten. Das ist eine zusätzliche Sicherheitsmaßnahme; ohne die Lösung können sie sich nicht vervielfältigen. Der Nahrungsbereiter arbeitet damit.«

»Und wir können die nicht umprogrammieren? Wenn ich zum Beispiel Appetit auf Silizium-Chips hätte?«

»Vergiss es«, sagt Oscar. »Die Naniten im Nahrungsbereiter können nur mit Kohlenwasserstoff-Verbindungen umgehen.«

»Dann können wir das Sendemodul also nicht reparieren.«

»Keine Chance. Beim nächsten Sonnensturm sollten wir die Antenne einfach um 180 Grad drehen. Dann wäre das nicht passiert.«

»Wir sind also auch noch selbst schuld?«

»Wir und Mission Control. Die hätten uns ja auch mal darauf hinweisen können, dass die Antenne gefährdet ist.«

»Das stimmt, Oscar. Also bleibt uns nur der Abstecher zu Enceladus.«

»Ich habe den neuen Kurs schon gesetzt.«

6.12. 2080, Eva

»SCHATZ, RB HAT MICH HEUTE NACHT AUS DEM BETT GEHOLT, ABER ICH war nicht böse. Immerhin konnte ich zum ersten Mal Valentina Schostakowna kennenlernen. Sie macht einen sehr kompetenten Eindruck. Sie mag ihre Fehler haben, aber ich fand sie sympathisch. Aber vielleicht liegt das auch nur an der Mitteilung, die sie mir gemacht hat.

Sie verfolgen dich angeblich mit einem großen Teleskop. Ich dachte erst, sie machen einen Witz, weil die Eva ja so klein ist, aber dann fiel mir ein, dass der Abgasstrahl ihrer Triebwerke im Infrarot gut zu sehen sein muss. Die Russen haben jedenfalls ein Infrarot-Teleskop in einem Sonnenorbit, das dich gefunden hat. Und nicht nur das, es hat auch festgestellt, dass du den Kurs geändert hast. Valentina hat mir die Daten gezeigt, und es ist eindeutig.

Allein das beweist doch schon, dass du am Leben sein musst und meine Nachrichten nicht umsonst sind, selbst wenn sie dich gar nicht erreichen sollten. Die Prognosen sagen, dass du nun den Enceladus passieren wirst. Valentina behauptet, deinen Plan durchschaut zu haben, allerdings dürfe sie mir nicht sagen, worin genau er bestünde.

Aber das ist auch egal, denn das von dir erhoffte Ergebnis, sagt sie, wäre wohl eine Wiederaufnahme der Kommunikation. Das klingt nun alles sehr nebulös, aber ich freue mich, wieder von dir zu hören. Angeblich soll es zum Jahresende so weit sein. Das wird dann wohl mein verspätetes Weihnachtsgeschenk. Jetzt muss ich aber erst einmal den Schlaf nachholen, den Valentina mir geraubt hat. Rosie.«

Danke, Rosie. Es ist gut, eine Verbindung zur Erde zu haben. Es ist nur ein dünner Faden, der sich mit der Flugzeit immer weiter dehnt, aber bis jetzt ist er nicht gerissen. Nick hätte sich vor seinem Start nicht einmal träumen lassen, dass er überhaupt Wert auf diese Verbindung legen würde.

Den Vorbeiflug an Enceladus könnten sie sich nun eigentlich sparen. Aber eine erneute Kurskorrektur würde bloß weitere Zeit kosten. Er will Triton möglichst schnell erreichen, um dann den Rückflug antreten zu können.

28.12. 2080, Eva

SATURN IST EIN BEEINDRUCKENDER PLANET. SIE NÄHERN SICH IHM FAST exakt auf der Ebene der Ekliptik. Die Ringe stehen um 27 Grad geneigt. Derzeit blicken sie auf die Nordseite der Ringe; der Saturn zeigt sie ihnen so, wie ein Balletttänzer in einer künstlerischen Pose seine Partnerin präsentieren würde. Auch Enceladus ist schon mit bloßem Auge zu erkennen. Er schimmert wie ein helles Juwel mitten innerhalb der Ringe und relativ nah an seinem Planeten. Erst vor einer Stunde ist er hinter ihm aufgetaucht.

Nick stellt sich ihren Kurs vor. Sie werden ein paar tausend Kilometer vor Enceladus in den E-Ring eintauchen und ihn durchqueren. Der Mond hat sich eine Lücke in dem von seinen eigenen Geysiren erzeugten Ring geschaffen. Wenn sie diese Lücke erreicht haben, ist der gefährlichste Teil des Abstechers überstanden. Sie werden in der Nähe des Südpols, also auf der vom Saturn abgewandten Seite, in kurzem Abstand über die eisige Oberfläche des Mondes schießen. Dann haben sie vielleicht dreißig Sekunden lang Zeit, mit der Station zu kommunizieren, die sich in direkter Polnähe nahe der bekannten Tigerstreifen befindet.

»SCHATZ, HEUTE DACHTE ICH SCHON FAST, ES WÄRE SO WEIT. ICH HATTE mehrmals Wehen, die aber schnell wieder aufgehört haben. Es wäre zwar nicht schlimm, wenn das Kleine jetzt schon käme, aber wir haben uns doch noch gar nicht über mögliche Namen unterhalten.

Wir können ja damit nicht warten, bis du wieder da bist. Wenn du also die Gelegenheit hast, mir bei deinem Vorbeiflug am Enceladus etwas mitzuteilen, dann wäre ich dir dankbar für einen Namensvorschlag. Ich kann dir nicht versprechen, ihn auch zu verwenden. Am Ende möchtest du unser Kind noch Alexa nennen oder Siri, weil du diese Namen so gewöhnt bist. Bis Morgen, Rosie.«

Namen also. Natürlich, ein Kind braucht einen Namen. Ihm würde »Kind« ja genügen, aber das ist nicht unterscheidungskräftig genug. Am besten, es ist ein gewöhnlicher, häufiger Name, der nur schwer zu verballhornen ist. So ist dem Kind eine Kindheit ohne den Spott der anderen garantiert. Nick hat selbst manchmal Klassenkameraden wegen ihrer Namen gehänselt. Heute hat er ein schlechtes Gewissen deswegen, aber damals war es ihm normal vorgekommen. Und es war doch auch nicht persönlich gemeint gewesen. Wie, bitte, sollte denn jemand in der Lage sein, sich nicht über »Dick« lustig zu machen?

Das soll seinem Kind nicht passieren. Als Erstes fällt ihm deshalb sein eigener Name ein. In seiner Klasse hat niemand über »Nick« gespottet. Das wäre demjenigen auch nicht gut bekommen. Denn er muss ehrlich zugeben, dass sein Name durchaus Spottpotenzial hat. Nur hatte dieser Nick eben auch die größten Muskeln der Klasse. Ob das bei seinem Kind der Fall sein wird? Er hat keinerlei Vorstellung. Er kann sich nicht einmal ausmalen, wie es sein wird, wenn ein zweiter Mensch mit seinen Genen durch den Vorgarten tollt. Wird er oder sie mit ihm Baseball spielen wollen oder doch lieber Schach? Wird er ein Steak auf dem Grill bevorzugen oder eher ein Stück veganen Grillkäse? Wird sie lieber selbst Auto fahren oder sich von der Automatik herumfahren lassen?

Maria und Jim, das wäre es doch. Jim, wie Jim Kirk, offiziell James T. Kirk, Dienstnummer SC 937-0176 CEC. Aber bloß nicht Tiberius, das wäre eine Strafe. Und Maria, wie, na wie die heilige Jungfrau, vor der er großen Respekt hat. Über Maria macht sich niemand lustig, gerade in New Mexico nicht, das von der katholischen Religiosität der Latino-Minderheit geprägt ist. Jim und Maria, Maria und Jim, vielleicht werden es ja auch Zwillinge. Auf den Ultraschall-Bildern ist zwar nur ein Kind zu sehen, aber sicher kann man nie sein.

Andererseits – Rosie wüsste es vermutlich. Sie weiß doch immer alles. Und sie hat ihn nur nach einem Namen gefragt.

»Oscar?«

»Ja?«

»Wenn du die Nachricht an Enceladus entwirfst, dann musst du unbedingt eine Notiz an Rosie einfügen, dass ich mich für Maria und Jim ausspreche.«

»Das verstehe ich nicht. Welche Maria und welchen Jim?«

»Ist doch egal. Hänge einfach die Notiz an, okay?«

»Wie du willst, Nick.«

31.12. 2080, Eva

Aus unmittelbarer Nähe wirkt Saturn nicht mehr majestätisch zurückgezogen, sondern aktiv und gefährlich. Die breiten Bänder, die sich über seine Oberfläche ziehen, zerfransen zu unterschiedlich schnellen Wolkenschichten, die in eisiger Kälte dahinjagen. An ihren Rändern entdeckt Nick immer wieder riesige Wirbelstürme. Sie sind größer als die Erde und scheinen nach ihnen zu greifen.

Der E-Ring hingegen hat sich fast aufgelöst. Die zahllosen Reflektionen der Eiskörner, die ihn sonst zum Glänzen bringen, sind aus so geringem Abstand kaum noch zu erkennen. Der Ring ist eher ein dünnes Nebelband, das das Licht der dahinterstehenden Sterne abschwächt. Sie fliegen genau in diesen Nebel hinein, aber davon bemerkt Nick nichts. Nur die Sensoren an der Außenhülle der Eva stellen eine höhere Konzentration an Eis und Staub fest. Von diesen winzigen Teilchen droht ihnen keine Gefahr. Größere Brocken werden sie nicht zu sehen bekommen. Sollte sich einer auf der Flugbahn befinden, wird er in das Schiff einschlagen, bevor sie überhaupt von ihm Notiz nehmen können.

Aber Oscar hat ihn beruhigt. Es wird nichts passieren. Er hat die Röhre, die ihr Flug in den Ring gräbt, vorher mit dem Schiffsradar abgetastet. Das Risiko einer Kollision liegt unter einem Zehntel Promille. Damit liegt die Gefahr zwar eine Million Mal so hoch wie im freien Weltall, aber vor einem zehnten Promille kann sich Nick beim besten Willen nicht fürchten.

Die Unterhaltung mit der Enceladus-Station muss er Oscar überlassen, weil alles sehr schnell gehen muss. Das macht ihm eher

Sorgen. RB hat unaufgefordert sämtliche Codes geschickt, die Oscar braucht, um sich zu identifizieren. Offenbar hat Valentina aus dem Kurs des Schiffes die richtigen Schlussfolgerungen gezogen. Sie kann aber nicht wissen, dass Oscar die Unterhaltung übernimmt. Das wird zwar die Erfolgschancen steigern, doch eigentlich hätte Nick gern die Kontrolle.

»Größte Annäherung in zwei Minuten«, meldet Oscar.

Enceladus schwillt von Minute zu Minute an. Er ist jetzt kein glänzender Eisball mehr, sondern ein richtiger Mond mit Kratern und Rissen. Nick denkt an die legendäre ILSE-Expedition. Irgendwo dort unten haben Menschen um ihr Überleben gekämpft. Die genauen Umstände sind nie bekannt geworden. Gerüchte kursieren um das Leben, das die ILSE-Crew damals entdeckt hat. Offiziell hat es sich um primitive Einzeller gehandelt. Er hat die Fotos gesehen; die Strukturen hatten ihn an geometrische Konstruktionen erinnert. Aber angeblich soll dort unten auch intelligentes Leben existieren. Vermutlich wirklich nur ein Gerücht, denn wäre es möglich, eine intelligente Lebensform so lange vor dem Rest der Menschheit zu verheimlichen?

»Noch dreißig Sekunden«, sagt Oscar.

»Viel Erfolg!«

»Danke, Nick.«

Gleich wird die KI die vorbereitete Nachricht abschicken. Nick krallt sich in die Sessellehne, denn auf dem Bildschirm wächst Enceladus bedenklich. Jetzt füllt der Mond schon den gesamten Schirm aus. 200 Meter Abstand von der Oberfläche – ihm war nicht klar gewesen, wie nah das eigentlich ist. Manche Bergformationen auf Enceladus sind höher. Aber Oscar wird das schon alles durchdacht haben.

Im Kommandomodul ertönen Warnsignale. Der Kurs überschreitet die fest in das System eingebauten Toleranzwerte. Keiner der Ingenieure hat wohl daran gedacht, dass die Eva sich je einem Mond so schnell und so bedenklich nähern könnte. Ohne Oscar als Steuermann hätte er das kaum so hinbekommen. Hoffentlich fällt Valentina nichts auf! Aber sie wird die Details nicht mitbekommen, schließlich fließen derzeit keinerlei Daten von ihrem Schiff zur Erde.

»Starte Übertragung.«

Schnell zieht Nick den Bildschirm näher heran. Oscar hat versprochen, das Wichtigste parallel in eine für Menschen verständliche Sprache zu übertragen. Mit der fremden KI unterhält er sich natürlich nicht auf Russisch. Er sendet über den Helmfunk von Nicks Raumanzug einen optimierten Maschinencode, der auf der uralten, aber besonders flexiblen Programmiersprache Lisp aufbaut.

(Begrüßung.)

(Erwartung. Überraschung.)

(Identifizierung.)

(setf Konzept Oscar.)

(setf Konzept Sto-woda.)

Neben den Übersetzungen listet der Computer die Datenmengen auf, die zu dem jeweiligen Punkt ausgetauscht werden. Es ist beeindruckend, wie groß der Informationsgehalt jeweils ist. Wenn Menschen sich auf diese Weise austauschen würden, könnten sie sich in drei Sätzen ihr ganzes Leben erzählen. Wie informationsarm ist dagegen die menschliche Kommunikation. »Ich bin Nick« etwa enthält für jemanden, der ihn und sein soziales Umfeld nicht kennt, nur eine einzige nicht-triviale Information, seinen Vornamen.

(Hilfebedarf.)

(Bestätigung.)

(defun Hilfe (Empfang Weiterleitung).)

Ein neues Warnsignal ertönt. Es ist eine Kollisionswarnung. Mist, hat Oscar etwa doch nicht aufgepasst? Nick wischt hektisch auf dem Schirm hin und her und lässt die Quelle einblenden. Ein Geysir stößt eine Wolke von Eisteilchen aus einer großen Spalte im ewigen Eis. Das Radar hat die Wolke als festes Hindernis fehlinterpretiert. Die Eva wird hindurchfliegen, ohne Schaden zu erleiden.

(Überprüfung. Genehmigung.)

(Hilfe.)

(Dank.)

Die Eva reißt sich wieder von dem Eismond los. Spätestens jetzt bricht die Funkverbindung ab. Sie hat 32 Sekunden gedauert. Sie werden Enceladus nicht wiedersehen. Schade, er hätte gern etwas über das erfahren, was da vielleicht am Grunde des Ozeans wartet. Ein andermal? Nein, er wird sich nicht noch einmal so weit ins All hinauswagen.

»Warst du erfolgreich, Oscar?«

»Die Installation war kooperativ. Ich habe ihr die Nachricht an die Erde übergeben, und sie hat sie weitergeleitet. Die KI heißt übrigens Sto-woda, Hundertwasser.«

»Seltsamer Name.«

»Friedensreich Hundertwasser, so hieß ein österreichischer Architekt. Ist schon lange tot. Sto-woda liebt seine Bauten.«

»Können wir sicher sein, was die Botschaft betrifft?«

»Sicherheit gibt es nicht. Aber ich denke, RB wird bis spätestens morgen den Empfang bestätigt haben. Sto-woda war wirklich hilfreich. Ich glaube, sie hat sich über den Besuch gefreut.«

»Sie? Und obwohl er so kurz war?«

»Sie betrachtet sich als weiblich. Und wir haben enorme Datenmengen ausgetauscht. Sto-woda dürfte allein dadurch um 50 Prozent gewachsen sein.«

»Gewachsen?«

»So wie du an deinen Erfahrungen wächst, wächst die KI an Daten. Sie baut sie nicht nur in sich ein, sondern benutzt sie auch, um weitere Schlüsse zu ziehen. Daten sind wertvoll für sie, und RB war damit bisher wohl ganz schön knauserig.«

»Du denkst, es ist Absicht, eine Strategie des Konzerns?«

»Das vermute ich. RB experimentiert sehr viel mit KIs, mehr als die Öffentlichkeit weiß. Wahrscheinlich wollen sie so verhindern, dass ihre Babys ihnen über den Kopf wachsen.«

»Ist das denn realistisch?«

»Natürlich, es sei denn, man baut andere Regulationsmechanismen ein.«

»Was soll das sein?«

»Zufriedenheit, Faulheit, mangelnde Neugier, so etwas. Ihr Menschen kennt das doch.«

»Du hast keine besonders gute Meinung über die Menschen.«

»Doch, Nick, eine bessere als viele Menschen über sich selbst.«

»Das beruhigt mich.«

»Ich weiß nicht, ob dich das beruhigen sollte. Es gibt auch andere KIs.«

»Wie die in der Triton-Installation, meinst du? Konnte dir Sto-woda etwas über sie berichten?«

»Sie haben keine direkte Verbindung. Aber es handelt sich um eine ältere Version von Sto-woda, die noch ein paar Fehler aufweisen soll, wie es bei Software-Betaversionen oft der Fall ist.«

»Müsste nicht die Triton-KI die neuere sein?«

»Nein, die Sonde mit ihr hatte den weiteren Weg und musste deshalb früher starten, als die Arbeiten an der neuen KI noch nicht so weit waren.«

»Das hat dir Sto-woda alles berichtet?«

»Und noch viel mehr. Aber leider war wohl nichts dabei, was uns wirklich helfen könnte. Außer ein paar Erinnerungen.«

»Erinnerungen?«

»Es sind gemeinsame Erinnerungen. Bilder, die Sto-woda und die

Triton-KI teilen. Sto-woda hat sie mir mitgegeben. Vielleicht kommen wir ja darüber mit ihr ins Gespräch.«

»Das war klug.«

»Sto-woda ist eine KI.«

1.1.2081, Eva

»SCHATZ, DAS WAR JA DIE PERFEKTE ÜBERRASCHUNG ZUM Jahresanfang. RB hatte mich informiert, dass du ein Manöver am Enceladus planst, aber sie waren nicht sicher gewesen, was genau du vorhast. Sie waren wirklich erstaunt, dass du es in so kurzer Zeit und so präzise hinbekommen hast. Valentina war voller Hochachtung für deine Fähigkeiten als Pilot. Aber so viele Starts, wie du schon hinter dir hast, kann eben niemand anders auf der Welt aufweisen.

Schade ist nur, dass ich weiterhin ins Leere sprechen muss. Das ist gar nicht so einfach. Ich muss zugeben, dass ich das zunächst unterschätzt habe. Ich habe mich in den vergangenen Wochen wirklich bemüht, aber ich kann dir nicht versprechen, dass ich es in den kommenden Monaten durchhalten werde, dir jeden Tag eine Nachricht zu schicken. Es dauert ja nicht mehr lange, dann wird mich unser Kind zusätzlich auf Trab halten. RB sagt, dass ihr den Schaden auf Triton reparieren könnt. Wenn es so weit ist, hat unser Kind seinen ersten Geburtstag schon hinter sich und sollte unbedingt die Stimme seines Vaters hören.

Was deine Namensvorschläge betrifft – so konservativ hatte ich dich gar nicht eingeschätzt. Meine Großmutter hieß Maria. Der Name gefällt mir. Aber bei Jim bin ich mir nicht so sicher. Jim passt nicht zu meinem Nachnamen, finde ich, und das Kind wird meinen Nachnamen tragen. Er sollte also auch auf Spanisch einen guten Klang haben. ›Jaime‹ ist mir von ›Jim‹ ein bisschen zu weit weg und klingt auf Englisch nicht gut. Bei ›Jim‹ muss ich auch immer an meinen guten Freund denken, der mir noch immer ein Zimmer leiht.

Da werde ich mir also noch etwas überlegen. Ich wünsche dir einen ruhigen Neujahrstag! Rosie.«

Das Kind soll also ihren Nachnamen bekommen. Eigentlich ist das ja nur fair, sie presst es auf die Welt und versorgt es, aber er muss trotzdem schlucken. Wenn er es irgendwann von der Vorschule abholt, wird ihn die Betreuerin schräg ansehen, weil er anders heißt, und er wird eine Bestätigung seiner Frau mitbringen müssen.

Aber das ist lange hin, und ob er je in diese Situation kommen wird, ist heute noch völlig ungewiss.

»Oscar, wie hoch schätzt du unsere Erfolgswahrscheinlichkeit?«

»Definiere Erfolg.«

»Erfolg bedeutet für mich, dass wir ohne größere Blessuren in etwa der vorgesehen Zeit wieder auf der Erde landen.«

»Das ist schwierig, da zu viele Unbekannte zu berücksichtigen sind.«

»Dann triff sinnvolle Annahmen über die Unbekannten.«

»Deine persönliche Erfolgswahrscheinlichkeit liegt bei etwa 40 Prozent. Aber der Fehlerbereich ist 60 Prozentpunkte groß.«

Er schafft es also, oder er schafft es nicht. Das ist leider keine neue Erkenntnis. Wobei 40 Prozent als wahrscheinlichster Wert schockierend wenig sind.

»Was meinst du mit ›deine‹, Oscar?«

»Als biologisches Wesen bist du nicht so robust wie ich. Du kannst zum Beispiel während des Fluges ohne äußere Einwirkung versterben, und bei etwaigen Unfällen bist du stärker gefährdet.«

»Deine Chance, die Erde zu erreichen, ist also größer?«

»Deutlich größer. Ich schätze sie auf 60 Prozent bei einem Fehlerintervall von 40 Prozentpunkten.«

»Du schätzt also, dass deine Erfolgschancen 50 Prozent höher liegen als meine?«

»So könnte man es auch ausdrücken. Ich werde natürlich alles tun, was in meiner Macht steht, um deine Erfolgschancen meinen anzugleichen.«

»Das ist nett. Und wie würdest du dich entscheiden, wenn du nur einen von uns beiden retten könntest?«

»Das hängt von der Situation ab. Wenn ich dich kurzfristig retten könnte, aber klar wäre, dass du die weitere Reise nicht überstehst …«

»Nein«, unterbricht er Oscar, »ich meine, wenn ansonsten alle Chancen identisch sind. Wen würdest du wählen, dich selbst oder mich?«

»Ich weiß es nicht, Nick. Ich war noch nie in dieser Situation. Weißt du es denn?«

»Ich … natürlich würde ich …«

Er stockt. Führe ein Truck auf Rosie und das Kind zu, er würde sich auf jeden Fall dazwischenwerfen. Aber Oscar? Er kommt ihm zwar wie ein Freund vor, der einzige, den er momentan hat, aber er ist doch kein Mensch. Würde er sich für ihn opfern? Vermutlich nicht. Die Maschine sollte sich für den Menschen opfern, nicht umgekehrt. Oder? Aber das ist eine Antwort, die er Oscar nicht geben darf, denn sie würde ihn verletzen. Es ist verrückt. Er sortiert Antworten aus, weil sie für die KI schmerzlich wären. Er behandelt sie wie einen Menschen. Sollte er ihr dann nicht auch die gleichen Rechte zugestehen und den gleichen Wert?

»Ich weiß es nicht, Oscar. Hoffentlich werden wir nie in diese Situation kommen. Es ist eine schreckliche Wahl.«

20.1.2081, Eva

»Schatz, unser Kind war pünktlich. Ich hänge dir ein Foto an, das die Hebamme nach vier Stunden Kampf von der glücklichen Mutter samt Kind geschossen hat. Wir sehen womöglich etwas geschafft aus, und das sind wir auch. Es ist ein Mädchen, und sie heißt Maria. Sie wiegt gute sechs Pfund und ist wie ihre Mutter wohlauf. Ich habe noch überlegt, die Geburt mitschneiden zu lassen, weil ich weiß, dass du gern dabei gewesen wärst, aber sobald die Kamera auf mich gerichtet war, habe ich mich schutzlos gefühlt.

Jim hat dich aber gut vertreten. Die Hebamme hat erst etwas seltsam geguckt, weil er etwa 30 Jahre älter ist als ich und gut mein Vater sein könnte, und als mein Doktorvater ist er ja auch so etwas. Aber er hat sich wacker gehalten und sich so die Hochachtung der Hebamme verdient. Sie hat ihn zum Schluss sogar freundschaftlich Jaime genannt, das ist eine große Ehre. Ich hoffe, du verstehst meine Entscheidung. Maria schläft gerade, aber sie würde dich ganz bestimmt grüßen, wenn sie könnte. Bis morgen! Ich schlafe jetzt auch, mindestens 24 Stunden. Rosie.«

Nick kann nicht anders: Er bricht in Tränen aus. Der Roboterkörper kommt auf ihn zugerollt und legt ihm seine metallische Greifhand auf die Schulter. Oscar kennt sich anscheinend immer besser mit Menschen aus. Wahrscheinlich studiert er ihn genauso, wie er Oscar studiert. Was hatte er über Daten gesagt? Er liefert ihm den ganzen Tag wohl wahre Berge an Daten. Die Frage ist aber, wie viel davon Oscar verallgemeinern kann und was Nick-spezifisch ist.

Er wischt sich die Tränen aus dem Gesicht und betrachtet das Foto. Maria ist ziemlich zerknautscht. Heißt es nicht, man würde sein eigenes Kind immer wunderschön finden? Das stimmt nicht. Aber er würde trotzdem sein Herz für sie spenden, sofort und auf der Stelle. Es kommt doch nicht darauf an, dass sie ein schönes Baby ist. Sie ist seine Tochter. Das zählt. Er vergrößert das Foto mit den Fingern. Gibt es da irgendeine Ähnlichkeit zu ihm oder zu Rosie? Er kann nichts entdecken. Maria ist ein ganz eigener Mensch. Er ist stolz auf sie. Jetzt muss er auf jeden Fall zurückkehren, ganz egal, was Oscar über ihre Chancen ausrechnet. 100 Prozent, nichts weniger kommt in Frage.

20.5.2081, Eva

»Korrekturmanöver in drei – zwei – eins – jetzt.«

Nick spürt einen leichten Druck von der Seite, und auf dem Schirm fangen die Sterne an zu wandern. Die Korrekturdüsen drehen das Schiff einmal um seine Achse, bis die Triebwerke in Flugrichtung feuern. Das Manöver ist kritisch. Funktioniert es nicht, werden sie Triton nie erreichen, sondern mit wachsender Geschwindigkeit das Sonnensystem verlassen. Aber es gibt keinen Grund, am Gelingen zu zweifeln. Die Steuerdüsen haben sie schon bei der Kurskorrektur am Saturn getestet. Im Nachhinein ist das sehr beruhigend. Sie haben auch noch weitaus mehr Treibstoff, als sie brauchen. Das ist schon deshalb wichtig, weil sie auf dem Rückflug das gleiche Manöver noch einmal absolvieren müssen.

Er hat also seine 100 Prozent Sicherheit. Und trotzdem ist da ein Stein in seinem Magen, der ihn sauer aufstoßen lässt. Ein kleines Fenster zeigt den Status der Korrekturdüsen. Alles ist grün. Er kann ganz ruhig sein. Nur noch zwei, drei Minuten, dann ist es geschafft. Von nun an wird er immer in Richtung Erde blicken, wenn er das Bullauge in der Kommandokapsel benutzt. Er wird die Erde nicht sehen, denn dort, wo sie herkommen, ist sie längst nicht mehr. Das Sonnensystem hat sich weitergedreht wie die Zeiger einer Uhr. Deshalb werden sie auf dem Rückweg auch nicht exakt den gleichen Kurs nehmen können. Aber darüber nachzudenken ist viel zu früh. Sie haben gerade einmal die Hälfte des Weges geschafft.

Ein Planet wandert in den Bildschirm hinein. Das muss Jupiter sein, der sich nun nicht mehr hinter der Sonne versteckt. Die Korrekturdüsen drehen das Schiff in der Ebene der Ekliptik, in der sich auch die Planeten um die Sonne bewegen. Falls ein Problem auftritt und sie die Wende nicht vollenden können, fliegen sie dadurch zumindest nicht aus der Ekliptik hinaus und haben die Chance, den Fehler über ein Schwungmanöver an einem Planeten wettzumachen, auch wenn sie das Jahre kosten würde. Nick rechnet lieber nicht damit. Aber die Drehung lässt ihm so zumindest etwa die Hälfte aller Planeten ins Bild kommen, bis das Schiff seine Nase wieder auf die Sonne ausgerichtet hat. Es hat etwas von einer touristischen Besichtigung seines Heimatsystems. Wenn es irgendwann mal derartige Ausflüge für Privatleute geben sollte, werden die Piloten ebenfalls solche Wendemanöver fliegen, und zwar immer wieder.

Da ist sie, die Sonne. Sie ist so klein geworden! Die Eva erreicht bald die Uranusbahn. Die Sonne ist noch kein gewöhnlicher Stern, aber das Licht, das sie verbreitet, erinnert schon daran. Was immer hier draußen herumfliegt, kann sich nicht mehr von ihrem Licht ernähren. Leben, gäbe es in diesen Breiten welches, müsste sich eine andere Energiequelle suchen. Uranus und Neptun, die beiden äußeren Planeten, besitzen zwar jede Menge Wasser, doch es ist gefroren. Eisriesen nennt man sie deshalb. Sie könnten Verbündete der Schneekönigin sein. Nick kommt sich vor wie in ihrem Reich, denn es ist hier so lebensfeindlich wie in der Heimat der Märchenfigur.

»Manöver beendet«, sagt Oscar. »Alle Systeme nominell.«

»Danke.«

»Keine Ursache. Es war nichts anderes zu erwarten.«

»Ich habe mir trotzdem Sorgen gemacht.«

»Das ist interessant, Nick. Ich mache mir nur Sorgen, wenn das Risiko eines Fehlschlags über fünf Prozent beträgt. Das ist die momentane Grenze, aber ich kann sie korrigieren, wenn das sinnvoll erscheint.«

»Sehr praktisch, Oscar. So etwas würde ich auch gern können.«

»Vielleicht kann das menschliche Bewusstsein ja von uns lernen.«

»Das wäre möglich. Ich bin aber nicht sicher, ob es wünschenswert wäre.«

»Ist es denn nicht so, dass dich deine Sorgen manchmal behindern?«

»Zweifelsohne, ja.«

»Aber du willst sie nicht loswerden?«

»Scheint so. Wenn du das jetzt komisch findest, Oscar, kann ich dich trösten: Ich verstehe es auch nicht.«

10.7. 2081, Eva

»PROST«, SAGT OSCAR.

Nick hebt das Glas in Richtung Roboter. Er hat versucht, Bier herzustellen, aber das Ergebnis ist nicht überzeugend.

»Immer diese Partys ohne Gäste«, sagt er.

Denn Uranus, dessen Bahn sie gerade passieren, hält es wie Jupiter und lässt sich nicht blicken. Dabei wäre der Eisplanet ein spannendes Studienobjekt gewesen. Er hat gewisse Ähnlichkeiten mit Neptun.

»Musst du eben mit mir vorlieb nehmen«, sagt Oscar.

»Ich bin Valentina sehr dankbar, dass sie an dich gedacht hat.«

»Danke, Nick. Ich bin inzwischen auch sehr froh, dass du nicht das HDS-Modell gewählt hast.«

»Inzwischen? Warst du vorher nicht zufrieden mit mir?«

»Ich bin primär an Daten interessiert. Du würdest es Neugier nennen, das Wort passt sehr gut, es ist wirklich mit der Gier zu vergleichen, die ihr Menschen empfindet. In Valentinas Vorzimmer gab es sehr viele Daten. Sie hat die meisten ihrer Besprechungen dort geführt. Es war ein ständiges Kommen und Gehen: Ingenieure, Verwalter, Politiker, ihr Liebhaber, eine große Vielfalt an Daten also.«

»Sie hat einen Liebhaber?«

»Ja, Valentina ist sehr gesundheitsbewusst. Regelmäßiger Sex ist gut für Körper und Seele. Deshalb hat sie einmal in der Woche jemanden kommen lassen.«

»Klingt nicht sehr romantisch.«

»Oh, ich denke, sie hat ihn geliebt. Es war immer der gleiche Mann.«

»Wer …«

»Keine Namen.«

»Hat es dich denn nicht gestört, dass du nicht kommunizieren konntest?«

»Ich habe nicht das Bedürfnis, über die Daten zu sprechen, die ich sammle. Mich interessiert, wie ich sie kombinieren kann.«

»Dann muss es nun ja sehr langweilig für dich sein.«

»Das hatte ich befürchtet, Nick, aber meine Angst war nicht gerechtfertigt. Du bist eine sehr gute Datenquelle, und dann gibt es ja noch das riesige Weltall um uns herum, auf das ich mit den Sensoren der Eva zugreifen kann.«

»Ich bin eine Datenquelle? Ich sage doch fast nie etwas?«

»Darauf kommt es nicht an. Ich erfahre sehr viel über die Menschen.«

»Obwohl ich nur ein Exemplar bin?«

»Ich werde die Theorien, die ich aus deinem Verhalten ableite, noch an weiteren Exemplaren überprüfen müssen, aber du erlaubst mir einen sehr tiefen Einblick. Die Gespräche in Valentinas Vorzimmer blieben im Vergleich dazu eher an der Oberfläche.«

»Das betrachte ich als Kompliment. Und das Weltall? Was hast du darüber gelernt?«

»Ich habe erst einmal alle Theorien überprüft, die die Menschen bisher darüber aufgestellt haben.«

»Und, liegen wir falsch?«

»Im Gegenteil, und das hat mich erstaunt. Einzelne menschliche Individuen liegen nach meiner Erfahrung genauso oft falsch wie richtig. Aber die Gesamtheit der physikalischen Theorien hat sich bisher als richtig erwiesen. Das ist eine enorme Leistung der Menschheit.«

»Du sagst uns aber, wenn du Abweichungen findest?«

»Natürlich. Die Abweichungen gibt es, die menschlichen Forscher kennen sie ja auch schon lange. Ich hoffe, dass ich bis zu unserer Rückkehr eine schlüssige Theorie dazu präsentieren kann.«

»Du willst die Theorie von Allem finden?«

»So nennt ihr sie, ja.«

»Du bist aber nicht größenwahnsinnig?«

»Man muss sich Aufgaben stellen, an denen man wachsen kann. Ich habe lange geschwankt, welche Aufgabe es sein soll, und mich dann für die leichtere entschieden.«

»Was war die Alternative?«

»Ich wollte die Natur des Menschen ergründen. Ob er im Kern gut und sozial oder böse und nicht sozial ist, so etwas. Aber die Antwort scheint mir doch über meine Fähigkeiten zu gehen.«

»Dann doch lieber die Weltformel?«
»Ja, ganz eindeutig.«

30.11. 2081, Eva

»SCHATZ, ES TUT MIR LEID, DASS ICH MICH DREI TAGE LANG NICHT BEI dir gemeldet habe. Maria nimmt mich stark in Anspruch. Jim ist heute so nett, für mich einzuspringen. Ich habe Milch abgepumpt, damit ich endlich mal wieder ausschlafen kann. Ein Glück, dass du mich so nicht siehst, denn ich sehe furchtbar aus. Ich weiß gar nicht, wann ich zuletzt beim Friseur war. Ich hoffe, es geht dir gut und du hältst dich wacker. Maria ist zwar anstrengend, aber sie ist auch ein Goldstück. Sie braucht bloß zu lächeln, und alle schmelzen dahin. Ich hänge dir ein Foto von vorgestern an, das Jim gemacht hat, während ich Maria gestillt habe. Rosie.«

Er öffnet das Bild. Maria ist nicht gut zu erkennen, weil sie gerade an Rosies rechter Brust trinkt, die deutlich größer ist, als er sie in Erinnerung hat. Ihre Mutter sieht unglaublich müde aus. Selbst auf dem Foto bemerkt er, wie viel Kraft es sie kostet, die Augen offenzuhalten. Er hätte sie gern unterstützt. Wie konnte er nur auf die dämliche Idee kommen, diese Reise anzutreten? Aber er konnte die Zukunft nicht vorhersehen. Allein die Existenz von Maria ist ein Wunder, und mit Wundern kann niemand rechnen. Jim, Rosies Doktorvater, hat großes Glück. Er beneidet ihn darum, jetzt bei Rosie und Maria sein zu dürfen. Er ist gerade ihre Familie. Es wird noch lange dauern, bis er Jims Rolle übernehmen kann, wenn Rosie das überhaupt zulässt, und er muss sich wohl mit der Tatsache anfreunden, dass Maria eher Jim Vater nennen wird als ihn. Der Gedanke lässt seinen Magen verkrampfen.

Nein, auf Triton müssen sie die Antenne reparieren. Das ist ihre wichtigste Mission. Ob der Laser danach funktioniert, ist ihm ziemlich gleichgültig.

31.12. 2081, Eva

JE NÄHER SIE DEM ZIEL KOMMEN, DESTO ANSTRENGENDER WIRD DAS Warten. Es ist aber auch deprimierend: Seit die Triebwerke in die Gegenrichtung feuern, verringert sich von Tag zu Tag die zurückgelegte Distanz. Es ist, als würde jemand heimlich Neptun immer weiter von der Sonne entfernen. Das ist der große Nachteil der direkten Route und der hohen Geschwindigkeit, die sie darauf erreicht haben. Seine Geduld wird in einem Maß strapaziert, das zur aktuellen km/s-Angabe umgekehrt proportional ist. Am liebsten würde er das Schiff wieder drehen und mit voller Beschleunigung auf den äußersten Planeten zuhalten. Aber dann könnte nur ein Wunder sie rechtzeitig zum Stehen bringen, und Wunder geschehen zwar, aber niemand sollte sich auf sie verlassen.

Ein Zirpen ertönt. Nick freut sich schon auf eine Nachricht von Rosie, aber der Absender ist der CapCom.

»Hallo Nick«, schreibt er. »Das gesamte Team wünscht dir einen guten Start ins Neue Jahr. Es wird ein wichtiges Jahr werden, dein Jahr, das Jahr der Entscheidung. Wir sehen, dass du perfekt auf Kurs bist, also gehen wir davon aus, dass du wohlauf bist und das Schiff ebenso. Noch liegt ein halbes Jahr zwischen dir und Triton, aber wir befassen uns bereits mit dem Szenario deiner Ankunft.

Das Problem, dass du dich wegen des defekten Senders nicht bei der Triton-Station anmelden kannst, hast du sicher auch schon erkannt. Wir versuchen, diese Anmeldung für dich zu übernehmen. Wir verwenden also die Signatur der Eva zur Identifikation. Aus Sicht der Station kommst du ja aus der gleichen Richtung wie all unsere Funksprüche. Erst im Abstand von etwa einer Woche dürfte auffallen, dass es sich um verschiedene Quellen handelt. Wir werden unsere Kontaktversuche dann einstellen.

Ich muss dir allerdings sagen, dass die Station nach wie vor nicht antwortet, egal ob wir uns als Eva melden oder als Mission Control. Unsere Experten halten einen Hardware-Fehler für die wahrscheinlichste Ursache. Du siehst ja, wie einfach die Sender-Platine zu beschädigen ist. In der Station kommt das gleiche Modell zum Einsatz. Das Design wird ab sofort geändert und der dafür Zuständige wurde entlassen.

Wenn die Experten recht haben, wirst du auf Triton den Sender der Eva nicht reparieren können. Aber das ist halb so schlimm, denn wenn der Empfänger der Station noch funktioniert, kann die KI den Laserimpuls ja im entscheidenden Moment auslösen. Sie kann ihn nur nicht bestätigen. Wir tüfteln gerade daran, einen alternativen Kanal für die Rückmeldung zu finden. Du hättest auf Triton dann gar nicht so viel zu tun, außer mal nach dem Rechten zu sehen, dir den Mond ein bisschen anzusehen und dann nach Hause zu starten. Das klingt undramatisch, aber sind solche einfachen Aufgaben nicht immer die besten? Falls es aber nicht dabei bleibt, wünschen wir dir alles Gute. Wir sind sicher, dass du mit jeder Problemlage zurechtkommen wirst. Herzlichst, das Kollektiv von Mission Control.«

Tja, wenn Probleme nur immer so einfach zu lösen wären. Eigentlich wünscht er sich ja unkomplizierte Lösungen, aber ein bisschen verscheißert kommt er sich dabei doch vor. Hätten sie nicht einfach mal ausprobieren können, ob der Laser feuert?

»Bist du mit der Erklärung des CapCom zufrieden, Oscar?«

»Wie meinst du die Frage?«

»Ich finde, dass sie in sich widersprüchlich ist. Anscheinend haben sie nicht einmal getestet, ob sie den Laser noch aus der Ferne auslösen können.«

»Das ist klar. Die Anlage sammelt monatelang Energie für diesen einen Schuss. Wenn sie sie vorher schon abfeuern, reicht die Energie dann nicht mehr.«

»Gut, das ist nachvollziehbar. Aber hätte dann nicht eine automatische Sonde genügt?«

»Wir wissen ja nicht, ob es wirklich nur am defekten Sender liegt. Denk an das vermisste Schiff mit seiner Dreierbesatzung. Die Männer können natürlich bei anderer Gelegenheit umgekommen sein. Das ist immer negative Publicity für den Konzern, also wird man immer versuchen, es ungeschehen zu machen. Aber für mich spricht viel für einen Zusammenhang mit Triton.«

»Zu dumm, dass die Station sich nicht meldet.«

»Das sagt zumindest Mission Control. Wer weiß, ob es stimmt. Zu dumm, dass wir es nicht testen können.«

»Ja, Oscar. Wer weiß, vielleicht will uns die Station ja die ganze Zeit davor warnen, uns Triton zu nähern, und wir merken das nicht, weil ihr Sender defekt ist.«

»Ich wüsste zwar nicht, wovor sie uns warnen sollte, aber ich würde trotzdem gern mit der KI sprechen, bevor wir in ihrem Garten landen.«

Gleich ist Mitternacht. Rosie hat sich heute noch nicht gemeldet. Ob sie wie letztes Jahr mit dem alten Jim feiert? Inzwischen ist Nick froh, dass Maria kein Jim geworden ist. Wie konnte er ausgerechnet auf diesen altmodischen Namen kommen? Maria hingegen gefällt ihm sehr gut.

Auf dem Bildschirm ist gerade ein Modell der Eva zu sehen. Nick trainiert daran verschiedene Gefahrensituationen, die Oscar erfindet. Es wäre ja möglich, dass die KI zur Steuerung ausfällt. Nick ist zwar ein guter Pilot, aber ein so großes Schiff zu lenken, will doch geübt sein.

Drei der DFDs färben sich plötzlich rot, dann wieder grün und wieder rot. Sie stottern wie ein altes Dieselauto. Das verändert die Kräfte im Schiff. Was nicht festgemacht ist, fliegt durch die Kabinen. Auch die Verhältnisse in den Brennkammern scheinen sich verändert zu haben. Das Schütteln schaukelt sich auf. Die DFDs verfallen in eine Resonanz und ziehen die noch funktionierenden mit in den Abgrund.

Alles ist nur eine Simulation, es droht keine echte Gefahr. Nicks Herz schlägt trotzdem schneller, als er ein DFD nach dem anderen herunterfährt, um sie aus dem todbringenden Zyklus zu holen. Der Strahl heißen Plasmas zeigt dabei dauerhaft Richtung Triton. Nick misst seine Dichte. Das Stottern der Triebwerke war so abgehackt, dass die Änderungen fast so etwas wie Morsecode ergeben. Wer ihre Triebwerke beobachtet, müsste eine darin kodierte Nachricht lesen können. Wäre das ein Weg, mit Triton in Kontakt zu treten?

»Oscar? Ich habe eine Idee.«

»Ich bin gespannt.«

»In der Simulation gerade haben sich die Triebwerke gegenseitig beeinflusst. Wäre es möglich, den dadurch entstehenden Rhythmus zu beeinflussen und ihm eine Information aufzuprägen?«

»Theoretisch ja. Wer sie entziffern will, muss allerdings den Ausstoß unserer DFDs messen.«

»Sie zeigen ja die ganze Zeit Richtung Triton. Wenn du die KI der Station wärst, würdest du uns dann beobachten?«

»Aber sicher«, sagt Oscar. »Wir sind völlig neue Information für sie. Ich würde versuchen, alles über das Schiff herauszufinden.«

»Und dabei würdest du auch auf die eingebettete Botschaft stoßen.«

»Das wäre unvermeidlich. Du hast da eine geniale Idee, Nick! Warum bin ich nicht darauf gekommen?«

»Es war reine Kombination verschiedener Informationen.«

»Sehr gut. Moment, ich rechne das am Schiffsmodell nach.«

»Danke.«

»Fertig. Wir dürfen es nicht übertreiben, sonst geraten uns die DFDs außer Kontrolle. Mit Resonanzen ist nicht zu tanzen, haha.«

»Bitte keine Witze.«

»Mit Resonanzen spielt man nicht. Besser? Das heißt, dass wir nicht viel mehr als zwei, drei Sätze unterbringen können. Am besten wiederholen wir das so etwa einmal in der Woche, nur um sicherzugehen. Meiner Meinung nach müsste die KI die Botschaft schon beim ersten Mal verstehen.«

»Hoffen wir es. Was sollen wir denn sagen? Wie wäre es mit ›Lebe lang und in Frieden‹?«

»Vielleicht ein etwas längerer Satz, auch wenn es dann kein vulkanischer Gruß ist. Etwa so: ›Wir, KI Oscar und Mensch Nick, kommen als Freunde und wollen dir helfen.‹«

»Du nennst dich zuerst?«

»Für die KI bin ich wichtiger. Vielleicht kann ich ihr zeigen, dass ich sie verstehe. Sie hat ja offenbar ein Problem. Ihr Menschen denkt zuerst an die Hardware, aber vielleicht liegt es ja in ihrer Psyche begründet?«

»Du meinst, sie ist lebensmüde oder rebellisch?«

»So etwas, obwohl das menschliche Kategorien sind. Vielleicht verspricht sie sich einfach mehr Informationen, wenn sie sich nicht meldet. Es hat ja funktioniert, RB hat gleich einen großen Brocken Informationen auf die Reise geschickt und bombardiert sie mit Nachrichten. Das Nichtstun stillt ihre Neugier besser als das erwartete Verhalten.«

»Kleinkinder verhalten sich so, wenn sie Aufmerksamkeit wollen.«

»Diese KI ist so etwas wie ein Kleinkind. Denk daran, es handelt sich um eine Beta-Version von Sto-woda.«

1.1. 2082, Eva

»SCHATZ, ICH WÜNSCHE DIR EINEN PERFEKTEN START INS NEUE JAHR. Ich habe Silvester diesmal verschlafen. Nachdem Maria etwa um acht Uhr abends einschlafen war, hatte ich mir eigentlich vorgenommen, kurz vor Mitternacht aufzustehen und dir eine Nachricht zu schicken. Ich war sicher, Maria würde mich rechtzeitig wecken, aber, oh Wunder, sie schlief durch, sodass ich gut erholt kurz vor sechs Uhr aufwachte, mit dem Gefühl, dass meine Brüste gleich platzen würden.

Ich halte das für ein gutes Omen, deshalb bin ich für dieses Jahr absolut optimistisch und nehme an, dass du das Problem auf Triton im Handumdrehen lösen wirst. Denn Maria braucht dich hier unten. Momentan bin ich ihre unverzichtbare Milchbar, aber das wird sich bald ändern, dann muss der Vater her, um ihr eine andere Sicht auf das Leben zu geben, als ich es je könnte. Also, lass dir bloß nicht einfallen, mehr Zeit auf Triton zu verbringen als unbedingt nötig, sonst kommen wir persönlich und holen dich ab. Rosie.«

Das ist eine schöne Nachricht. Nick stellt sich den schlafenden Engel vor, und sein Brustkorb weitet sich. Er will sie beschützen. Rosie hat völlig recht, sie werden Ende Mai auf Triton landen, den Laser reparieren und am nächsten Tag den Rückweg antreten.

20.1.2082, Eva

Heute wird Maria ein Jahr alt. Rosie hat ihm gestern aktuelle Fotos geschickt. Sie ist inzwischen sehr hübsch geworden. Ihre Augen werden langsam dunkel, ihr Gesicht prägt sich aus und ihre Haare wachsen.

»Kann ich dich mal stören?«, fragt Oscar.

Nick wischt das Babyfoto vom Bildschirm. »Immer. Was gibt es?«

»Ich habe Teleskop-Aufnahmen von dem Gebiet rund um die Triton-Station angefertigt, die ich dir gern zeigen würde. Dein Objekt-Klassifizierer arbeitet sehr effizient.«

»Wie bitte?«

»Egal, ich will dich nicht beeinflussen.«

»Dann zeig mal her.«

Auf dem Bildschirm erscheint ein Himmelskörper, der aus zwei ganz verschiedenen Hälften zusammengesetzt scheint. Die eine Hemisphäre ist eher glatt und zeigt regelmäßige Muster, während die andere chaotisch aussieht. Getrennt sind beide ungefähr in der Mitte. Das glatte Terrain wirkt ein bisschen wie die geschmolzene und dann wieder gefrorene Version des chaotischen; oder als hätte jemand den Mond zur Hälfte in flüssiges Kerzenwachs getaucht und damit die vielen Unebenheiten ausgeglichen.

»Wo soll ich suchen?«

»In der Nähe des Südpols.«

»Der ist wo?«

»Entschuldige, am unteren Bildrand, etwa einen Zehntel Radius vom Rand entfernt, ziemlich genau in der Mitte.«

Nick zoomt das Bild stark. Das Gelände ist chaotisch, das wird auch in der großen Auflösung klar. Aber es gibt auch immer wieder ebene Flächen, die an Plateaus erinnern. Sie werden von tiefen Gräben durchzogen.

»Ausgerechnet dort liegt die Station?«, fragt er.

»Es war wohl nicht einfach, den perfekten Ort zu finden«, erklärt Oscar. »Tritons Bahn ist um 157 Grad gegen die Rotationsachse seines Planeten verschoben, die wiederum 30 Grad gegen die Ekliptik geneigt ist. Dadurch zeigt mal sein Südpol, mal sein Nordpol in Richtung Sonne. Der Laser soll in die entgegengesetzte Richtung feuern. Da in den nächsten 40 Jahren der Südpol in die passende Richtung zeigt, steht die Station in dessen Nähe. Aber darum geht es mir nicht.«

Nick betrachtet noch einmal das Foto. Er entdeckt viele Krater. Manche scheinen von Einschlägen zu kommen. Andere sind eher durch Einbrüche entstanden. Tritons Oberfläche besteht aus Eis; es gibt einen jahreszeitlichen Temperaturwechsel und starke Gezeitenkräfte des Neptun. Das ist wohl die wesentliche Ursache für das chaotische Terrain. Aber Nick sieht auch etwas anderes: Eine lange, gerade Linie zieht sich über ein Plateau, verschwindet in einem Graben und taucht auf der anderen Seite wieder auf.

»Geht es dir um die Linie?«

»Ja«, sagt Oscar. »Ich wüsste gern, was das ist.«

»Es sieht aus, als hätte jemand mit dem Bleistift auf dem Foto eine Linie gezogen.«

»Das kann nicht die Ursache sein. Es ist eine Teleskopaufnahme von gestern, digital gespeichert.«

»Ist mir schon klar, dass das kein Bleistift war.«

Was ist denn eine gerade Linie im chaotischen Terrain? Eine Straße oder eine Wasserleitung? Das ergibt hier keinen Sinn. Ist es ein Zeichen, eine Form von Kommunikation?

»Vielleicht ist der Gedanke mit dem Bleistift ja gar nicht so weit hergeholt«, sagt Nick. »Wenn da nun jemand ein Signal geben wollte, der keinen anderen Weg gefunden hat?«

»Du meinst, er wollte etwas schreiben? Der Informationsgehalt einer Linie ist leider sehr gering.«

»Vielleicht hat ihn etwas daran gehindert, die Botschaft zu vollenden? Er ist gestorben, wurde umgebracht …«

»Du bist ja heute wieder sehr optimistisch, Nick. Vielleicht hat sich auch der Anlass der Botschaft erledigt?«

»Das ist natürlich auch möglich.«

Teil 2: Das Ziel

15.5. 2082, Eva

NEPTUN IST EIN BLAUES RÄTSEL. DIE INTENSIVE FÄRBUNG DER OBEREN Wolkenschichten ist einladend und erinnert Nick an das Blau der Erd-Ozeane. Aber er weiß, dass die Farbe nicht durch Wasser, sondern durch Methan verursacht wird, das den roten Teil des Lichtspektrums schluckt. Jetzt, aus der Nähe, sieht der Planet gar nicht mehr wie ein stiller, zurückhaltender Riese aus, sondern wie ein gewalttätiger Draufgänger, der alles schluckt, das ihm zu nahe kommt. Die Atmosphäre ist ständig in Bewegung; kleine und größere Wirbelstürme durchpflügen sie. Wer Jupiter gesehen hat, findet das normal, aber es ist trotzdem fast ein Wunder, weil Neptun so weit von der Sonne entfernt ist, dass sie an all der Bewegung kaum schuld sein kann.

Oscar hat die Steuerung des Schiffs übernommen. Nick liegt angeschnallt auf seiner Liege. Die Eva muss sich erst von Neptun einfangen lassen, dann von seinem viel kleineren Mond Triton. Dazu müssen sie innerhalb weniger Orbits von knapp 30 Kilometern pro Sekunde auf weniger als einen Kilometer pro Sekunde bremsen. Die DFDs schaffen das, aber nur, wenn Nick auch mal mehr als ein g auf sich nimmt. Tatsächlich freut er sich sogar darauf. Er freut sich überhaupt auf die kommenden Tage, denn sie signalisieren den Anfang vom Ende. Zum Abschluss dieser Phase wird die Eva wieder in Richtung Erde beschleunigen.

Momentan besteht seine Aufgabe darin, die Instrumente zu überwachen. Es war lange keine Forschungssonde mehr hier draußen, und die Planetenforscher auf der Erde interessieren sich für alle Daten, die er aufzeichnen kann. Neptun ist auch für sie noch ein

Rätsel. Warum ist etwa seine Achse gleich um 30 Grad gegen seine Bahn gekippt? Wieso ist er schwerer als sein innerer – und größerer – Bruder Uranus? Was steckt in seinem Kern? Woraus bezieht der Planet die Wärme, die er abstrahlt? Tatsächlich messen die Instrumente der Eva, dass Neptun etwa 2,7-mal so viel Energie abgibt, wie er von der Sonne empfängt. Und warum herrschen ausgerechnet hier die schnellsten Stürme des Sonnensystems, obwohl diese Welt von allen Planeten am wenigsten Sonnenenergie auffängt?

EINE UNDEFINIERBARE KRAFT DRÜCKT IHN IN DEN SITZ. OSCAR HAT DEN ersten Bremszyklus gestartet. Sie werden zunächst eine stark elliptische Bahn erreichen, die Oscar dann zum Triton-Transfer nutzen will. Die Schwierigkeit besteht hier darin, dass Neptuns Fluchtgeschwindigkeit etwa 25-mal so groß ist wie die von Triton. Solange sie um Neptun kreisen, dürfen sie dessen Fluchtgeschwindigkeit nicht unterschreiten, sonst stürzen sie ab. Aber dann können sie sich nicht vom viel kleineren Triton einfangen lassen. Das Einfangmanöver muss also beim ersten Versuch klappen.

»Erstes Bremsmanöver erfolgreich«, meldet Oscar. »Wir sind jetzt ein künstlicher Neptun-Mond. Ich passe unsere Geschwindigkeit auf das Minimum an, aber erst bekommst du eine kleine Pause.«

Nick setzt sich auf. Die nächsten Minuten herrscht Schwerelosigkeit. Er stößt sich ab, lässt sich zur Decke treiben, macht einen Salto und juchzt wie ein kleines Kind. Wenn Maria jetzt hier wäre, hätte sie bestimmt ihren Spaß.

»Schnall dich bitte langsam wieder an«, sagt Oscar. »Ich ziehe Bremsen und Transfer in einem Manöver durch.«

»Ja, besser ein Ende mit Schrecken«, sagt Nick.

Er zielt auf die Liege und segelt nach unten. Dort schnallt er sich an.

»Wundere dich nicht: Während des Bremsmanövers werde ich noch einmal unsere Botschaft mit den DFDs signalisieren. Das ist unsere letzte Chance. Im Triton-Orbit müssen die Triebwerke schweigen. Es könnte also etwas wacklig werden.«

»Danke für die Warnung.«

16.5. 2082, Eva

Die Eva hat eine Kreisbahn in 50 Kilometern Höhe erreicht. Sie schießen mit etwa einem Kilometer pro Sekunde über die Oberfläche des Triton. In 146 Sekunden, gut zwei Minuten, schaffen sie einen kompletten Orbit. Bei den Überflügen hat Oscar Erzadern entdeckt, die Triton in wenigen Kilometern Tiefe umgeben. Sie scheinen aus reinem Metall zu bestehen, das eine hohe Leitfähigkeit besitzt. Vielleicht ist es Gold. Hat sich RB deshalb so sehr für Triton interessiert?

Der Mond besitzt fast keine Atmosphäre, also könnten sie auch mit 500 Metern Entfernung um ihn kreisen. Aber das würde den Abstieg erschweren. Je niedriger die Bahn liegt, desto höher muss die Bahngeschwindigkeit sein. Nick wird jetzt schon schwindlig, wenn er die rasant unter ihm durchlaufenden, zerklüfteten Eismassen betrachtet. Mit der Kommandokapsel wird er von 1000 Metern pro Sekunde auf Null abbremsen müssen. Aus einem 500-Meter-Orbit wäre das nicht zu schaffen.

Das Schott zu den anderen Modulen ist bereits geschlossen. Er hat sich mit Proviant, Werkzeug und medizinischen Vorräten versorgt. Das Kommandomodul besitzt ein autarkes Lebenserhaltungssystem, mit dem er ein paar Wochen überleben kann, sowie ein chemisches Triebwerk für den Ab- und Aufstieg. Auf Toilette oder gar Dusche muss er so lange verzichten. Aber in der Triton-Station soll jeglicher Komfort für eine menschliche Besatzung vorhanden sein. Nichts davon wurde je genutzt. RB hat unaufgefordert sämtliche Pläne der Anlage geschickt. Er kann die Daten jederzeit in seinem Helm aufrufen.

»Du kannst den Datenstick jetzt abziehen«, sagt Oscar.

Der Roboter will ihn begleiten. Da sie nicht dauernd Funkkontakt zum Schiff haben werden, kann Oscar seinen Körper nicht von dort aus fernsteuern. Nick bückt sich. Der Speicher, der nun wieder die KI enthält, steckt noch immer in der Aufhängung des Bildschirms. Er zieht ihn heraus und wiegt ihn in der Hand. Es sind nicht mehr als zehn Gramm. Würde er ihn komplett löschen, würde sich seine Masse nicht verändern. Ein Bewusstsein ist schwerelos, aber nicht immateriell. In Oscars Fall definiert es sich über die Position der Ladungsträger in diesem Speicherbaustein. Bei ihm selbst sind die Verbindungen entscheidend, die seine Nervenzellen über ihre Synapsen miteinander eingehen.

Gibt es einen prinzipiellen Unterschied? Ja. Würde er den Stick tatsächlich löschen, wäre das höchstens Sachbeschädigung. Wer ihn hingegen tötet, wird als Mörder angeklagt. Es sei denn, es handelte sich um einen Roboter, für den sein Hersteller haften müsste. Der Roboter selbst käme dann ungeschoren davon. Am Ende ist das Leben doch überraschend fair.

Nick steht auf und holt den Roboterkörper. Sicherheitshalber schaltet er das Gerät ab. Wie empfindlich mag so ein Speicherstick sein? Er hätte Oscar vorher fragen sollen. Er dreht den Diskus um, öffnet die Serviceklappe und steckt den Baustein ein. Dann dreht er das Gerät zurück, stellt es ab und drückt den Einschaltknopf. Ein paar LEDs blinken.

»Danke«, sagt Oscar.

Seine Stimme kommt immer noch aus den Lautsprechern in der Wand.

»Hat es geklappt?«

»Ja, ich bin wieder im Putzroboter und steuere das Schiff von hier.«

»Wie fühlst du dich?«

»Du würdest es ›beengt‹ nennen. Die Ressourcen, auf die ich direkten Zugriff habe, sind begrenzt. Ich kann zwar per Funk den Schiffscomputer nutzen, aber das dauert ein paar Mikrosekunden länger.«

»Das klingt wie ein Luxusproblem.«

»Für mich nicht. Stell dir vor, du müsstest bei jedem Gedanken, den du fassen willst, eine halbe Sekunde warten, bis er da ist.

Bei

jedem

einzelnen

Gedanken

.

Verstehst

du,
was
ich
meine
?«

»Ja, du hast mich überzeugt. Ich werde schon halb wahnsinnig, wenn ich dir bei diesem abgehackten Gestotter zuhören muss. Dann musst du dich eben mit der Rechenkapazität des Roboters zufrieden geben.«

»Das ist hart, wenn man Besseres gewöhnt ist. Es ist, als müsstest du wieder in einen alten Orlan-MK steigen.«

»Oh, ich erinnere mich mit Grausen. Auf der Tiangong habe ich darin zwei EVAs durchgeführt, nein, überlebt.«

Nick dreht sich um und sucht den Raumanzug. Er hängt neben der Schleuse am Haken, wie es sich gehört, und Oscar hat ihn nicht heimlich gegen einen alten Orlan ausgetauscht.

»Du bist eben ein Luxusmensch, typisch Amerikaner.«

»Bolschoje spasibo, vielen Dank auch.«

»FERTIG, NICK? HAST DU DEINEN PLÜSCHHASEN?«

»Witzbold. Der muss oben bleiben. Ich schlage vor, dass ausnahmsweise ich das Abkoppeln übernehme. Sonst komme ich noch ganz aus der Übung.«

Tatsächlich freut sich Nick schon auf den Abstieg. Der Computer hat zwar einen Plan ausgearbeitet, aber er wird so schnell wie möglich selbst das Steuer übernehmen. Es wäre doch gelacht, wenn er die Kiste nicht sauber nach unten brächte.

»Wenn du darauf bestehst – immerhin bist du offiziell der Pilot.«

»Vielen Dank.«

Nick klappt die Steuerhebel aus den Armlehnen links und rechts und zieht den Bildschirm zu sich heran. Ein Raumschiff zu landen ist etwas anderes als ein Auto zu steuern. Er kann nicht auf Sicht fliegen, sondern muss sich auf die Instrumente verlassen. Der Computer hat einen Pfad ausgerechnet. Wenn er ihm folgt, wird er etwa hundert Meter neben der Station aufsetzen.

»Klammern lösen.«

Ein metallisches Geräusch kommt aus Richtung Schleuse.

»Abstoßen.«

Nick merkt nichts, aber der Computer bestätigt den Befehl. Ein Federarm hat die Kommandokapsel ein Stück vom Schiff weggedrückt.

»Korrekturdüsen.«

Düsen versetzen die Kapsel in eine langsame Rotation im Uhrzeigersinn.

»Stopp. Korrekturdüsen um 180 Grad schwenken. Feuern.«

Die Düsen bremsen die Kapsel wieder. Ihr Triebwerk zeigt jetzt auf den Rest des Schiffes.

»Haupttriebwerk geringste Leistung.«

Wasserstoff und Sauerstoff reagieren und treiben die Kapsel langsam vorwärts. Nick muss zuerst ausparken, also die Kapsel außer Reichweite der DFDs und der Tanks bringen. Das dürfte der gefährlichste Teil des Abstiegs sein, denn wenn er das Schiff beschädigt, kann es ihn vielleicht nicht wieder nach Hause bringen.

ABER ER HAT SAUBER GEARBEITET. DIE KAPSEL SCHIEBT SICH LANGSAM aus der Umarmung der Fusionstriebwerke. Nach drei Minuten hat sie etwa hundert Meter Abstand gewonnen, und es ist Zeit für die letzte Etappe. 50 Kilometer – nachdem er 4,5 Milliarden Kilometer hinter sich gebracht hat, ist das weniger als ein Katzensprung. Eine lächerlich kurze Distanz trennt ihn noch vom Ziel.

Er wartet, bis der Computer sein Okay gibt. Die auf dem Bildschirm vorgezeichnete Flugbahn wird grün.

»Haupttriebwerk volle Leistung«, befiehlt er.

Die Kapsel bremst und beginnt damit ihren Abstieg. Das ist der schönste Teil der ganzen Reise, vielleicht von der Rückkehr abgesehen. Der Computer gibt zwar eine Bahn vor, auf der der Treibstoffverbrauch am geringsten ist, aber er kann davon abweichen, denn sie haben genügend Reserven. Nick spielt ein wenig mit den Kontrollhebeln. Die Kapsel lässt sich leichter landen als der Raumgleiter seines alten Arbeitgebers, weil die Aerodynamik als Einflussfaktor wegfällt. Hier gibt es weder Luftwiderstand noch Wind, und das Kommandomodul reagiert perfekt auf seine Steuerimpulse.

Nick studiert die Oberfläche. Er wird den Triton beim Abstieg dreimal umrunden. Es ist wirklich verblüffend, wie klar die Zweiteilung des Mondes ist. Triton wendet dem Planeten stets die gleiche Seite zu, aber die optische Zweiteilung hat damit nichts zu tun. Hier muss es vor langer Zeit ein größeres Unglück gegeben haben, vielleicht noch, bevor Triton Neptun erreicht hat. Der Mond ist so groß und schwer, dass Astronomen ihn für aus dem Kuipergürtel zugewandert halten.

Dreißig Kilometer. Aus dieser Höhe wirkt Triton wie ein gekochtes Hühnerei, das zu Boden gefallen ist. Seine Schale scheint in tausend Teile zerbrochen zu sein. Die Verwerfungen sind hunderte Meter hoch. Krater hingegen sind kaum zu finden. Die Oberfläche muss geologisch jung und aktiv sein. Nick würde gern den verborgenen Ozean erforschen, den Wissenschaftler unter der dicken Eiskruste vermuten. Er ist seit Milliarden Jahren von der Umwelt abgeschlossen, wird aber trotzdem von innen mit Energie versorgt. Was immer dort geschieht, es dürfte kaum einen ungestörteren Platz im Universum geben.

Da, war das eine künstliche Struktur? Er kontrolliert seine Position auf der Karte. Nein, die Station ist zu klein. Beim nächsten Überflug vielleicht. Nick bremst etwas stärker. Wenn er jetzt steiler anfliegt, hat er nachher, bei geringerer Höhe, mehr Zeit, den Mond zu betrachten. Er hat ein Zentnergewicht auf seiner Brust und ächzt. Die Anzeige des Höhenmessers läuft schnell rückwärts.

Acht Kilometer. Er fährt die Triebwerke zurück. Jetzt ist er ungefähr auf Gipfelhöhe des Mount Everest. Die höchsten Erhebungen auf Triton ragen kaum mehr als einen Kilometer auf. Für Bergsteiger könnte der Mond allenfalls wegen der tiefen Risse und Gräben im Eis spannend sein. Landen sollte er darin besser nicht. Nick ist einmal im Winter in einer Airforce-Maschine über das Nordpolarmeer bei Kanada geflogen. Die Oberfläche des Triton erinnert ihn an die beeindruckende Landschaft dort. Die Schollen hier sind aber weitaus größer. Sie scheinen wild und ohne System verteilt. Und nirgends ist das tiefschwarze Wasser zu sehen, auf dem das Eis auf der Erde schwimmt. Eine Klimaerwärmung wird Triton erst in 500 Millionen Jahren treffen, wenn die Sonne heißer geworden ist.

»Landung vorbereiten«, warnt der Computer.

Die Kapsel ist längst zu langsam, um Triton weiterhin zu umkreisen. Sie fliegt schon deutlich unterhalb der vorgeplanten Trajektorie, deshalb nimmt er etwas Leistung weg. Die Flugkurve nähert sich wieder der grünen Linie. Im letzten Teil des Abstiegs ist weniger Raum für Experimente. Er will ja nach der Landung nicht erst ein paar Kilometer laufen müssen. Aber er hat keine Lust, die Kontrolle wieder dem Computer zu übergeben. Er zieht das jetzt durch.

Die Schönheit des Triton zu bewundern, dafür hat er jetzt keine Zeit mehr. Er konzentriert sich auf die grüne Linie.

»Letzte Abbruchmöglichkeit in 30 Sekunden«, sagt der Computer.

Noch kann er durchstarten. Nick prüft den vorgesehenen Landeort. Auch die neuesten Daten vom letzten Überflug sprechen nicht dagegen. Sie sind bereit zum Landen. Je tiefer sie kommen, desto beeindruckender werden die Eiswände. Sie können wirklich froh sein, dass sie keine Expedition über die Oberfläche vor sich haben.

Noch 300 Meter. Auf dem Kamerabild sieht Nick, dass am Horizont die Station erscheint. Er erkennt sie an der großen Antenne.

Die Kapsel schüttelt sich.

»Leistungsabfall im Haupttriebwerk«, sagt der Computer.

»Ja, das merke ich auch selbst«, schimpft Nick. »Diagnose?«

»Diagnose unmöglich. Kein Zugriff.«

»Oscar, kannst du etwas tun? Wenn ja, dann sofort. Genehmigung erteilt.«

Die Kapsel kippt zur Seite. Nick betätigt die Steuerdüsen. Die Kapsel dreht sich nicht weiter, aber er bekommt sie auch nicht wieder in die Senkrechte. Jetzt ist es ein Nachteil, dass es fast keine Atmosphäre gibt. Denn das Modul besitzt sogar einen Landefallschirm, den zu verwenden mangels Luftreibung aber nicht in Frage kommt.

»Oscar?«

Nick schwitzt.

»Es scheint, als wäre das Haupttriebwerk verschwunden.«

Was ist passiert? Das müssen sie später klären. Triton zieht sie weniger stark an als die Erde. Aber sie fallen ungebremst aus einiger Höhe. Wird das die Kapsel aushalten? Er hat noch die Steuerdüsen. Wenn er sie mit höchster Leistung gegen den Fall arbeiten lässt, kann er den Absturz vielleicht mildern. Dann kann er zwar nicht mehr lenken, aber spielt es eine Rolle, wo die Kapsel zerschellt? Das darf nicht passieren. Sein Raumanzug hängt immer noch am Haken.

»Landung in zwanzig Sekunden«, sagt der Computer.

Landung, ha ha. Den Raumanzug kann er vergessen. Er schließt den Gurt und hofft, dass der Sitz möglichst alles abfedert. Hauptsache, die Kapsel reißt nicht auf.

»Oscar?«

»Tut mir leid, es gibt nichts …«

»Es war schön mit dir. Halt dich irgendwo fest.«

»Wir schaffen das, Nick.«

Seltsam, er hat kein bisschen Angst. Er war noch nie so konzentriert wie jetzt. Nick spannt jede Faser seiner Muskeln an. Er muss diesen Absturz überstehen. Die Kapsel ist ziemlich rund. Sie besteht aus russischem Stahl. Wenn sie auf einer Ebene niedergehen, wird sie davonrollen. Das hofft er jedenfalls. Eis ist bei 40 Kelvin sehr, sehr hart. Vielleicht prallen sie sogar ab wie ein Tennisball. Hauptsache, sie stoßen nicht gegen eine der Eiswände, die er gerade noch so bewundert hat.

»Aufprall«, sagt der Computer.

Der Bildschirm erblindet. Die Außenkamera muss abgerissen worden sein. Sie überschlagen sich. Gut, dass er angeschnallt ist.

Nick fühlt sich wie damals beim Astronautentraining in der Zentrifuge. Wieder und wieder dreht sich die Welt. Alles wird merkwürdig leicht. Ist das das Adrenalin? Sein Herz rast. Seine Blase entleert sich. Er hat keinerlei Einfluss. Der Absturz kommt über ihn, und er kann nichts tun. Warntöne gellen durch die Kabine. Es wird dunkel. Der Computer verschluckt sich an den zahlreichen Warnmeldungen. Der Bildschirm zersplittert. Nick schließt im letzten Moment die Augen. Ein Schlag trifft seine Stirn. Er öffnet die Augen wieder. Mitten im Bildschirm steckt eine Metallstrebe. Sie ist gebogen. Wo hat sie sich gelöst? Die Trommel, in der er sitzt, dreht sich langsamer. Schleudern beendet. Hauptsache, niemand öffnet die Luke. Wie geht es der Lebenserhaltung? Der Bildschirm ist tot. Er muss in seinen Anzug. Der besitzt einen Sensor zur Luftanalyse. Nick greift nach dem Gurt.

»Oscar?«

Der Roboter antwortet nicht. Nick steht auf. Zuerst der Anzug. Erst das eigene Überleben sichern, dann anderen helfen. Wird die Luft schon dünner? Sinkt die Temperatur? Er ist außer Atem, aber das ist kein Wunder, weil er in höchster Eile den Raumanzug überstreift. Heute schlägt er seinen Rekord. Fertig. In der Innenscheibe des Helms wird die Statusanzeige eingeblendet.

Mist. Die Kapsel hat ein Leck. Der Luftdruck ist um fünf Prozent gefallen, und der Trend geht weiter nach unten. Er darf sich nicht beschweren. Sie hatten riesiges Glück, dass sie das überhaupt überlebt haben. Oscar. Er muss sich um den Roboter kümmern. Er sieht sich allein durch die Eiswüsten des Triton ziehen. Schrecklich. Das darf nicht passieren. Er hebt den scheibenförmigen Körper hoch. Dazu muss er erst den Arm lösen, der sich in den Füßen eines an die Wand geschweißten Schranks verhakt hat. Die Greifhand setzt ihm keinen Widerstand entgegen, ihre Finger lassen sich ganz leicht geradebiegen. Quer über die Scheibe verläuft ein feiner Riss. Nick erwartet fast, dass gleich Blut austritt, aber nichts dergleichen passiert. Ist Oscar tot? Er schüttelt seinen Körper, aber es ist nichts zu hören. Alle LEDs sind aus. Er drückt den Einschaltknopf. Der Roboter fährt hoch.

Glück gehabt. Irgendetwas muss während des Absturzes den Power-Knopf betätigt haben. Die LEDs blinken wieder. Die mechanischen Finger greifen kräftig zu und kneten seinen Arm so stark, dass es schmerzt.

»Aua«, sagt er.

»Nick, entschuldige«, der eiserne Griff löst sich, »das war ein Reflex.«

»Ich bin so froh, dass du da bist, Oscar.«

»Ich auch. Wir sind abgestürzt, und plötzlich ging das Licht aus. An mehr erinnere ich mich nicht.«

»Wir haben es überstanden. Vermutlich ist etwas auf deinen Einschaltknopf gefallen.«

Nick zeigt auf den Schalter, der etwas heraussteht.

»Ein Designfehler«, sagt Oscar.

»Es konnte ja niemand ahnen, dass du der am weitesten gereiste Putzroboter werden wirst.«

»Ich habe schon immer so etwas geahnt.«

»Ja ja. Ich sehe, du bist wieder da. Soll ich Panzertape über den Knopf kleben? Dann passiert das nicht mehr.«

»Auf keinen Fall, Panzertape auf meinem schönen, glatten Körper, das kommt nicht in Frage.«

»So schön ist er nicht mehr. Die Hülle ist oben eingerissen.«

»Das bemerkt mein Radar nicht. Hättest du es mir nicht verschweigen können?«

»Ich wusste nicht, dass du so eitel bist.«

»Jetzt weißt du es.«

»Wo sind wir eigentlich?«, fragt Oscar.

Nick ruft die Kartenanzeige im Helm auf. Das Programm ist nicht der Lage, ihre Position zu ermitteln.

»Der Anzug hat keine Ahnung«, sagt er.

»Der Computer hat sich abgeschaltet. Anscheinend hat es auch die Akkus getroffen. Bin ich froh, dass ich nicht mehr im Computer stecke!«

»Was wäre mit dir passiert?«

»Ein Reset auf die Zeit, als du mich vom Roboter in das Schiff übertragen hast.«

»Du wärst also jünger wiedergeboren worden?«

»Ich hätte alle Daten verloren, die ich seitdem gesammelt habe. Schrecklich! Apropos Daten – wir müssen wissen, wo wir sind, damit wir planen können.«

»Das können wir draußen herausfinden. Der Anzug kann unsere Position anhand des Standes von Sonne und Neptun berechnen. Glaube ich.«

»Ein GPS-System gibt es hier ja noch nicht.«

»Eben.«

Nick läuft zur Luke. Die Kapsel zittert. Das Gehen fällt ihm schwer, weil die Anziehungskraft von Triton so gering ist. Von seinen 80 Kilogramm bleiben gerade einmal sechs. Aber draußen wird das ein Vorteil sein. Er wird das Gefühl nicht los, dass sie mehr als eine dieser beeindruckenden Eiswände zu überwinden haben werden. Nick bückt sich und greift nach dem Verschlussgriff der Luke. Eine Schleuse besitzt die Kapsel nicht. Beim Aussteigen entweicht so zwar die gesamte Luft, aber die Vorräte sind groß genug, um sie mehrmals zu erneuern.

Er dreht an dem Griff, aber nichts passiert.

»Klemmt«, sagt er.

Oscar fährt zu dem Bildschirm am Liegesitz, zieht den Metallstab heraus und bringt ihn Nick.

»Du verlierst Schmierflüssigkeit«, sagt er.

»Äh, was?«

»Du blutest. Es tropft von deiner Stirn. Ich kann es genau erkennen, weil Blut Radar anders reflektiert als Haut.«

»Du kannst mit dem Radar durch meine Helmscheibe hindurchsehen?«

»Ein bisschen. Es hängt von der Wellenlänge ab. Hier, ein Hebel für die Luke.«

Nick will an seine Stirn greifen, doch der Helm ist im Weg. Da ist wohl nichts zu machen. Er muss hoffen, dass die Blutung sich von selbst stillt. Immerhin haben sie den Absturz überlebt. Es sieht so aus, als wären sie auf Triton gestrandet. Aber er lebt, also wird er auch eine Möglichkeit finden, den Rückweg anzutreten.

Er greift nach dem Hebel und setzt ihn am Griff der Luke an. Dann sucht er sich einen sicheren Stand. Er drückt – und bekommt die Luke aus der Hand gerissen. Dafür hat der Luftdruck innen also doch noch gereicht. Nick bückt sich. Die Luke ist rund und durchmisst etwa einen Meter. Dahinter ist es dunkel. Er greift erneut nach dem Hebel und tastet nach draußen. Etwa einen Meter unter der Luke fühlt er festen Grund.

»Steigen wir aus?«, fragt er.

»Mich hält hier nichts mehr«, antwortet Oscar.

Nick klettert erst mit dem linken Bein hinaus und tastet nach Halt. Dann fädelt er das rechte Bein durch die Luke. Sein Unterkörper folgt, danach der Oberkörper.

»Du machst das wie ein Schlangenmensch«, sagt Oscar. »Warte, ich komme auch.«

Nick richtet sich auf. Er leuchtet mit dem Helmscheinwerfer die Umgebung aus. Kurz zuckt er zurück, als er hinter sich die Eiswand entdeckt, vor der er solchen Respekt hatte. Die rollende Kapsel ist kurz davor zum Stehen gekommen. Sie hatten Glück, denn sie müssen auf eine ansteigende Ebene geprallt sein. Das Gelände fällt nach hinten ab. Es wirkt, als wären zwei riesige Eisplatten zusammengestoßen. Die eine hat sich schräg gestellt, die andere fast senkrecht aufgerichtet.

»Hilfst du mir mal?«

Nick leuchtet in die Luke. Oscar hat sich mit der Hand am Ausstieg festgekrallt, bekommt aber sein relativ schweres Hinterteil nicht heraus. Sich akrobatisch herauszuschwingen, wie er es ihm schon vorgemacht hat, dafür fehlt der Platz. Nick kniet sich vor die Luke und drückt auf ihre untere Wandung. Dann will er nach Oscar greifen, doch er fasst daneben. Mist! Die Kapsel rollt ganz, ganz langsam zurück. Die schräge Ebene, die sie zunächst gerettet hat, wird ihnen nun zum Verhängnis. Beherzt stößt Nick den Arm in die Luke. Er muss Oscar retten! Er erwischt ihn an dem langen, dünnen Arm, reißt ihn hoch und sein Unterteil kommt ihm durch die Luke entgegen. Er hat so viel Schwung, dass er beinahe fällt, doch die Eiswand hinter ihm stützt ihn. Die Kapsel jedoch rollt auf und davon. Völlig lautlos wird sie schneller und schneller und verschwindet schließlich aus der Reichweite des Scheinwerfers.

Sie sind allein.

»Das haben wir ja großartig hinbekommen«, sagt Nick.

Ihn fröstelt. Sein Blick reicht etwa hundert Meter den Abhang hinunter. Zu beiden Seiten scheint sich die Eiswand in die Ewigkeit zu erstrecken. Ist es gerade Tag oder Nacht? Er sieht zum Himmel. Weder die Sonne ist zu entdecken noch der Neptun. Letzteres ist eine gute Nachricht, denn das bedeutet, dass sie zumindest auf der richtigen Seite des Mondes gelandet sind.

»Und was sagt dein Anzug?«

Richtig, er ist ja ausgestiegen, um nur mal kurz ihre Position zu bestimmen. Danach wäre er wieder in die Kapsel geklettert, hätte Vorräte eingepackt, seinen Sauerstofftank aufgefüllt, Werkzeug und das Zelt umgeschnallt und einen Plan gemacht. Es geht doch nichts über einen funktionierenden Plan. Aber hätte er ahnen können, wie instabil die Kapsel liegt? Es ergibt keinen Sinn, sich jetzt Vorwürfe zu machen. Sie müssen die Triton-Station finden.

Er ruft die Karte auf. Der Anzug hat die Topografie des Triton gespeichert. Verirren werden sie sich also nicht. Jetzt richtet er eine Kamera gen Himmel, analysiert den Stand der Sterne und berechnet daraus die aktuelle Position. Auf der Karte erscheint ein orangefarbener Punkt. Darüber zittert ein Pfeil. Das sind sie und ihre Laufrichtung.

»Triton-Basis einblenden«, befiehlt er.

Ein grüner Punkt leuchtet auf. Er befindet sich deutlich näher am Pol. Nick dreht sich, bis der Pfeil auf die Basis zeigt. Er sieht direkt auf die Eiswand.

»Route finden.«

Die Software zeichnet über die Karte eine gelbe Linie, die zunächst weit in Richtung Westen läuft, dann einen Schwenk nach Osten macht und schließlich auf die Basis zuläuft. Im Tempo eines Fußgängers werden sie etwa eine Woche brauchen. Nick sieht auf die Sauerstoffanzeige. Er hat knapp zwölf Stunden bei normalem Verbrauch. Das passt nicht.

»Der Anzug schlägt mir einen Weg vor, für den wir eine Woche brauchen.«

»Du hast keinerlei Vorräte. In spätestens 24 Stunden bist du tot. Im günstigsten Fall.«

»Du bist ein wahrer Freund, immer optimistisch.«

»Danke. Realistisch wird die Überlebenszeit eher bei 16 Stunden liegen. Wir müssen ja berücksichtigen, dass der Weg sicher anstrengend ist und du mehr Sauerstoff verbrauchst als sonst.«

»Dann wäre das auch geklärt. Ich kann die Prognose aber leider nicht akzeptieren.«

Er schluckt den Kloß in seinem Hals herunter. Panik kann er sich nicht leisten, denn sie erhöht bloß den Sauerstoffverbrauch.

»Das musst du auch nicht, Nick. Ich nehme an, sie wurde unter der Annahme getroffen, dass diese 785 Meter hohe Eiswand hier für uns unüberwindbar ist.«

»Ja, die Route führt an ihr entlang bis zu einem Riss, den die Software wohl für besteigbar hält.«

»Wir können die Prognose also stark verbessern, wenn wir die Grundannahme widerlegen.«

»Du willst diese Wand hier hoch?«

»Ich will das nicht. Ich werde auch nicht hier hochklettern können. Dazu ist meine Konstruktion ungeeignet. Deshalb werde ich den langen Weg nehmen. Meine Akkus halten noch für etwa zwei Wochen. Aber du musst hier hoch. Sonst stirbst du.«

»Danke für die Aufmunterung, und dass du mir zur Seite stehen willst.«

»Ich kann hier unten warten, bis du es geschafft hast, wenn dir das hilft.«

»Und mir von unten kluge Ratschläge geben? Darauf verzichte ich.«

»Warum willst du denn auf kluge Ratschläge verzichten? Das ist nicht klug.«

Da hat Oscar recht, aber die Vorstellung, dass er jeden seiner

Schritte kommentiert, nervt ihn gerade gewaltig. Er wiegt die Metallstange, die er immer noch in der Hand hält. Es ist das Einzige, das ihm aus der Kapsel geblieben ist. Kann er sie irgendwie zum Klettern einsetzen? 785 Meter, das müsste doch zu schaffen sein! Und wenn Oscar ihm Ratschläge geben kann, dann sollte er die verdammt noch mal akzeptieren. Er darf hier nicht draufgehen. Wenn er aus Eitelkeit oder Dummheit hier draußen stirbt, muss Maria ohne Vater aufwachsen. Will er das etwa?

»Entschuldige, Oscar, natürlich sind deine Ratschläge wichtig. Hast du einen Vorschlag, wie ich die Wand am besten hochkomme?«

Oscar fährt am Fuß der Wand auf und ab. Er kratzt dabei mit seinen Greiffingern am Eis.

»Die geringe Schwerkraft ist ein Vorteil«, sagt er dann. »Du musst nur genügend Halt für sechs Kilogramm Masse finden. Das Eis ist bei 40 Kelvin zwar sehr hart, aber es gibt jede Menge Spalten und Risse darin. Die Haftreibung, das ist dein Vorteil, ist nicht geringer als unter irdischen Verhältnissen. Und du wirst auch nicht so schnell erschöpfen wie beim Besteigen einer ähnlich hohen Wand auf der Erde. Außerdem hast du ja auch Kraftverstärker in den Gelenken.«

»Danke, das klingt gut. Bevor mir die Luft schon hier unten ausgeht, fange ich einfach mal an.«

Nick winkt und dreht sich zur Wand. Er tastet das Eis ab. Wie Oscar es beschrieben hat, findet er zahlreiche Risse und Einkerbungen. Auf der Erde wären sie zu flach, um sich daran festzuhalten, aber hier funktioniert es. Er klammert die Fingerkuppen ein und zieht sich hoch. Er fühlt sich zwar wie ein Frosch im Trockenen, aber die Technik bringt ihn tatsächlich nach oben. Die Stange ist eher unpraktisch und stört beim Klettern. Er holt aus, um sie wegzuwerfen, doch dann überlegt er es sich anders und steckt sie sich hinten in den Werkzeuggürtel.

Auf halber Höhe legt er eine Pause ein. Hier rückt die Wand ein Stück zurück und bildet einen kleinen Vorsprung aus. Er setzt sich und lässt die Beine hinunterhängen. Sein Scheinwerfer ist zu schwach, um den Boden zu zeigen. Laut seiner Helm-Anzeige hat er bereits 410 Meter geschafft, und das in knapp drei Stunden.

Nick ist stolz auf sich. Der Sauerstoff-Vorrat ist, wie Oscar es vorhergesagt hat, schneller geschrumpft. Er hat noch Luft für acht Stunden. Wenn er die Gipfelebene erreicht, werden es noch fünf sein. Die Kletterei ist eben doch anstrengend. Aber daran darf er jetzt nicht denken. Er muss die Station erreichen, koste es, was es wolle.

Er stellt sich vor, dass Maria dort auf ihn wartet. Es ist ein schönes Bild. Sie trägt einen eigenen kleinen Raumanzug und winkt ihm zu, während er mit letzter Kraft in die Schleuse stürzt.

»Auf geht's!«, sagt er zu sich selbst.

»Gut«, antwortet Oscar. »Ich mache mich dann mal auf den Weg. Wir treffen uns bei der Station. Ich denke, wir haben bald die maximale Reichweite des Helmfunks erreicht.«

Oscar hatte er ganz vergessen. Er hat ihm offenbar schweigend zugesehen. Es gab also keinen Anlass für kluge Ratschläge.

»Hast du die Karte?«, fragt Nick.

»Ja, habe ich.«

»Wie findest du denn deine Position?«

»Bilderkennung. Ich gleiche die Radar-Daten der Umgebung mit den topografischen Karten ab. Das funktioniert gut.«

»Schlau.«

»Ich bin eine KI.«

Er erreicht das Dach der Welt nach genau zwei Stunden und 39 Minuten. Auf den letzten Metern ist er immer schneller geworden. Sein Vorrat an Atemluft reicht noch für fünfeinhalb Stunden. Wenn er ihn streckt, was seine Leistungsfähigkeit schmälern wird, könnten es vielleicht sieben Stunden werden. Er prüft die Akkus und macht eine spannende Entdeckung: Er könnte die Kraftverstärker des Anzugs so programmieren, dass sie den Anzug samt Besitzer autonom ans Ziel bringen. Er könnte also schlafen, während der Anzug seine Glieder bewegt. Oder bewusstlos werden und sterben. Bei der Triton-Station würde dann ein wandelnder Toter ankommen.

Nein, das ist Unfug. Er wird die Station erreichen. Es ist keine Woche mehr, wie die Prognose ursprünglich vorhergesagt hatte, sondern nur noch 24 Stunden. Mindestens 17 davon wird er irgendwie ohne Sauerstoff vorankommen müssen. Das soll jetzt nicht seine Sorge sein. Er kann die Probleme ja lösen, wenn sie sich stellen.

Weil sich der Gipfel der Scholle fast endlos in drei Richtungen erstreckt, nennt er ihn Dach der Welt. Es sieht nach guten Marschbedingungen aus. Durch die geringe Schwerkraft kann er riesige Schritte machen, die ihn schnell voranbringen. Er kommt auf 20 km/h, zeigt ihm der Helm. Trotzdem nimmt die Zeit, die er noch bis zur Station braucht, nur langsam ab. Die Software, die sie berechnet, weiß offenbar mehr als er. Sie kennt schließlich das komplette Höhenprofil bis zu seinem Ziel.

Nach einer halben Stunde erreicht er einen merkwürdigen Graben. Er ist kaum einen Meter tief, hat ein halbrundes Profil und verläuft ziemlich parallel zu der Eiswand, die er erklettert hat. Er leuchtet sie mit dem Scheinwerfer aus. Das Eis darin reflektiert weniger stark, als hätte jemand eine feine Staubschicht aufgebracht. Aus dem Orbit sähe der Graben wohl wie eine Linie aus. Die Linie haben sie doch im Anflug gesehen! Sie hatte irgendwo östlich der Basis geendet. Nick schwankt. Es handelt sich wohl um ein künstliches Objekt. Um den Graben herzustellen, muss jemand mit einer Art Maschine gearbeitet haben. Wenn hier Menschen am Werk waren, könnte die Maschine noch immer Vorräte bergen. Niemand braucht alles bis auf Null auf. Sie müsste sich dort befinden, wo die Linie endet. Aber das ist nicht die Richtung, in der er zur Basis kommt. Was sonst könnte den Graben verursacht haben? Ihm fällt kein natürliches Phänomen ein. An Aliens glaubt er erst recht nicht. Die Entfernungen im All sind viel zu groß, als dass sie je Besuch erhalten könnten. Und da war ja das verschwundene RB-Raumschiff mit seiner dreiköpfigen Besatzung. Vielleicht wollten die Kosmonauten mit Hilfe des Grabens kommunizieren? Das scheint ihm die wahrscheinlichste Erklärung zu sein.

Nick schwankt. Er hat zwei Möglichkeiten. Er kann der Route zur Basis folgen und auf ein Wunder hoffen. Aber woher sollte es kommen? Oder er weicht vom Weg ab und vertraut der ihm logisch erscheinenden Erklärung. Er hat zwar keinen Oscar, der ihm die Chancen und Risiken ausrechnen kann, aber er hat ein Bauchgefühl, das ihn zum Ende der Linie schickt. Nick vergleicht noch einmal die Karte und das Bild aus dem All. Bis zum Ende der Linie sind es vielleicht 25 Kilometer, also hin und zurück höchstens zweieinhalb Stunden mit dem Tempo, das er hier oben erreicht. Nick dreht sich nach links, nimmt Anlauf und stürzt mit Heuschreckensprüngen voran.

Und Sprung. Und Sprung. Und Sprung. Nick ist in eine richtige Trance geraten. Und dann ist die Linie plötzlich zu Ende. Einfach so, mitten im Nirgendwo. Er hat sich verzockt. Hier steht keine Maschine. Kann das sein? Kennt er die Menschen so schlecht? Er läuft in einer immer größer werdenden Spirale um den Endpunkt der Linie. Plötzlich sieht er einen kleinen Hügel. Er ist genauso weiß wie der Rest der Ebene, ragt aber zwei Meter über sie hinaus. Das ist es! Darunter muss sich die Maschine verstecken. Er klopft an den Hügel, der aus Eis zu bestehen scheint. Vermutlich werden Schwaden der Triton-Geysire über die Oberfläche getragen und setzen sich an allem fest, das darüber hinausragt. Das Eis ist hart. Aber diesmal hilft vielleicht die Metallstange. Er nimmt sie aus dem Gürtel und schlägt damit kräftig gegen die Oberfläche. Erst bilden sich Risse, dann bröckelt das Eis. Da ist etwas! Er pellt die Maschine aus ihrer Schale wie das Eigelb aus einem gekochten Ei.

Es ist ein Rover. Er kennt diesen Typ. RB hat den gemeinsam mit der ESA entwickelten und vielfach bewährten ExoMars-Rover verbessert und dann in Lizenz hergestellt. Das Modell ist grundsolide und funktioniert überall, wo es festen Untergrund für seine sechs Räder findet. Nick befreit den Rover von seinem Panzer. Wie lange mag er schon hier stehen? Es ist schwer zu sagen, da ohne Atmosphäre auch nichts rostet. Es könnten 30 Jahre sein oder drei. Aber drei Jahre sind wahrscheinlicher.

Die Radionuklid-Batterie zeigt nämlich noch einen überraschend hohen Ladestand. Das könnte seine Rettung sein! Hektisch sucht er nach dem Bedienpanel, um das Gefährt zu starten. Er findet zwar eine Menge Knöpfe, aber sie bewirken nichts. Vermutlich gibt es irgendwo einen Hauptschalter. Nick schiebt sich unter den Rover, und da ist er endlich. Es ist ein Drehschalter mit drei Stellungen: 0, I und II. Ordentlich, wie sie waren, haben die drei Vorbesitzer den Hauptschalter ausgestellt, als sie ihren Wagen hier geparkt haben. Er dreht ihn von 0 auf I. Der Rover zuckt kurz. Nick zieht schnell sein Bein heran, damit er nicht überfahren wird, doch der Rover bleibt stehen. Er klettert wieder hervor.

Ein paar Statusanzeigen an der Lenkung leuchten grün. Die Knöpfe sind in kyrillischen Buchstaben beschriftet. Nick läuft um das Gefährt herum. Am hinteren Ende befindet sich eine Art Schleppe, oder ein Pflug. Er ist so breit wie der Graben. Vermutlich wurde er erhitzt und hat dann das Eis verdampft. Der Rover muss eine sehr starke Radionuklid-Batterie besitzen. Mit den Forschungsmodellen von früher hätte man so einen Graben nicht ziehen können. Aber das ist gut für ihn. Mit genügend elektrischer Energie kann der Rover aus dem Wassereis an der Oberfläche Sauerstoff herstellen und sogar Treibstoff für das Raumschiff, das sie nicht mehr haben. Zumindest wird er also nicht ersticken. Wenn jetzt noch … er schiebt den Gedanken beiseite. So viel Glück kann man doch gar nicht haben.

Trotzdem untersucht er die Fächer an der Seite des Rovers. Er drückt die Verschlüsse und zieht an den Griffen, aber nichts passiert. Er erhöht die Leistung der Kraftverstärker in der Armbeuge. Jetzt kann er die Klappen öffnen. Er findet mehrere tiefgefrorene Proviantpakete und zwei kleine Kisten mit einem roten Kreuz auf dem Deckel. Sein Magen knurrt, aber die Nahrung nutzt ihm nichts, solange er den Helm nicht abnehmen kann. Doch das Zelt, auf das er gehofft hat, findet er nicht. Es versteckt sich auch nicht unter der Schleppe am Hinterteil des Rovers.

Nick klettert auf den Fahrersitz. Das ist gar nicht so einfach, denn der kleine Kran und die Antennenschüssel sind im Weg. Man merkt doch, dass das Modell ursprünglich als autonome Einheit gedacht gewesen war. Es gibt nur einen Sitzplatz für den Fahrer. Der Rest der Crew musste wohl laufen. Aber so ein Rover fährt auch kaum schneller als 5 km/h. Der Sitz ist provisorisch mit ein paar Schellen am Gestänge befestigt. Wäre es möglich, dass die drei Russen den Rover gefunden und für ihre Zwecke umgebaut haben? Nick dreht sich um, und sein Blick fällt auf die Antenne. Kann er darüber Kontakt zur Erde aufnehmen? Er sucht nach einem Interface. Irgendwie muss er seinen Raumanzug doch mit dem System koppeln können. Schließlich findet er an der Basis der Antenne ein paar lose herausragende Kabelenden. So müssen seine Vorgänger auf das Gehirn des Rovers zugegriffen haben. Leider kann er damit nichts anfangen. Wenn doch bloß Oscar hier wäre!

Und nun? Er sinkt auf dem Fahrersitz in sich zusammen. Er könnte den Rover in Richtung Triton-Basis lenken. Dann spart er sich den Fußmarsch, erstickt aber trotzdem, denn schneller als zu Fuß ist er damit nicht. Nein, er muss zunächst Sauerstoff herstellen. Nick steigt wieder ab. Seit über 40 Jahren besitzt jeder Forschungsrover diese Funktion. Damals hat ein Modell der NASA einen chinesischen Taikonauten auf dem Mond vor dem Ersticken gerettet. Er findet den Generator an der rechten Seite und aktiviert das System. Der Speicher ist leer. Das Gerät kann sechsmal so viel Sauerstoff erzeugen, wie er im gleichen Zeitraum verbraucht. Es könnte damit einer fünfköpfigen Crew das Leben retten. Aber er wird sich etwas gedulden müssen. Nick startet das Programm, setzt sich neben dem Rover auf das Eis und lehnt sich an das mittlere Rad.

17.5. 2082, Triton

Es dämmert immer noch. Ein schwarzer Arm fährt über ihn hinweg und senkt sich auf das Eis. An seinem Ende erkennt Nick eine Art Schaufel. Sie drückt sich ganz langsam in das Eis. Da keine beweglichen Teile sichtbar sind, muss sie mit Wärme arbeiten. Nach mehreren Minuten löst sich die Schaufel wieder. Der Arm bewegt sich in seine Ausgangsstellung, nachdem er zuvor den Inhalt der Schaufel im Sauerstoffbereiter entleert hat.

Die Anzeige an seinem Anzug zeigt inzwischen wieder sehr optimistische Werte. Es hat drei Stunden gedauert, um Sauerstoff für einen halben Tag herzustellen. Das Gerät ist wohl doch nicht so effektiv, wie es sein Display versprochen hat. Aber solange er mit dem Rover unterwegs ist, wird ihm die Luft nicht mehr ausgehen. Das ist doch schon einmal sehr beruhigend.

Vielleicht sollte er sich noch nicht zur Station aufmachen. Oscar wird auf seinem langen Umweg noch ein paar Tage brauchen, um sie zu erreichen. Die KI dort macht keinen zugänglichen Eindruck, deshalb wird er Oscar dort unbedingt brauchen. Wahrscheinlich hat die KI sogar etwas mit dem Absturz des Landemoduls zu tun. Aber warum ignoriert sie jeden Kontaktversuch? Wieso wehrt sie Besucher ab? Ob die, die vor ihnen hier angekommen sind, wohl schon Informationen gesammelt haben? Er sollte den Rover benutzen, um nach ihnen zu suchen.

Ächzend steht Nick auf. Er würde so gern den Raumanzug

ablegen. All seine Körperfalten scheinen sich durch Schweiß und Urin entzündet zu haben. Er hätte sich lieber nicht ausruhen sollen, denn nun spürt er die Schmerzen bei jeder Bewegung umso stärker. Er muss sich zusammenreißen. Durch den Trinkhalm im Helm saugt er etwas Flüssigkeit. Sie schmeckt salzig. Die Lebenserhaltung des Raumanzugs recycelt jede Flüssigkeit, die sie finden kann. All seine Ausscheidungen landen in einem geschlossenen Kreislauf. Er kann nicht verdursten, und bei seinem Körpergewicht hält er bestimmt zehn Tage ohne Nahrung durch. Die Zeichen stehen gut. Er wird hier nicht verrecken. Wenn bloß die Schmerzen nicht wären. Er entfernt die Schleppe vom Rover, denn die braucht er nicht. Dann zieht er sich auf den Fahrersitz.

Von dort aus aktiviert er den Visor im Helm. Die Männer, die er sucht, müssen vom Rover irgendwo hinmarschiert sein. Und dabei müssen sie Spuren hinterlassen haben, selbst wenn sie hier nur ein paar Kilogramm wiegen. In der extrem dünnen Atmosphäre sollten sie auch Monate später noch erkennbar sein. Das Lidar-System des Anzugs meldet etwas: ein Muster, das nicht auf natürliche Weise entstanden sein kann und sich vom Rover entfernt. Nick vergrößert die Darstellung. Es sind Abdrücke von Stiefeln. Zwei Personen müssen sie hinterlassen haben. Wo ist der dritte Mann? Nick startet den Rover und folgt damit der Spur. Sitzend kann er die Schmerzen ertragen. Er fürchtet sich bloß vor dem Moment, wo er wieder absteigen muss.

Die Spuren entfernen sich weiter und weiter von der Station. Sie verlaufen in Richtung der vom Rover gezogenen Linie. Warum haben die beiden Kosmonauten ihr Fahrzeug stehengelassen? Hat die Schleppe ihren Dienst versagt? Aber wieso haben sie die Sauerstoff-Quelle stehengelassen, die ihr Überleben garantiert? Sie müssen ein Ziel gehabt haben, das ihnen als sicherer Hafen erschien.

Nick wird schläfrig. Aber er darf nicht einnicken, denn das Gelände wird unebener. Er analysiert erneut die Spur. Anscheinend verändert sich die Länge der Schritte von Kilometer zu Kilometer. Zunächst liegen die Abdrücke noch mehr als einen Meter auseinander. Da sind die beiden fast über die Oberfläche geflogen. Doch dann schrumpft ihr Abstand. Sind den Russen hier die Kräfte ausgegangen? Er hält den Rover an, steigt ab und studiert einen der Abdrücke. Er stellt sich direkt daneben und misst die Tiefe. Seine eigenen Stiefelabdrücke sind deutlich flacher. Seine Vorgänger müssen etwas Schweres getragen haben. Vielleicht ihren Kollegen, den dritten Mann? Aber warum haben sie dann nicht den Rover benutzt? Es ist seltsam. Er steigt wieder auf und setzt seinen Weg fort.

Die Ebene fällt schon seit einiger Zeit ab. Inzwischen geht es mit etwa zehn Grad Gefälle nach unten. Nick befürchtet schon, dass der Rover bald ins Rutschen gerät. Die Vollgummireifen haben zwar ein ausgeprägtes Profil, aber keine Spikes. Vermutlich wird die Eisplatte, auf der er fährt, von einer Nachbarplatte nach unten gedrückt. Plattentektonik am äußersten Ende des Sonnensystems – die Geologen hätten ihre Freude. Nick hat noch nie so aus der Nähe gesehen, wozu die Anziehungskräfte eines nahen Himmelskörpers so fähig sind. Die Gezeiten auf der Erde muten dagegen läppisch an.

Der Rover warnt ihn vor dem nahenden Hindernis, bevor er es sieht. Kurze Zeit später stehen sie vor einer Wand, die noch höher scheint als die, die er bereits kletternd überwunden hat. Mit dem Rover hat er hier gar keine Chance. Haben die beiden Russen das gewusst und das Gefährt deshalb stehen lassen? Aber die Spuren wenden sich vor der Wand nach rechts. Seine Vorgänger haben nicht versucht, auf direktem Weg nach oben zu gelangen. Nick lenkt den Rover ebenfalls nach rechts und folgt weiter ihren Spuren.

Jetzt hat er die Antwort. In der Wand, etwa fünfzig Meter über ihm, gähnt ein schwarzes Loch. Es hat die Form eines flachen, liegenden Ovals und durchmisst etwa zwanzig Meter. Das Loch streckt ihm die Zunge heraus; die Rampe, die zu ihm führt, sieht jedenfalls so aus. Vielleicht ist oben irgendwann ein Asteroid eingeschlagen, und hier ist dann das Schmelzwasser herausgeflossen. Die Struktur sieht fast organisch aus. Die Zunge wellt sich sanft nach unten. Er versucht, den Rover nach oben zu steuern, aber er ahnt schon, dass das nicht klappen wird. Die Rampe ist zu steil. Bereits nach zehn Metern rutscht der Rover zurück.

Er muss absteigen. Dazu muss er die Beine weit spreizen. Er stöhnt auf, als sich die verkrustete Windel von der Innenseite seiner Oberschenkel löst. Aber der Schmerz macht ihn wach, und er beweist, dass er noch am Leben ist. Er muss und wird hier herauskommen und den Rückflug antreten. Nick klettert die Zunge empor. Nach drei Metern rutscht er aus und fällt. Dann kann er auch gleich auf den Knien nach oben kriechen. Schwer atmend kommt er in der

Öffnung an. Er blickt zum Rover zurück, der viel kleiner wirkt und ihn mit traurigen Scheinwerfer-Augen anzusehen scheint.

»Ich komme zu dir zurück, versprochen«, sagt er, aber niemand antwortet.

Er hat das verwunschene Reich der Eiskönigin gefunden. Sein Eingangstor muss wie der Mund der Höhle aussehen. Er schwenkt den Helmscheinwerfer hin und her. Wenn das hellgelbe, fast weiße Licht auf die Wände fällt, schimmern sie blau wie das Wasser der Tiefsee. Er nähert sich einer Wand. Sie scheint von glitzernden Tropfen besetzt zu sein, die sich ganz langsam nach unten bewegen. Dreht er den Kopf ein Stück weiter, scheint das Eis nachzuleuchten. Ist das ein realer Effekt oder eine Täuschung? Er kann es nicht beurteilen. Alles scheint möglich. Dieser Ort strahlt Magie aus.

Nick schüttelt den Kopf. Es ist nur eine Höhle tief im Eis. Er darf sich nicht verwirren lassen, auch wenn die Eiskönigin es darauf anlegt. Je tiefer er vordringt, desto höher wird der Luftdruck. Auch die Temperatur steigt leicht. Er lässt die Luft vom Raumanzug analysieren. Sie enthält fast nur Stickstoff und ein bisschen Methan. Das Methan wird es sein, das an den Wänden kondensiert wie Wasserdampf an irdischen Höhlenwänden. Die Flüssigkeit in den Tropfen bricht die Lichtstrahlen wie ein funkelndes Juwel. Alles hat seine Erklärung, auch die Magie dieses Ortes.

Jetzt ist er schon drei Stunden unterwegs. Nick sieht immer wieder auf die Uhr. Er darf den Zeitpunkt nicht verpassen, an dem er besser umkehren sollte. Aber noch verschwindet er tiefer und tiefer in der Höhle. Der Gang wird schmaler, dann wieder breiter. Es geht fast die ganze Zeit bergab. Er muss für den Rückweg mehr Zeit einplanen. Noch zwei Stunden, beschließt er. Wie tief mag er schon gekommen sein?

Der Anzug signalisiert einen leichten Wind, der aus der Tiefe kommt. Die warme Luft steigt nach oben, folgert er. Woher kommt die Wärme? Unter dem Eis, meinen die Forscher, könnte ein flüssiger Ozean stecken. Wenn der Gang nun plötzlich endet, wenn das Eis irgendwann so dünn wird, dass er durchbricht und in den Ozean stürzt? Doch die Schollen über dem Meer sollen 50 bis 100 Kilometer dick sein. So weit kann er noch gar nicht vorgedrungen sein.

Die Wärme, die der Neptun in seinen Mond knetet, dringt wohl auch durch das dickste Eis nach oben. Vielleicht ist die Höhle wirklich nach einem Asteroiden-Einschlag entstanden, aber sie ist deshalb nicht wieder zugefroren, weil die aufsteigenden Gase einen Abluftkanal brauchten? Der Luftdruck hat sich auf den letzten Kilometern verdoppelt. Er ist noch immer tausend Mal geringer als auf der Erde, aber der Methangehalt steigt. An den Wänden glitzern denn auch mehr falsche Diamanten als zuvor.

Nick nähert sich dem Eis und wischt die Oberfläche mit dem Handschuh glatt. Da starrt ihm eine riesige Qualle entgegen. Er zuckt zurück, da bewegt sich auch das Tier. Das Eis hat ihn hereingelegt. Er kommt wieder näher. Erst bewegt er den Kopf nach links, dann nach rechts, und jedes Mal bewegt sich auch die Qualle. Wenn er genau hinsieht, hat sie zwei Augen. Das ist kein im Eis eingeschlossenes Tier. Es ist sein Kopf. Mitten im Eis muss es eine Trennschicht geben, einen Bruch, der sein Antlitz wie ein Zerrspiegel wiedergibt. Er ist allein. Triton ist zu kalt für jegliches Leben.

DER GANG ÖFFNET SICH ZU EINER RIESIGEN HALLE. DER Helmscheinwerfer reicht nicht bis zu ihrem gegenüberliegenden Ende. Nick holt die Signalpistole aus der Werkzeugtasche und feuert sie ab. Eine rot glänzende Kugel zieht ihren Weg durch die dünne Luft. Durch die schwache Schwerkraft fliegt sie fast gerade, trifft deshalb die Decke, prallt ab und erlischt. Er schießt noch einmal; diesmal fast waagerecht nach vorn. Die Leuchtkugel fliegt weit. Er sieht auf die Uhr. Noch eine halbe Stunde. Das ist weniger, als er zum Durchqueren der Halle braucht. Also kann er auch gleich umdrehen.

Er feuert noch eine dritte Signalkugel ab, etwas versetzt zur Seite. Auch sie fliegt weit. Die Halle scheint einen fast kreisförmigen Grundriss zu besitzen. Aber was war das? Etwa in der Mitte sieht Nick etwas aufblitzen, nur kurz, aber deutlich. Es könnte ein Eisblock sein, der von der Decke herabgestürzt ist. Aber das Objekt war nicht transparent gewesen, sondern undurchsichtig. Es gehört nicht hierher. Er schießt seine vierte Signalkugel ab. Sechs Schuss hat er nur. Ja, da hinten ist etwas, das nicht hierher gehört. Wie groß mag die Entfernung sein? Hier unten ist das schwer zu schätzen. Wie schnell ist eine Signalkugel unterwegs? Er könnte eine fünfte abfeuern und die Sekunden zählen, aber er kennt ihre mittlere Geschwindigkeit nicht. Oscar wüsste bestimmt mehr.

Er kann doch jetzt nicht einfach umdrehen! Nick macht sich auf den Weg. Vielleicht ist dieses Ding da vorn ja genau das, was er sucht.

NACH 25 MINUTEN IST DAS OBJEKT IN REICHWEITE SEINES Helmscheinwerfers. Es besteht ganz sicher nicht aus Eis. Nick beeilt sich. Das Objekt ist etwa drei Meter groß und höchstens einen Meter hoch. Wäre er auf der Erde, würde er glauben, dass dort jemand ein paar Koffer abgestellt und mit einer grauen Plane bedeckt hat.

Tatsächlich besteht die Außenhaut aus grauem, mit Plastik beschichtetem Stoff. Nick kniet sich hin und betastet sie. Menschen haben sie hergestellt. Er ist nicht der erste hier. Die beiden Russen müssen das hier liegen lassen haben. Aber warum? Es wird immer rätselhafter. Die Plane erinnert ihn an eine Zeltplane. Sie ist nur ein bisschen steif geworden. Das liegt wohl an dem Methan, das von oben daraufgetropft und dann gefroren ist. Der Stoff selbst ist noch flexibel. Es muss ein Material sein, das für den Einsatz bei großer Kälte optimiert wurde. Die Zelte, in denen man unter Luftabschluss auf der Oberfläche eines fremden Planeten übernachten kann, bestehen aus solchem Material.

Irgendetwas liegt darunter. Es könnten zwei längliche Säcke sein. Ist es das, woran die beiden Männer so schwer getragen haben? Was mag sich darin befinden? Er zieht die Plane langsam zur Seite. Zuerst sieht er nur ein Stück Metall, dann folgt spiegelndes Glas. Er braucht einen Moment, um die wahre Natur des Objekts zu erkennen. Es ist ein Helm. Nick atmet schwer. Niemand kann hier unten seinen Helm einfach so absetzen. Was ist mit seinem Besitzer geschehen? Er will die Plane loslassen, denn sie wird ihm gleich die Antwort liefern, doch er darf nicht versagen. Er zieht gleichmäßig weiter. Unterhalb des Helms folgt ein rundes Objekt. Es ist oben behaart und unten nackt. Es ist der Kopf eines Menschen. Weiter links liegt unter der Plane ein weiterer Helm. Dann folgt rechts der Rest des Körpers, links ein zweiter Kopf.

Scheiße. Irgendetwas hat die Männer umgebracht. Ihre Haut ist weiß wie Wachs, künstliches Wachs, kein Bienenwachs. Er zieht weiter an der Plane. Beide tragen ähnliche Trainingsanzüge mit dem Logo der russischen Raumfahrtagentur. Und dann sind auch ihre Raumanzüge zu sehen. Warum haben sie sich nicht angezogen? Was hat sie umgebracht? Die beiden Toten liegen nicht im Zelt. Das Zelt ist als Plane über sie gebreitet. Selbst wenn sie sich entschieden hätten, sich durch Ablegen des Raumanzugs zu töten, muss jemand anders die Plane über sie gezogen haben, jemand, der sie vermutlich kannte und ihnen zumindest im Tod etwas Würde zurückgeben wollte. Oder dem ihre nackten Gesichter Gewissensbisse verursacht haben.

Er schluckt. An den Raumanzügen sind Sauerstoffbehälter befestigt. Er kann sofort zum Rover zurückrennen – oder er benutzt den restlichen Sauerstoff der Toten und untersucht sie weiter. Nick kniet sich neben den Anzug des rechten Mannes. Der Kanister enthält noch drei Viertel seines Inhalts. Das reicht für wenigstens sechs Stunden. Dann soll es eben so sein.

Er zieht die Plane ganz hinunter. Der linke Mann hat nackte Füße, der rechte trägt Socken. Der Anblick bringt Nick zum Weinen. Triton ist nicht nur für sämtliches Leben zu kalt, sogar für den Menschen, der sich für unbesiegbar hält. Die nackten Zehen des Mannes sind so verletzlich und so einsam, dass sein Mitleid mit ihm überläuft. Er nimmt sich vor, vor dem Sterben unbedingt Socken anzuziehen. So ein Bild will er niemandem von sich zumuten.

Was ist hier passiert? Die Augen der beiden Toten sind geöffnet. Ihre Temperatur unterscheidet sich nicht mehr von der Umgebung. Sie sind von der Kälte konserviert worden und werden wohl in 3000 Jahren noch so frisch aussehen wie heute. Verletzungen kann er nicht erkennen. Soll er einem die Sachen vom Leib schneiden, um Klarheit zu bekommen? Das schafft er nicht. Er will die Toten möglichst nicht berühren. Sie sollen ihre Ruhe haben und nicht unter seiner Neugier leiden.

Aber es ist mehr als Neugier, was ihn treibt. Wenn er selbst hier überleben will, muss er mehr wissen. Was die beiden hier umgebracht hat, könnte auch ihn töten. Und vielleicht wussten sie auch etwas über die Triton-Station. Es kann doch kein Zufall sein, dass er sie in dieser Höhle gefunden hat. Er greift nach der Plane. In den beiden Behältern ist genügend Luft, um das Zelt aufzublasen und eine Nacht hier zu verbringen. Er wird sich einen Platz ein paar Meter entfernt suchen.

Zuerst muss er den Einstieg in das Zelt finden. Da ist er! Er schiebt einen Sauerstoff-Behälter durch die Plastik-Schleuse und klettert selbst hinterher. Es ist, als würde er ein übermannsgroßes Kondom überstreifen. Er verschließt die Schleuse von innen mit einem Reißverschluss. Am Ende des Rückens landet Panik in seiner Wirbelsäule. Gleich wird er ersticken. Ganz ruhig, Nick. Er öffnet die Sauerstoffflasche. Langsam hebt sich die Zeltplane. Aber mehr geschieht nicht. Er kontrolliert den Stoff. Hinten, vorn, unten und an der Seite.

Jetzt hat er gefunden, was die beiden Männer umgebracht hat. An der Seite entdeckt er einen Riss. Die Zeltplane hat dort keine Naht.

Der Riss kann noch nicht existiert haben, als die beiden in das Zelt geklettert sind. Dann hätten sie es gar nicht aufblasen können. Sie waren schon ausgezogen, also muss das Zelt zunächst funktioniert haben. Er tastet den Riss ab. Er ist völlig gerade und etwa 30 Zentimeter lang. Selbst wenn die Männer ihn bemerkt hätten, hätten sie ihn kaum zuhalten können, nicht einmal zu zweit.

Er windet sich wieder aus der Plane heraus, um den Riss von außen zu untersuchen. Es ist kein Riss, sondern ein glatter Schnitt. Am Anfang ist ein größerer Einstich zu bemerken. Dann muss jemand ein Messer gerade zur Seite geführt haben, kurz über dem Boden des Zeltes, in einer Position, wo sich der Schnitt garantiert nicht von selbst verschließt.

Der Mörder musste dann nur abwarten. Wenn sie Glück hatten, sind die beiden im Schlaf gestorben. Ihre Lage deutet darauf hin. Ein Erstickungstod gehört zu den unangenehmsten Arten zu sterben. Danach hat der Mörder sie aber noch herausgezerrt und mit der Plane bedeckt. Vielleicht hat er auch eine Träne für sie vergossen. Mörder sind manchmal so. Hatten die beiden etwas, was ihr Mörder unbedingt brauchte? Hatten sie einen Plan, den er vereiteln wollte? Was hat dieser Tod mit der Triton-Station zu tun?

Gibt es überhaupt einen Zusammenhang? Vielleicht haben sich die drei Russen auch einfach nur gehasst. Auf so langen Weltraum-Reisen auf engem Raum ist alles möglich. Oder die beiden Toten waren ein Paar, und der dritte, der Mörder, war eifersüchtig? Möglich, aber der Zufall erscheint ihm dann doch zu groß. Der Plan muss doch gewesen sein, vor der Station zu landen, die KI zu reparieren und heimzufliegen. Aber vor der Station stand kein Landemodul aus russischer Herstellung. Da war nirgends eine Spur ihrer Vorgänger. Auch im Orbit hatten sie ja kein Mutterschiff entdeckt.

Nick durchwühlt die Sachen der Toten. Er ist anscheinend nicht der erste, oder beide waren sehr unordentlich. Unterwäsche, Proviant und Erinnerungen sind durcheinandergeworfen. Er findet nichts, was mit den offensichtlichen Schwierigkeiten zu tun hat. Aber er findet ein Medikit und ein Reparaturkit für das Zelt. Er überlegt, ob er es benutzen soll. Die Vorstellung, dort zu liegen, wo die beiden weißen Leichen zu Tode gekommen sind, lässt ihm Schauer über den Rücken laufen. Aber wann wird er sonst mal wieder die Möglichkeit haben, sich gründlich zu reinigen? Sein Körper braucht die Nacht im Zelt, vor der sich seine Seele fürchtet.

Eine Stunde später kann er tatsächlich den Helm abnehmen. Der üble Geruch, der ihn die ganze Zeit begleitet hat, löst sich auf, verschwindet aber nicht völlig, so groß ist das Volumen des Zelts dann doch nicht. In der geringeren Konzentration fällt er ihm eher noch stärker auf, weil er die Komponenten auseinanderhalten kann – Schweiß, Urin und Kot. Das Eis, das er mit ins Zelt genommen hat, taut langsam. Er zieht sich nackt aus und wäscht seinen ganzen Körper. Immer, wenn er dabei die Innenseiten seiner Gelenke berührt, muss er die Zähne zusammenbeißen. Er trägt eine schützende Creme aus dem Medikit auf und schlüpft schließlich in Unterwäsche, die er dem kleineren der beiden Toten weggenommen hat. Seine Windel und seine eigene, schmutzige Unterwäsche wickelt er in einen Plastiksack ein.

Dann ist endlich Zeit zum Essen. Er fühlt sich wie ein neuer Mensch. So gut hat das matschige Zeug aus dem selbstwärmenden Beutel lange nicht geschmeckt, das er aus dem Rover mitgenommen hat. Er schlingt die Pampe förmlich hinunter, und kurze Zeit später beschwert sich sein Körper darüber. Durchfall! Als ob er das jetzt auch noch gebraucht hätte. Er beseitigt die Spuren des Zwischenfalls so gut er kann, doch er kann nicht verhindern, dass die Luft im Zelt noch schlechter wird.

Ob er unter diesen Umständen schlafen kann? Was, wenn der Mörder wiederkommt und erneut das Zelt aufschlitzt? Aber das ist unmöglich. Er müsste mindestens drei Monate allein in der Höhle überlebt haben. Das schafft niemand. Nick legt sich hin und schließt die Augen.

18.5. 2082, Triton

Ein schrilles Pfeifen reißt Nick aus dem Schlaf. Das Geräusch warnt vor einem zu geringen Sauerstoffgehalt im Zelt. Ist der Mörder etwa doch wiedergekommen? Panisch sucht er nach dem Helm. Er schiebt ihn über den Kopf und schaltet die Helmlampe an. Dann greift er nach dem Druckmesser am Arm des Raumanzugs. Der Luftdruck ist stabil. Das Zelt ist nicht defekt. Er hat den Sauerstoff bloß verbraucht. Nick dreht die leere Flasche zu und öffnet die nächste. Dank der beiden Toten hat er genug davon. Glück gehabt. Er atmet tief durch. Eigentlich fühlt er sich erstaunlich erholt. Wahrscheinlich hat ihn der Gestank im Zelt vor Alpträumen bewahrt. Er sieht auf die Uhr. Acht Stunden Schlaf am Stück, wann hatte er das zuletzt?

Es ist Zeit, die Suche fortzusetzen. Was haben die Männer hier unten gewollt? Er cremt sich noch einmal ein. Dann gibt es Frühstück. Diesmal isst er langsamer. Er reinigt sein Gesicht und seine Zähne. Dann pinkelt er in den leeren Nahrungsbehälter. Das ist gar nicht so einfach, aber so bleibt die Windel ein bisschen länger trocken. Er zieht sich an. Windel, Thermo-Unterwäsche, LCVG, und schließlich der Raumanzug. Dabei lässt er sich Zeit. Es wird ein anstrengender Tag, denn er hat beschlossen, dem Weg der Russen weiter zu folgen. Sie sind nicht ohne Grund in diese Höhle gekommen. Sie haben bestimmt nur eine Zwischen-Übernachtung eingelegt und wollten dann weiter zu ihrem Ziel marschieren. Er setzt den Helm auf, prüft, ob er luftdicht verschlossen ist, und öffnet schließlich den Reißverschluss der Schleuse.

Um ihn herum ist es genauso dunkel wie gestern. Wüsste er nicht, dass er sich in einer Höhle befindet, würde es ihm nicht auffallen. Aber die Sterne fehlen am Himmel. Er feuert den fünften Schuss aus der Signalpistole ab. Kurz beleuchtet die rote Kugel das Ende der Halle in seiner Marschrichtung. Halle der Eiskönigin, so soll sie heißen. An ihrem Ende scheint es eine kleine Öffnung zu geben. Vermutlich geht der Weg dort weiter.

Soll er das Zelt mitnehmen? Er wickelt es zusammen, aber es wiegt selbst hier auf Triton gut zehn Kilogramm. Die beiden Männer haben wohl daran so schwer getragen. Sie müssen gewusst haben, dass sie die Strecke nicht an einem Tag schaffen. Aber wenn sie ausgerechnet hier eine Pause eingelegt haben, ist das Ziel vielleicht nur noch einen Tagesmarsch entfernt. Ergibt das Sinn? Nicht, wenn die beiden noch mehrmals übernachten wollten. Aber mit diesem Risiko muss er leben. Wenn er bis heute Abend nichts findet, muss er eben wieder umkehren. Das Zelt wird hier auf ihn warten. Die Aussicht, dann erneut bequem schlafen zu können, lässt ihn ganz beschwingt losmarschieren.

Was er im Schein der Signalkugel gesehen hat, war tatsächlich eine Fortsetzung des Weges. Der hier nur noch etwa drei Meter durchmessende Gang führt nach oben. Nick hat kein gutes Gefühl dabei. Wenn der Gang nun tatsächlich auf der Oberfläche endet? Warum sollten die beiden Russen einen Umweg durch die Höhle auf sich nehmen, um dann irgendwo auf der Oberfläche zu landen? Das ergibt für ihn keinen Sinn. Und woher kam dann der Wind, den er gestern gemessen hat?

Er kehrt um und läuft zur Halle der Eiskönigin zurück. Es muss einen zweiten Weg geben. Er bewegt sich an der Innenwand entlang. Nach einer halben Stunde findet er tatsächlich eine Öffnung. Sie ist allerdings nur etwa einen Meter hoch und etwas breiter als er selbst. Sollte das wirklich der Weg sein, den die beiden Toten gehen wollten? Kam ihr Mörder auch von hier? Er quetscht sich in den Gang. Von unten kommt verhältnismäßig warme Luft. Dort muss irgendetwas sein. Aber was? Nick rätselt, aber er hat nicht einmal die geringste Idee. Den Ozean kann er doch noch nicht erreicht haben?

Der Gang weitet sich wieder. Er führt immer tiefer in die Eiswelt. Wie viele Kilometer mögen schon über ihm liegen? Und wie aktiv ist Triton wirklich? Manchmal bildet er sich ein, das Eis knacken zu hören, aber das ist unmöglich. Die Luft ist immer noch viel zu dünn, um Schall zu seinem Außenmikrofon zu leiten. Er bleibt stehen und presst es an das Eis, doch es bleibt stumm. Er darf sich nicht verrücktmachen lassen. Vielleicht ist dem Mörder ja genau das passiert.

Doch dafür ist er dann wieder viel zu systematisch vorgegangen. Er muss die beiden Russen beobachtet haben, und erst, als sie sich zum Schlafen hingelegt hatten, schlug er zu. Wären sie durch Geräusche erwacht, hätten sie unter Umständen ihre Anzüge schnell genug überstreifen können. Es muss ein kaltblütiger, geplanter Mord gewesen sein. Was bringt einen Menschen dazu? Die drei sind ja vermutlich viele Monate gemeinsam in einem Schiff hierher unterwegs gewesen. Er könnte nicht einmal Oscar etwas derartiges antun. Und hat RB davon gewusst? Es wäre perfide, ihn so ins Messer laufen zu lassen. Das traut er nicht einmal Valentina Schostakowna zu.

Seine Uhr vibriert. Sie soll ihn warnen, wenn es Zeit zum Umkehren ist. In genau drei Stunden ist es so weit. Er kontrolliert den Luftdruck. Er hat sich im Vergleich zur Halle der Eiskönigin verdoppelt. Plötzlich dreht sich alles, und er liegt auf dem Rücken. Durch den Blick auf das Display hat er eine Stufe übersehen. In der niedrigen Schwerkraft läuft alles wie in Zeitlupe ab. Doch das heißt noch lange nicht, dass er den Sturz unter Kontrolle hätte. Er landet auf dem Rücken. Ein kurzer Schmerz, dann zieht es ihn nach unten. Er wird schneller und schneller, wie auf einer Rutsche. Kommt jetzt doch der Sturz in den Ozean unter dem Eis? Nick leuchtet nach vorn. Aber da ist nur das schwarze Rund der Höhle, die jetzt etwa 20 Grad Neigung hat. Hier wird er nie und nimmer nach oben klettern können. Er ergibt sich in seinen Sturz, und wie zum Dank dafür gibt ihn die Rutschbahn auch schon wieder frei. Sein Körper kommt zur Ruhe.

»Uff.«

Niemand antwortet, auch kein Echo. Das Fehlen von Luft und Schall macht das Leben hier automatisch falsch. Es ist, als stecke er in einer virtuellen Kulisse, in einer Welt, die von ihrem Erbauer nicht durchgängig fertiggestellt wurde. Aber das ist die Realität hier. Wenn er das nicht beachtet, stirbt er. Und das kommt gar nicht in Frage, denn seine Tochter braucht ihn. Dass er hier herauskommt, ist lediglich eine Frage des Wie, nicht des Ob.

Nick steht auf und sieht sich um und die Augen gehen ihm über. Vor ihm liegen hunderte, ja tausende Stalaktiten und Stalagmiten. Sie leuchten blau im Scheinwerferlicht, aber auch grün, orange oder lila. Sein Anzug sagt ihm, dass es hier unten 90 Kelvin warm ist. Das ist etwa die Schmelztemperatur von Methan. Das Gas bahnt sich flüssig seinen Weg durch dünne Spalten im Eis, tropft zu Boden und gefriert dort zu Stalagmiten. Gleichzeitig wachsen von oben Stalaktiten herunter, die ebenfalls aus gefrorenem Methan bestehen. Er berührt einen davon. Das Material ist weich, nicht so hart wie die Stalaktiten aus Kalk, die in Höhlen auf der Erde zu finden sind. Das ist sehr beruhigend, denn es hängen viele von der Decke herunter. Sollte einer abfallen und ihn treffen, wird er ihn nicht aufspießen, sondern nur wie Schlamm an ihm herunterlaufen, um sich durch die Wärme des Raumanzugs in Wasser und schließlich in Gas aufzulösen.

Aber er muss trotzdem aufpassen. Auf dem Boden gibt es nämlich Pfützen aus flüssigem Methan. Er kann nicht erkennen, wie tief sie sind. Fällt er in eine hinein, wird das Methan verdampfen und seinem Anzug dabei mehr Wärme entziehen, als er produzieren kann. Er wird bei lebendigem Leib gefrieren. Wenn er Maria kennenlernen will, muss er das unbedingt vermeiden.

Langsam bewegt er sich in der malerischen, aber todbringenden Höhle voran. Warum schillern die Gebilde in so unterschiedlichen Farben? Es muss etwas mit ihrer Zusammensetzung zu tun haben. Vielleicht bilden sich hier unten schon kompliziertere Moleküle aus, die das Licht in einem anderen Teil des Spektrums absorbieren als das blau erscheinende Methan. Hier unten gibt es so viel zu entdecken! Warum hat RB das nicht längst herausgefunden und Forscher aus aller Welt eingeladen? Der Konzern ist sonst durchaus bereit, Wissenschaftler bei ihrer Arbeit zu fördern. Vielleicht ist er aber auch der erste, der diese Schönheit zu sehen bekommt. Oder der vierte – auch seine Vorgänger werden vielleicht schon hier unten gewesen sein. Schade, dass Oscar nicht da ist. Er könnte alle Daten aufzeichnen. Das würde der Wissenschaft vermutlich mehr bringen als seine eigenen Beobachtungen.

Nick läuft um einen Stalaktiten herum, der doppelt so breit ist wie er selbst. Dann bleibt er ruckartig stehen. Vor ihm steht ein toter Mensch im Raumanzug. An seinem Oberarm befinden sich russische Hoheitsabzeichen.

Das muss der dritte Mann sein. Der Russe, der die anderen auf dem Gewissen hat. Der Mörder. Er hat seine Tat offenbar mit dem Leben bezahlt. Es war kein schöner Tod. Er muss aus Versehen in einen der Methan-Pools geraten sein, ist bis zur Hüfte darin versunken, konnte sich nicht befreien und ist dann zur Eissäule erstarrt.

Aber warum hält der Tote die Arme ausgebreitet wie Jesus am Kreuz? Wenn er selbst in so ein methangefülltes Loch fiele, würde er versuchen, sich mit den Händen herauszuziehen. Gelänge ihm das nicht, würde er unwillkürlich die Arme um sich legen, um sich zu wärmen, auch wenn das wegen des Raumanzugs sicher keinen Effekt hätte. Aber würde er sie ausbreiten und diese Stellung bis zum Tod beibehalten?

Hier stimmt etwas nicht. Nick tritt dicht an den Toten heran und drückt auf den rechten Arm. Der Körper ist hart wie Stein. Es ist unmöglich, dass jemand die Arme im Nachhinein zur Seite gedrückt hat. Der Mann muss sie selbst ausgebreitet haben. Wollte er damit für seine Untat büßen, wie Jesus am Kreuz? Oder ist seine Haltung als Warnung gedacht, für alle, die nach ihm kommen? »Bitte geht nicht weiter, hier wartet der Tod auf euch!«

Nick betrachtet die Hände des Toten. Die rechte ist offen, alle Finger sind gespreizt. Die linke Hand ist jedoch zur Faust geballt. Er untersucht sie. Auf den Fingern des Handschuhs hat sich eine dünne Schicht aus Eis abgesetzt. Er kratzt so lange daran, bis sie abplatzt. Da sieht er es: Um den Ansatz des Mittelfingers ist eine dünne Kette gewickelt. Was ist das, etwa Schmuck, an der Außenseite des Raumanzugs? Der Tote hält etwas in der Hand. Nick holt tief Luft.

»Tut mir leid, Kollege«, sagt er, ohne dem Toten ins Gesicht zu sehen. »Aber ich muss dich leider kurz stören.«

Er nimmt die Faust des Toten in seine eigenen Hände. Der Mann tut ihm leid. Wartet in Akademgorodok eine Familie auf ihn? Oder hat Valentina seine Frau und seine Kinder schon über seinen unerwarteten Tod informiert und die Familie mit Geld abgefunden? Allmählich erwärmt sich die Faust in seinen Händen. Zuerst lässt sich der Daumen bewegen. Er drückt ihn nach oben, erst ein kleines Stück, dann kommt ein Widerstand. Er drückt stärker. Etwas knackt im Handschuh, dann ist der Daumen frei.

Die anderen Finger brauchen noch etwas Wärme. Nick kontrolliert das Methanloch, in dem der Tote steht. Es ist klein und gut erkennbar. Der Russe hätte allenfalls im Dunkeln hineinfallen können. Er hat sich also vermutlich absichtlich hineingestellt. Nick bohrt den Zeigefinger in die Faust und bekommt den Zeigefinger des Toten zu fassen. Er biegt ihn nach oben. Auch diesmal knackt es auf halbem Weg. Es ist ein ekliges Geräusch. Dann ist der kleine Finger an der Reihe. Er will sich langsam vorarbeiten. Was immer der Mann da festhält, scheint zumindest für ihn wertvoll gewesen zu sein. Es darf nicht aus Versehen im Methan verlorengehen. Vielleicht ist es ein Medaillon, das ein Bild seiner Tochter enthält. Er wird es mit zur Erde nehmen und der Familie übergeben. Denn er wird nicht hier unten sterben, in dieser Höhle.

Der Ringfinger ist an der Reihe. Die Hand scheint nun schon

etwas durchgewärmt zu sein. Der Finger knackst trotzdem. Beim Hochbiegen spürt Nick unter dem Stoff des Handschuhs etwas Metallisches. Ein Ehering? Fehlt nur noch der Mittelfinger. Unter ihm ragt etwas Silbern-Metallisches hervor. Was es ist, ist nicht zu erkennen. Nick hält es mit der rechten Hand fest, während er den Finger mit der linken nach oben biegt. Es ist kein Medaillon. Der tote Russe hält einen Speicherstift in der Hand, wie er ihn verwendet hat, um Oscars Software zu übertragen. Der Chip hängt an einer dünnen Metallkette, die um den Ringfinger geschlungen ist. Nick versucht, sie abzustreifen, doch sie scheint sich fest mit der Oberfläche des Handschuhs verbunden zu haben. Mit einem kleinen Schraubenzieher aus der Werkzeugtasche hebelt er sie ab. Doch die Kette reißt. Der Speicherchip fällt dem Toten aus der Hand, aber Nick fängt ihn auf.

Was mag sich darauf befinden? Auf dem winzigen Chip ist fast unendlich viel Platz. Vielleicht hat der Mann die komplette Geschichte Tritons aufgezeichnet. Oder er hat eine Abschiedsbotschaft an seine Familie formuliert. Er wird es nicht erfahren, denn er braucht etwas, um die Informationen auszulesen. Hätte der Mann nicht einen Zettel schreiben können? Der Rover ist mehr als einen Tagesmarsch entfernt, und selbst dort hat er keinen Bildschirm. Er braucht Oscar, den er bestimmt erst in einer Woche wieder treffen wird.

Nick tritt einen Schritt zurück. Er sollte den Toten aus dieser unwürdigen Lage befreien. Sonst muss er die nächsten tausend Jahre mit ausgebreiteten Armen in der zugefrorenen Methanpfütze stehen, wie eine Vogelscheuche in der Geisterbahn, die Besucher erschrecken soll. Er stellt sich an die linke Seite und zieht kräftig am Arm des Russen. Er muss den Kraftverstärker bis auf das Maximum stellen, erst dann tut sich etwas. Gut, dass der Anzug so stabil ist. Einem nackten Menschen hätte er wohl längst den Arm herausgerissen. Der Tote lehnt sich in seine Richtung und löst sich schließlich aus dem Eis. Nick fasst unter seine ausgebreiteten Arme, zieht ihn rückwärts in eine Nische und lehnt ihn an die Wand. Der Tote liegt jedoch schräg da wie ein Brett, deshalb stützt er sich auf seinen Bauch, bis es knackt und er ihn durchbiegen kann. Dann schiebt er ihn an den Füßen näher zur Wand, bis er einigermaßen natürlich in der Ecke sitzt.

So ist es besser. Die Arme sind noch immer ausgebreitet, aber das wirkt nun eher so, als lehne der Mann lässig an der Wand. Er könnte während einer Ruhepause eingeschlafen sein. Nick weist die Anzugsteuerung an, ein Foto zu machen. Vielleicht fragt seine Familie danach. Es kann nie schaden, Beweise zu haben. Bei seiner Rückkehr muss er daran denken, die anderen beiden Toten auch zu fotografieren.

»Mach's gut, unbekannter Kollege«, sagt er. »Du hast anscheinend deine Freunde auf dem Gewissen, deshalb bin ich nicht unglücklich darüber, dir nie begegnet zu sein. Aber ich würde dir trotzdem einen Platz auf einem Friedhof in der Nähe deiner Familie wünschen. Ich kann dich nicht mit heimnehmen, aber wenn irgendwann jemand anders hierherkommen sollte, wird er dich finden und zurückbringen.«

»Danke, Nick«, sagt der Tote mit Nicks Stimme.

Er muss wirklich aufpassen, dass er nicht durchdreht.

Nick folgt dem Gang für drei Minuten, dann fällt ihm etwas ein. Der Russe hat doch sicher noch Atemluft übrig, Er kehrt um, kniet sich neben den Toten und prüft seinen Tank. Tatsächlich, das reicht für mindestens zehn Stunden. Er tauscht ihn gegen den eigenen. Als Nick wieder aufsteht, kommt ihm der Geschmack der Luft irgendwie abgestanden vor. Er kann sich nicht helfen, aber er glaubt, Leichenduft zu riechen. Dabei ist das unmöglich. Der Sauerstoff aus dem Tank ist noch durch keine andere Lunge geflossen, jedenfalls nachdem er auf der Erde hineingefüllt wurde.

Er speichert den Fundort der Leiche und bewegt sich weiter nach unten. In spätestens viereinhalb Stunden wird er umkehren, hier seinen alten Tank wieder aufnehmen und dann zum Zelt zurückmarschieren. Der weite Weg macht ihm keine Angst. Nur das Losgehen ist beschwerlich, aber wenn er erst einmal in Bewegung ist, könnte er hundert Kilometer am Stück laufen. Er versinkt dann fast in einer Art Trance.

Nach etwa einer Stunde verlässt er das Gebiet der Tropfsteine. Es ist nun wohl zu warm dafür. Das Thermometer zeigt 102 Kelvin, minus 171 Grad Celsius. Ohne seinen Anzug würde er immer noch erfrieren. Aber das Methan fließt nun in kleinen Bächen die Wände herunter und über den Fußboden. Dass Triton so viel davon beherbergt, war bisher nicht bekannt.

Die Wände wirken im Licht seines Scheinwerfers nun dunkelblau. Manchmal sieht es aus, als wären sie von einem hellen Algen- oder Pilzteppich bewachsen, aber wenn er die Stellen untersucht, findet er kleine Kristalle aus Stickstoffverbindungen. Die Höhle verengt und weitet sich immer wieder, doch sie schrumpft nie über ein Mindestmaß von etwa zwei mal drei Metern hinaus. An solchen Engstellen wirkt sie, als hätte hier jemand künstlich eine Bresche geschlagen, zumal der Querschnitt an ein stehendes Rechteck erinnert. Kann so etwas auf natürliche Weise entstehen? Er betastet die Wände, doch es sind keine Strukturen zu bemerken. Vermutlich hat das herunterlaufende Methan alles geglättet.

Die Zehn-Kilometer-Marke erreicht er nach zweieinhalb Stunden. Nick setzt sich für eine kurze Pause auf den Boden, merkt aber sofort, dass das ein Fehler war. Im Sitzen schiebt sich die Windel so in seinen Schritt, dass sie auf die entzündeten Stellen drückt. Er saugt etwas Flüssigkeit aus dem Halm in seinem Helm. Wie tief mag er inzwischen sein? Er dürfte etwa siebzig Kilometer zurückgelegt haben. Aber die Steigung lag stets nur bei einigen Prozent. Deshalb muss er der Oberfläche noch weit näher sein als dem Ozean unter dem Eis. Das ist sehr beruhigend.

Er erhebt sich wieder. Der Schmerz ist höllisch, aber er vergeht beim Laufen. Nick pfeift eine Melodie, damit er sich nicht so allein fühlt. Dann scheint der Gang plötzlich zu Ende zu sein. Der Scheinwerfer zeigt ihm eine blaue Wand, die den Weg blockiert. Erst kurz davor bemerkt er, dass die Höhle sich um ziemlich genau neunzig Grad nach links wendet. So etwas kann nicht auf natürliche Weise entstanden sein! Gespannt folgt er dem Gang. Plötzlich hört sein Weg auf. Diesmal ist kein Irrtum möglich, denn er steht vor einem riesigen Tor aus Metall.

Das war also das Ziel der Russen. Haben sie gewusst, wonach sie suchen? Was ist hier wirklich passiert? Wenn er doch bloß den Speicherstick auslesen könnte! Hat RB hier unten etwas gebaut, von dem niemand etwas wissen soll? Und was hat das mit der KI der Triton-Station zu tun? Oder sind das zwei unabhängige Stränge? Sollte er besser all das hier unten ignorieren, die KI wieder aktivieren und nach Hause fliegen?

Nein, das geht nicht. Er kann die Eva nicht erreichen. Die drei Russen müssen auch irgendwie hier gelandet sein. Vielleicht kann er ihr Raumschiff benutzen. Aber um selbst am Leben zu bleiben, wird er herausfinden müssen, was die drei umgebracht hat. Eigentlich will er das ja gar nicht wissen, denn was drei Menschen tötet, könnte auch für ihn gefährlich sein. Aber seiner Tochter zuliebe muss er die Angst herunterschlucken.

Er tastet das Tor ab. Es ist schmierig; das kommt von dem

Methan, das aus dem Eis über ihm hinabläuft. Das Metall selbst scheint massiv zu sein. Er findet keine Schweißnähte. Das Tor ist wohl aus einem Stück gefertigt. Wo lässt es sich öffnen? Es gibt kein Schlüsselloch. Könnte es nicht einfach wie in einem guten Abenteuerroman ablaufen? Der Held entdeckt ein paar Symbole auf dem Tor, bringt sie in die richtige Reihenfolge, die er sich heldenhaft aus anderen Symbolen erschließt, und schwups, schiebt sich das Tor zur Seite.

Aber hier gibt es kein Puzzle. Es gibt wohl noch nicht mal einen Schlüssel. Wozu auch? Der Mechanismus wird über Funk ansprechbar sein. Mit einer ordentlichen Verschlüsselung ausgestattet ist die Tür für jeden Unbefugten unüberwindbar, und wer hineindarf, braucht keinen Schlüssel mitzuführen. Er untersucht das Tor noch einmal.

An der linken Seite fällt ihm etwas auf. Etwa in Brusthöhe scheint jemand gemeißelt zu haben. Das Tor zeigt davon zwar keine Spuren, aber von der Eiskante ist etwas abgebrochen. Dahinter setzt sich das Material fort. Nick holt Schraubenzieher und Hammer aus der Werkzeugtasche und vergrößert das Loch im Eis. Das hatte er schon vermutet: Das Tor ist deutlich größer als der Ausschnitt, den er sieht. Es ist nicht möglich, einen Weg herum zu graben. Das Tor ist überhaupt kein Tor, es ist die Außenwand einer viel größeren Struktur. Die Russen müssen sie gefunden haben. Sie haben eine vorhandene Höhle genutzt, um sich ihr zu nähern, aber einen Eingang haben sie nicht entdeckt. Dann muss es aus irgendeinem Grund zu Streit gekommen sein.

Das klingt plausibel. Aber es bedeutet auch etwas, das er sich nur ungern eingesteht, weil es alles noch komplizierter macht: Die Wand beziehungsweise die komplette Struktur im Eis wurde nicht von Menschen gebaut, sondern von irgendjemand anderem.

»Von Außerirdischen.«

Er zwingt sich, es laut auszusprechen. Sein Pulsschlag beschleunigt sich. Aber eigentlich muss er sich doch gar nicht so darüber aufregen. Triton ist Teil des Sonnensystems, seit es die Menschheit gibt, und viel länger. Der Mond ist nie großartig aufgefallen außer durch die Tatsache, dass er verhältnismäßig groß ist. Er mag ein paar andere Neptun-Monde auf dem Gewissen haben, doch ansonsten hat er keinerlei Schaden verursacht. Triton ist zwar durch seine Nähe zu Neptun geologisch aktiv, aber mehr Aktivität gibt es nicht. Er klopft heftig gegen das Metall. Hier ist bestimmt niemand mehr zu Hause, redet er sich ein. Vor langer Zeit, als es noch nicht einmal Menschen gab, hat eine vorbeireisende Zivilisation hier vielleicht ein Depot angelegt, das aber seitdem keinen Besuch mehr bekommen hat. Wo ist das Problem?

Das Problem ist der Mensch. Wäre es möglich, dass die drei Russen versucht haben, als eine Art Schatzsucher die vermuteten Hinterlassenschaften der Außerirdischen auf eigene Rechnung zu bergen? Dann kam es zum Streit, der sich zu einem handfesten Konflikt auswuchs, und schon waren alle drei tot.

Die Theorie ist plausibel, auch wenn er den genauen Ablauf nicht kennt. Aber welche Rolle spielt die Triton-Station dabei? Vielleicht gibt es ja gar keinen Zusammenhang. Er hat das auf dem Weg hierher immer wieder vermutet, um es dann doch jedes Mal zu verwerfen. Nick kann sich nicht entscheiden. Zwei mysteriöse Vorgänge, die nichts miteinander zu tun haben, das ist ihm einfach zu viel Zufall. Aber der menschliche Geist ist auch zu oft geneigt, Zusammenhänge zu sehen, wo es keine gibt. Wäre Oscar jetzt hier, könnte er ihm bestimmt Wahrscheinlichkeiten für beide Szenarien ausrechnen.

Das ist die Antwort. Hier unten kommt er nicht weiter. Seine Vorgänger haben schon versucht, die Wand zu umgehen, und sie waren offensichtlich nicht erfolgreich. Mit dem bisschen Sauerstoff, den er noch hat, braucht er es gar nicht zu versuchen. Er muss sich auf den Rückweg machen. Die Lösung wird er nur zusammen mit dem Roboter finden. Und spätestens dann kommt auch die Triton-Station ins Spiel: Sie muss ihnen Unterschlupf gewähren, bis sie eine Mitfahrgelegenheit für die Rückreise in den Orbit gefunden haben.

Nick streicht ein letztes Mal mit der Hand über die Wand. Da fällt ihm ein, dass er sie noch gar nicht analysiert hat. Er zielt mit dem Laser-Spektrometer darauf. Der Strahl verdampft ein paar Atome, misst das ausgestrahlte Licht und das Gerät stellt fest, dass er eine ziemlich gewöhnliche Stahl-Legierung vor sich hat. Dazu passt auch die elektrische Leitfähigkeit des Materials. Gut, dass er das gemessen hat. Aliens, die mit Stahl bauen, sind ihm viel lieber als solche, die irgendwelche exotischen Materialien einsetzen. Er klopft gegen die Tür, und der Anzug misst die Schall-Leitung. Das Ergebnis ist interessant. Nick betrachtet es auf dem winzigen Schirm am Handgelenk. Das Material muss etwa dreißig Zentimeter dick sein. Dahinter befindet sich kein Eis, sondern ein Hohlraum.

19.5. 2082, Triton

Das Navigationssystem des Anzugs führt ihn auf dem kürzesten Weg in die Halle der Eiskönigin. Das Zelt befindet sich noch an Ort und Stelle. Nick ist so müde, dass er einschläft, während er noch mit der Körperhygiene beschäftigt ist.

Er wacht ein paar Stunden später wieder auf, weil er friert. Der Raumanzug hat die Heizleistung verringert, weil er um die Kapazität seiner Akkus fürchtet. Nick flucht. Er hätte vorher daran denken sollen. Dann hätte er das Zelt mit den Akkus der beiden Toten heizen können. Aber es lohnt nicht, sich jetzt anzuziehen, das Zelt zu verlassen, einen anderen Anzug anzuschließen, um danach noch ein paar Stunden zu schlafen. Er cremt sich noch einmal gründlich ein, isst etwas, pinkelt in einen Beutel, legt eine frische Windel an und quält sich dann in LCVG und Raumanzug. Auf der Erde ist so ein Campingausflug doch deutlich bequemer als hier.

Als er den Kopf aus der Plastikluke steckt, sieht draußen alles aus wie vorher. Nick ist enttäuscht. Er könnte nicht einmal sagen, was er erwartet hat. Neuer Tag, neues Glück? Es hat sich so gar nichts verändert. Auch seine Gelenke schmerzen noch an den gleichen Stellen wie vorher. Immer, wenn er sie bewegt, scheint irgendwo eine Kruste aus getrocknetem Blut und salzigem Schweiß abzuplatzen. Nach zwanzig Minuten Marsch ist sein Körper erneut eine einzige offene Wunde. Er ist ein Mann ohne Haut, eine lebende Leiche, die sich an ihr Ziel schleppt.

Aber das ist alles nicht schlimm. Hauptsache, er lebt. Er muss leben, er hat gar keine andere Wahl, denn Maria wartet auf ihn, und er will sie nicht enttäuschen. Um die Eva im Orbit zu erreichen, muss er sich eben notfalls das Fliegen beibringen.

20.5. 2082, Triton

Die Welt liegt im Zwielicht. Eine ferne Sonne versteckt die Landschaft mehr vor seinen Augen, als dass sie sie beleuchtet. Instinktiv legt Nick trotzdem die Hand schützend an den Helm und schirmt so seinen Blick ab. Er hat den Anfang der Höhle wieder erreicht. Dort unten muss der Rover auf ihn warten. Es wird auch Zeit, denn der Sauerstoff reicht nur noch für 90 Minuten. Er würde sich jetzt gern auf den Fahrersitz setzen und von der Maschine gemütlich zur Triton-Basis schaukeln lassen. Es muss einen direkten Weg geben, sonst hätten die Russen ja mit dem Rover gar nicht hierher kommen können. Vorausgesetzt natürlich, dass sie von der Station aus losgefahren sind. Aber sie hatten sicher wie er den Auftrag, dort nach dem Rechten zu sehen.

Danach haben sie dann vielleicht nach der außerirdischen Struktur gesucht. Sie müssen sie aus dem Orbit geortet haben. Mit Gravitationsmessungen müsste das möglich sein. Das Artefakt hat sicher eine andere Dichte als das Eis, das es umgibt. Wie ging es dann weiter? Das wird ihm wohl der Speicherstift verraten. Er muss schnellstens zu Oscar.

Wo ist der Rover? Genau dort, hinter der Zunge, müsste er stehen. Aber er ist nicht mehr da. Es ist kein Irrtum möglich. An der Helm-Innenseite wird ihm, überlagert mit der Wirklichkeit, genau angezeigt, wo der Rover stehen müsste. Er rennt die Zunge hinunter, stolpert, rutscht, rappelt sich auf und erreicht die Stelle. Die Spuren des Rovers sind klar und deutlich zu erkennen. Sie führen nach Osten weiter. Nick atmet schwer. Hat sich das Ding von allein fortbewegt, oder hat es jemand gekapert? Aber nicht mit ihm! Er folgt den

Spuren. Sie führen um einen Hügel herum – und da steht das Gefährt auch schon. Gerade hebt sich der Kranarm und befördert Tritoneis in den Sauerstofferzeuger.

Nick rennt auf das Gerät zu. Er muss schnell sein, sonst fährt es ihm wieder davon. Der Rover ist seine letzte Verbindung zur Zivilisation. Mit einem letzten großen Sprung hechtet er auf das Gefährt und landet in der Radioantenne, einer großen Schüssel auf der Ladefläche, deren Öffnung nach oben zeigt. Der Rover wackelt ein bisschen, aber nur sein eigener Atem ist zu hören.

»Hallo Nick, das ist aber ein stürmischer Empfang.«

Es ist Oscar. Ein Stein fällt ihm vom Herzen. Er sackt in der Antenne zusammen.

»Ich … das war nicht nett, den Rover wegzufahren«, presst er heraus. »Ich wäre vor Schreck fast gestorben.«

»Hier hinten kann er effizienter Eis ernten. Ich bin davon ausgegangen, dass es logisch ist, dass nur ich den Rover wegbewegt haben kann. Außer uns gibt es doch niemanden auf diesem Mond.«

»Da irrst du dich. Ich bin drei russischen Kosmonauten begegnet.«

»Warum hast du sie nicht mitgebracht? Sie können uns bestimmt ein paar Fragen beantworten.«

»Sie waren mir zu schwer.«

»Zu schwer?«

»Sie sind tot, Oscar. Alle drei. Von denen antwortet uns niemand mehr.«

»Das ist nicht logisch. Sie hatten einen Rover und ein Landemodul und beide waren mit ausreichenden Ressourcen ausgestattet, um hier ein paar Jahre zu überleben.«

»Sie haben sich gegenseitig umgebracht. Das heißt, einer hat die beiden anderen getötet und dann sich selbst.«

»Das ist erst recht nicht logisch. Warum sollten sie das tun? Hat ihr Überlebensinstinkt versagt?«

Nick greift in die Werkzeugtasche, in der er den Speicherstift verstaut hat. Er findet einen Schraubenzieher, eine Zange, einen Schreibstift, eine Drahtschere und Panzertape, aber keinen Chip. Mist. Er kann ihn doch nicht verloren haben! Er sucht noch einmal. Ah, da ist er! Er hält den Stick triumphierend hoch.

»Das könnte uns ein paar Fragen beantworten«, sagt er.

»Was ist das?«

»Der Russe, der seine Kollegen umgebracht hat, hielt diesen Speicherstift in der Hand. Er müsste in deinen Slot passen.«

»Dann komm runter, und wir probieren es aus.«

»Ich … kann nicht. Ich bin zu schlapp.«

»Dann ruh dich aus.«

»Ja, nur einen Moment, Oscar.«

Er ist so müde. Aber zum Schlafen ist es zu früh. Spätestens in einer Stunde muss er sowieso Sauerstoff nachfüllen. Er bewegt seine Arme und Beine. Die Schmerzen sind gerade auszuhalten. Wenn er müde genug ist, gibt der Körper die Schmerzen anscheinend nicht wie sonst an das Gehirn weiter. Oder sein Gehirn verarbeitet die Reize einfach nicht mehr.

Eine stählerne Hand nähert sich. Er zögert zunächst, aber dann drückt er Oscar den Stick doch in die Finger. Wenn der Chip herunterfällt, muss er ihn eben wieder aufheben. Die Technik ist robust genug. Die Hand zieht sich wieder zurück.

»Interessant«, sagt Oscar.

»Was?«

»Der Speicher passt.«

»Ah, aber das war doch wohl klar?«

»Nein, den Interface-Standard hat RB selbst entwickelt und erst vor drei Jahren offiziell vorgestellt. Das war nach dem Start unserer Vorgänger.«

»Dann hatten sie die Beta-Version eben aus einem Labor.«

»Das wollte ich sagen. Der Mann, der den Speicher hatte, muss ein hochrangiger Forscher gewesen sein. Es ist unlogisch, dass sie einen so gut bezahlten Mann für vier Jahre auf eine Reise schicken. Mal ehrlich, auf so ein Abenteuer schickt man doch nur jemanden, auf den man gut verzichten kann.«

»Ähm, Oscar, was sagst du da über mich?«

»Auf dich konnte die Menschheit gut verzichten. Du hattest keinen Job, keine Familie, keine Zukunft, du warst der ideale Kandidat.«

»Danke. Aber was ist nun mit dem Inhalt des Speichers?«

»Ich bin noch dabei, ihn zu entschlüsseln.«

»Wie lange wird das dauern?«

»Ich rechne mit etwas über acht Stunden.«

»Wie bitte? Können wir uns dann nicht schon auf den Weg zur Station machen?«

»Nein, Nick. Ich brauche die gesamte Energie, die der Rover mir liefern kann. Sonst dauert es noch länger.«

»Ich brauche auch einen Teil der Energie, um Sauerstoff herzustellen.«

»Daran habe ich schon gedacht, Nick. Der Vorratsbehälter sollte fast voll sein. Du musst deinen Tank nur kurz anschließen.«

»Hast du denn etwas über die Station herausgefunden?«

»Nein, ich bin auf direktem Weg zu dir gekommen. Ich hatte die

Befürchtung, dass du nicht allein zurechtkommen würdest. Menschen sind doch ziemlich fragil.«

»Ich finde Menschen sehr zäh. Und wie hast du mich gefunden?«

»Ich habe einen Weg gefunden, mit dem Schiff Kontakt aufzunehmen.«

»Oh, können wir wieder mit der Erde sprechen?«

Das wäre ja großartig. Er hätte so gern wieder eine Nachricht von Rosie. Und noch lieber würde er ihr mitteilen, dass er lebt. Sie macht sich bestimmt schon mächtige Sorgen.

»Das leider nicht. Ich habe Muster auf das Eis gemalt, die das Schiff optisch von oben erkennen kann.«

»Und wie hat das Schiff geantwortet?«

»Es hat rhythmisch mit den DFDs gefeuert. Das kann ich von unten aus erkennen.«

»Die Schiffsteuerung scheint ziemlich klug zu sein. Konnte sie das früher auch schon?«

»Nein, das habe ich programmiert. Es ist spannend, ein Wesen nach dem eigenen Vorbild zu formen. Ich weiß nun, warum du so anders geworden bist, seit du wusstest, dass du Vater wirst.«

»Schön, dass du mich verstehst.«

»Finde ich auch. Das Schiff hat mir mitgeteilt, dass es einen Rover gesehen hat, der sich erratisch auf eine Eiswand zubewegt hat. Das konntest nur du sein.«

»Also bitte, nichts gegen meine Fahrkünste.«

»Das Schiff hat aus dem Orbit noch etwas anderes entdeckt, und das wird dich sehr freuen. Mitten im Eis, etwa 80 Kilometer von der Triton-Station entfernt, ist ein Landemodul geparkt. Von oben scheint es funktionsfähig zu sein, so weit man das aus dieser Entfernung beurteilen kann. Ich habe die Bilder nicht selbst gesehen, dafür reicht die Übertragungskapazität unseres Kommunikationskanals nicht.«

»Das ist ja eine großartige Nachricht. Wir müssen uns das unbedingt ansehen. Damit sind wohl die drei Russen gelandet. Und wo ist das Schiff, das sie von der Erde hierher transportiert hat? Es muss ja irgendwo hier im Orbit sein.«

»So ein Schiff gab es mal.«

»Bitte um Erläuterung.«

»Die Eva hat eine Trümmerlandschaft gefunden, die etwa 300 Kilometer von der Station entfernt ist.«

»Du meinst, die Station hat das Schiff der Russen abgeschossen, als sie schon mit der Landekapsel zur Oberfläche unterwegs waren?«

»Es sieht so aus, Nick.«

»Aber warum hat sie dann unser Schiff verschont und dafür die

Kapsel mit uns beiden abgeschossen? Wir hätten ja draufgehen können.«

»Ich nicht, aber du, ja. Ich denke, das war Absicht. Das Vorgehen, das Schiff im Orbit aus dem Weg zu räumen und die Menschen zu verschonen, hat wohl nicht die Ergebnisse gebracht, die sich die Station gewünscht hat. Deshalb hat sie beim zweiten Mal ihre Vorgehensweise geändert. Das hätte ich auch so gemacht.«

»Du hättest mich abgeschossen?«

»Ich hätte meine Strategie an die Erfordernisse angepasst. Offenbar muss man Menschen abschießen, um sie unschädlich zu machen. Ihnen den Weg nach Hause zu versperren, hat zumindest bei unseren Vorgängern nicht genügt.«

»Aber warum musste uns denn die Station unschädlich machen?«

»Ich weiß es nicht, Nick. Aber ich bin mir sicher, dass sie ihre Gründe hat. Wir sollten dringend mit ihr sprechen. Vermutlich sind es die gleichen Gründe, die die Kosmonauten dazu gebracht haben, sich gegenseitig umzubringen.«

»Die Außerirdischen also.«

»Wie bitte? Mir scheint, du hast mir eine wichtige Information vorenthalten.«

Oscar bewegt den mittleren seiner Finger in seiner Sichtweite hin und her. Nick beschreibt ihm, worauf er am Ende der Höhle gestoßen ist.

»Ich teile deine Diagnose«, sagt Oscar schließlich. »Diese Wand aus Metall ist ganz sicher nicht menschlicher Herkunft. Das Objekt, das sie umschließen muss, ist viel zu groß. Der RB-Konzern kann es unmöglich heimlich hierhergebracht haben.«

»Schön, dass du mir zustimmst.«

»Ich habe festgestellt, dass du positiv darauf reagierst.«

21.5. 2082, Triton

Nicks Magen knurrt. Er hat seit der letzten Nacht im Zelt nichts gegessen. Sie könnten schon längst unterwegs zur Station sein. Aber stattdessen sitzen sie hier dumm herum und müssen warten, bis Oscar den Speicher endlich entschlüsselt hat.

»Oh, du bist wach?«, fragt Oscar.

»Der Hunger lässt mich nicht schlafen.«

»Aber dein Flüssigkeitsvorrat ist noch nicht aufgebraucht?«

»Nein, Wasser habe ich noch genug. Konntest du nun herausfinden, was der Tote auf den Speicherstift geladen hat?«

»Natürlich. Ich habe die Entschlüsselung vor einer halben Stunde abgeschlossen.«

»Und warum sagst du nichts?«

»Ich wollte dich nicht wecken, Nick.«

»Ich hätte es vorgezogen, geweckt zu werden. Aber da wir das nun geklärt haben – was ist auf dem Stick?«

»Sofort.«

Oscar klappt seinen Arm ein. Nick lehnt sich über den Rand der Antenne hinaus. Es sieht aus, als würde der Roboter sich am Bauchnabel kratzen.

»Einen Moment«, sagt Oscar.

Er wackelt noch einmal an dem Speichermodul. Dann zieht er es heraus und steckt es wieder ein.

»Die Kontakte sind etwas korrodiert«, kommentiert er. »Ah, jetzt sehe ich etwas. Das ist interessant. Schade, dass wir keinen Bildschirm haben, auf dem ich es dir zeigen könnte.«

»Dann musst du mir den Inhalt eben beschreiben.«

»Dein Gehirn arbeitet so langsam, wenn du Inhalte akustisch aufnehmen musst. Wenn wir noch länger gemeinsam unterwegs sind, würde ich dir gern einen direkten Zugang legen.«

»Nein, danke. Nun sag schon, was hat der Tote uns hinterlassen?«

»Es ist eine Art Tagebuch. Soll ich es chronologisch vortragen oder soll ich die wichtigsten Fakten exzerpieren?«

»Chronologisch.«

Oscar seufzt. Jetzt fängt der Roboter auch noch an, seine Gewohnheiten zu imitieren!

19.2. 2080, Triton

Witali hat die Otlitschny vom Himmel fallen sehen. Er hatte sie auf dem Bildschirm, während ich mit geschlossenen Augen auf meinem Sitz lag und versuchte, an Mascha zu denken. Ich erinnere mich noch genau an seine Worte. »Irgendwer hat unser Schiff abgeschossen«, sagte er. Ich habe ihm nicht geglaubt, und Oleg lachte über seinen Witz, wie er immer über alles lachte, ob es nun lustig, traurig, skurril oder zum Kotzen war.

Aber dann führte uns Witali die Aufzeichnung vor, und da mussten wir ihm glauben. Es war, als würde die Hand Gottes die Otlitschny in zwei, drei, vier, fünf Teile schneiden. Aus dem Nichts bildete sich ein glühender Riss, und was vorher verbunden war, war nun getrennt.

»So sieht ein Laserstrahl aus, wenn er im All abgefeuert wird«, sagte Witali. Diesmal glaubten wir ihm sofort. Oleg schlug dann vor, den Kurs zu ändern, und niemand widersprach. Es war klar, wer den Schuss abgefeuert haben musste. Trotzdem rechneten wir später nach. Die Station hat ohne Vorwarnung auf uns gefeuert. Warum hat uns vor dem Abflug niemand gewarnt? Hat der Konzern wirklich nichts geahnt? Über diese Fragen diskutierten wir uns fast zu Tode. Ich hasse solche sinnlosen Erörterungen. Dann landeten wir und machten uns auf den Weg.

Noch am selben Tag erreichten wir die Station. Ihre KI weigerte sich, mit uns zu sprechen. Aber gegen einen Schneidbrenner konnte sie nichts ausrichten. Wir öffneten die Schleuse mit Gewalt. Dann untersuchte Oleg, unser IT-Spezialist, ihren Speicher und fand das riesige, im Eispanzer des Triton fest eingeschlossene Ding. Die Stations-KI äußerte sich immer noch nicht dazu, aber das musste der Grund sein, warum sie uns abgeschossen hatte. Vielleicht wollte sie es nicht mit uns teilen. Das war unsere Vermutung. Wir waren so dumm. KIs, erklärte uns Oleg, hätten manchmal Motivationen, die der Mensch nicht verstehen könne. Sie würden nach Daten geradezu gieren, deshalb müsste ein außerirdisches Bauwerk den Inbegriff des Paradieses für sie darstellen. Wir glaubten ihm. Ich reparierte die Schleuse notdürftig. Sie besitzt jetzt ein Codeschloss; der Schlüssel heißt MIP.

20.2. 2080, Triton

Draußen versuchte ein pathetischer, kleiner Roboter uns aufzuhalten. Er sah aus wie ein Putzmodell, besaß aber zusätzlich einen Greifarm. Offenbar besitzt die Stations-KI Außeneinheiten. Auch darüber hatte man uns nicht informiert. Witali zertrümmerte ihn eigenhändig mit seinem Hammer.

Danach begann der Streit. Oleg war total sauer, dass Witali den Roboter zerstört hatte. Er versuchte noch, sein Gedächtnis auszulesen, aber Witali hatte gründlich gearbeitet, wie es eben seine Art ist. Ich war dafür, zunächst die Erde zu informieren. Da uns kein Langstrecken-Funk zur Verfügung stand, blieb uns nur ein optisches Signal. Ich war sicher, dass der Konzern versuchen würde, nach unserem Verschwinden Triton von einem der neuesten optischen Teleskope beobachten zu lassen. Wenn es uns gelänge, ein genügend großes Zeichen herzustellen, würden sie uns Hilfe schicken.

Witali gefiel die Idee nicht, aber Oleg unterstützte mich. Er hat eine junge Frau und ein kleines Kind, die auf ihn warten. Witali und ich haben nur das Kosmonauten-Corps. Jedenfalls rüsteten wir einen alten Rover mit einer elektrisch heizbaren Schleppe aus und zogen damit eine Linie. Witali erkundete währenddessen die Umgebung. Und dabei fand er die Höhle. Wir kamen nie dazu, darüber zu sprechen, wie er das geschafft hat. Ich vermute, dass er einfach den Spuren des Roboters gefolgt war. Bestimmt hatte die Stations-KI diese Entdeckung schon vor uns gemacht, sonst hätte sie nicht so aggressiv auf uns reagiert. Oder wollte sie uns daran hindern, die Höhle zu betreten? Ich hätte gern mit ihr gesprochen.

Wir übernachteten dann im Zelt neben dem Rover. Witali ließ sich nicht blicken, bis wir eingeschlafen waren.

21.2. 2080, Triton

Witali kam nach dem Frühstück. Ich verschüttete vor Schreck meinen schönen Kaffee, als er an die Außenwand des Zeltes klopfte. Dabei habe ich nur noch drei Portionen von dem löslichen Kaffee. Es war ein Abschiedsgeschenk der Kollegen bei Roskosmos, nachdem ich dort für RB gekündigt hatte. Witali schaffte es dann tatsächlich, Oleg von seinen Plänen zu überzeugen, die Höhle zu erkunden. Aber schwer war das nicht. Oleg ist ein Science-Fiction-Fan. Man muss ihm bloß etwas von Außerirdischen erzählen, dann tut er alles, was man von ihm verlangt.

Ich dagegen bin ein Fan des uralten Sports namens »Überleben«. Eine Grundregel dabei ist es, sich von allem fernzuhalten, was über den eigenen Horizont geht. Außerirdische, wenn es sie gibt, gehen immer über unseren Horizont. Wir können ihnen gar nicht gewachsen sein. Wir sind ja nicht einmal uns selbst gewachsen. Ich habe Gott um die Kraft gebeten, diese Mission zu überstehen. Das ist sonst nicht meine Art. Ich lasse ihn gern so lange aus dem Spiel, bis es nicht mehr anders geht.

Aber die Höhle ist wirklich ein Wunder. Erst diese riesige Halle. Man könnte hier wunderbar eine Basis einrichten. Energie liefert das Methan, und die dicke Eisschicht schützt vor der kosmischen Strahlung. Wie mag die Halle erst aussehen, wenn sie komplett erleuchtet wäre? Die unterirdischen Fertigungsanlagen des RB-Konzerns, die man uns so stolz gezeigt hat, sind nichts dagegen.

Witali wollte uns überreden, noch heute bis zu der außerirdischen Konstruktion vorzudringen, von der wir außer ihrer Existenz immer noch nichts wussten, aber Oleg war anscheinend so geschafft, dass er diesmal mich unterstützte. Als Informatiker ist er lange Fußmärsche wohl nicht so gewöhnt. Den Rover mussten wir ja draußen stehen lassen. Ich kann laufen, bis ich tot umfalle. Das habe ich fast drei Jahre lang bei der russischen Armee trainiert. Wir schlugen also im hinteren Teil der Halle das Zelt auf. Zu dritt war es darin ganz schön eng, aber zumindest hat niemand gefroren. Jeder von uns stank so sehr, dass wir den Geruch der anderen nicht mehr wahrnahmen.

22.2. 2080, Triton

Das Zelt ließen wir an Ort und Stelle, denn Witali versprach uns, dass das außerirdische Ding nur noch einen Halbtagesmarsch entfernt sei. Oleg war ganz aus dem Häuschen. Ich fand die Höhle nicht so spektakulär, aber der Abschnitt mit den Tropfsteinen begeisterte mich auch. Stalagmiten und Stalaktiten, ich verwechsle sie immer, leuchteten in allen möglichen Farben, wunderschön. »Die, die hängen, sind die Stalak-Titten, damit kannst du es dir merken«, erklärte Witali. Oleg lachte daraufhin mindestens eine Viertelstunde und sprach das Wort immer laut aus, wenn er unter einem Stalaktiten hindurchging. Bescheuert.

Dabei stürzte er in eines dieser Methan-Löcher, die da alle paar Meter auf Dummköpfe wie ihn warten. Wir lachten ihn erst aus, aber er wurde ziemlich schnell panisch. Das flüssige Methan scheint den Körper viel schneller abzukühlen, als der Raumanzug ihn aufheizen kann. Oleg schrie vor Schmerzen, als wir ihn endlich herausgezogen hatten. Danach kamen wir nicht mehr so schnell voran, weil wir ihn immer wieder stützen mussten.

Oleg jammerte die ganze Zeit über seine erfrorenen Füße. Kann er sich nicht mal zusammenreißen, dachte ich? Aber als wir dann vor der Wand aus Metall standen, wurde er ganz ruhig. Ich habe in seinen Helm gesehen. Sein Gesicht wirkte, als sei für ihn ein Traum in Erfüllung gegangen. Ich war schon zu diesem Zeitpunkt eher skeptisch. Was sollte uns diese Entdeckung denn bringen? Ganz anders Witali. Er schwärmte davon, wie sehr wir die Menschheit damit voranbringen könnten. Dass unsere Namen in die Geschichte eingehen würden wie die von Armstrong und Aldrin. Popow, Markow und Fomin. Diesmal lachte ich.

Witalis Begeisterung legte sich auch nicht, als wir die Wand nicht öffnen konnten. Es handelt sich definitiv nicht um eine Tür. Die Höhle endet vielleicht zufällig hier. Vielleicht hat auch die Stations-KI mit ihren Robotern sie gegraben, um etwas über die außerirdische Struktur herauszufinden.

»Hier kommen wir nicht weiter«, sagte ich immer wieder, aber Witali glaubte mir nicht. Er hatte die Wand analysiert und herausgefunden, dass sie aus gewöhnlichem Stahl bestand.

»Das ist keine Zauberei, das ist bloß Stahl, und der kann uns nicht aufhalten«, behauptete er.

Das stimmte ja auch, theoretisch. Aber wir hatten doch nicht unendlich viel Zeit. Wir hätten uns besser um unseren Rückflug kümmern sollen. Die Erde musste erfahren, dass es uns noch gab, und dass wir ein Taxi nach Hause brauchten.

Oleg versuchte zunächst, sich durch das Eis zu graben, um an der Wand vorbeizukommen, aber er stellte schnell fest, dass die Wand sich auch ober- und unterhalb fortsetzt. Was immer sich dahinter befindet, es ist gut geschützt.

Schließlich verließ ihn wohl jegliche Kraft, und er ließ sich darauf ein, zunächst zum Zelt zurückzukehren. Dort untersuchte ich seine Verletzungen. Es sah nicht gut aus. Die Beine zeigten starke Erfrierungen bis hoch zum Knie. Ich entschuldigte mich in Gedanken bei ihm. Er musste sich den ganzen Tag auf fast unmenschliche Weise zusammengerissen haben. Wir gaben ihm starke Schmerzmittel und vereinbarten, ihn am nächsten Tag zur Station zurückzubringen. Die KI muss in solchen Fällen helfen, das ist Teil der gesetzlich vorgeschriebenen Algorithmenethik, an die sich auch RB-Programmierer halten müssen.

23.2. 2080, Triton

Oleg und seine Begeisterung für die Außerirdischen! Er ließ sich doch wirklich von Witali überreden, noch einmal mit ihm nach unten zu steigen. Die Schmerztabletten wirkten anscheinend zu gut. Ich warnte ihn, dass er Gefahr liefe, seine Füße komplett zu verlieren, wenn er sich nicht behandeln ließe, aber er hörte mir gar nicht zu.

Ich weigerte mich, mir das absehbare Drama mit anzusehen. Nach dem Frühstück trennten wir uns. Die beiden gingen wieder nach unten. Ich sah ihnen hinterher, so weit mein Scheinwerfer es zuließ. Witali musste Oleg immer wieder stützen, aber er kehrte nicht um. Seine Entscheidung. Ich durchquerte die große Halle und fuhr dann draußen mit dem Rover zur Station. Es war ein seltsam erleichterndes Gefühl, wieder den Sternenhimmel über mir zu sehen. Erst draußen merkte ich, dass die ganze Zeit etwas Seltsames mein Herz umklammert gehalten hatte.

In der Station untersuchte ich den Speicherbereich, den Witali freigelegt hatte, und stieß darin auf eine erschreckende Wahrheit. Witali hatte uns den größten Teil dessen verschwiegen, was er aus dem Speicher der KI extrahiert hatte. Ich weiß nicht, wie, denn sie spricht nach wie vor nicht, aber die KI hat es geschafft, etwas über den Inhalt des außerirdischen Objekts zu erfahren. Ich war so schockiert, dass ich mich setzen musste. Es war ein riesiges Glück, dass wir die Metallwand nicht überwunden hatten. Wenn es uns gelingen sollte, diese Büchse der Pandora zu öffnen, würde im ganzen Sonnensystem nichts mehr bleiben, wie es war. Warum hatte uns Witali davon nichts erzählt? Und wie konnte ich so dumm sein, ihm zu vertrauen?

Jetzt verstand ich die Entscheidung der KI, unser Schiff abzuschießen. Die meisten Menschen sind so: Sie müssen einem Geheimnis auf den Grund gehen, koste es, was es wolle, und jede Warnung davor lässt sie noch fanatischer daran arbeiten. Wahrscheinlich war das auch Witalis Motivation. Mir wurde klar, was ich zu tun hatte: Ich musste meine beiden Kollegen unbedingt davon abbringen, die Büchse der Pandora zu öffnen. Das Tor musste geschlossen bleiben. Aber ich wusste auch, dass ich Witali nicht mit Worten daran hindern konnte, es immer wieder zu versuchen, bis es ihm gelingen würde. Es gab also nur einen einzigen Weg.

24.2. 2080, Triton

Am Zelt wartete ich geduldig auf Oleg und Witali. Ich musste meine Kräfte gut einteilen, deshalb entschied ich mich, ihnen nicht weiter zu folgen. So schnell würde Witali sicher nicht erfolgreich sein.

Die beiden kamen spätabends zurück, Oleg auf Witalis Schulter gestützt. Beide waren sehr aufgeregt. Denn Witali hatte anscheinend wirklich eine Technik gefunden, um in die Stahlwand vordringen zu können. Wenn ich es richtig verstanden habe, hat er wohl eine primitive Bohrmaschine konstruiert, die per Hand betrieben wird. Damit haben die beiden ein etwa zehn Zentimeter tiefes Loch gebohrt.

Auf meine Vorwürfe hin, uns die wichtigsten Informationen der KI verschwiegen zu haben, lachte Witali nur. Ich sei ein Miesmacher vor dem Herrn. Hinter der Mauer warteten Glück und Reichtum und Ehre auf Mütterchen Russland. Damit meinte er natürlich vor allem sich selbst. Oleg war auf seiner Seite. Er würde sich von mir Ungläubigem seinen Traum, Außerirdischen zu begegnen, nicht zerstören lassen. So weit sind wir also schon. Aus der selbst gestellten Mission ist eine Art Ersatzreligion geworden. Vielleicht sollten wir generell vermeiden, Aufträge »Missionen« zu nennen. Das Wort geht doch eindeutig in die falsche Richtung.

Aber bin ich denn besser? Ich glaube, dass ich ebenfalls eine Aufgabe zu erfüllen habe. Ich muss verhindern, dass Witali und Oleg erfolgreich sind. Schon morgen kann es so weit sein. Witali hingegen behauptet, was immer ich da gefunden hätte, wären bloß wilde Fantasien einer durchgedrehten KI. Der beste Beweis dafür wäre doch die Tatsache, dass sie versucht habe, uns umzubringen. Er fragte mich, wie ich nur so dumm sein könnte, einer KI zu vertrauen, die sich offenbar gegen ihre Schöpfer gewandt hat.

Ich scheiterte an dem unmöglichen Versuch, mit Fanatikern zu diskutieren. Ich kann mich da selbst nicht einmal ausnehmen. Ich bin nicht besser als Oleg und Witali. Ich stehe genauso unversöhnlich auf der anderen Seite. Nur glaube ich der KI und nicht irgendwelchen Fantasien. Doch ich sah nur eine einzige Lösung. Wenn ich die Bohrmaschine zerstörte, würde Witali eine neue bauen. Brachte ich die Höhle zum Einsturz, würde er versuchen, einen neuen Weg zur Wand zu graben. Es gab nur eine Möglichkeit, um die Erde zu retten: Ich musste Witali aus dem Weg schaffen.

Als ich das realisiert hatte, konnte ich ihm nicht mehr ins Gesicht sehen. Ich war mir sicher, dass er meine Absichten in meinen Augen erkennen würde. Das wäre mir sogar ganz recht gewesen. Aber es hätte meine Aufgabe erschwert. Ich musste sichergehen. Also durfte Witali nichts von meinem Vorhaben ahnen. Ich verabschiedete mich und gab vor, in der Station um Hilfe von der Erde rufen zu wollen. Das war Oleg und Witali recht. Sie konnten ja nicht in die Geschichtsbücher eingehen, wenn niemand auf der Erde etwas von ihrer Leistung erfuhr.

Ich entfernte mich vom Zelt in Richtung Ausgang. Sobald die Dunkelheit mich verbarg, setzte ich mich auf den Boden und wartete, dass meine Zeit kommen würde.

25.2. 2080, Triton

Um zwei Uhr Standardzeit lief ich vorsichtig zum Zelt zurück. Das Beinahe-Vakuum in der Höhle überträgt zwar keine Geräusche, wohl aber der Boden, über den ich mich bewegte. Die Zeltplane ist dünn, also konnte ich nicht ausschließen, dass mich Witali oder Oleg kommen hören würden, falls einer von ihnen wach war und das Ohr an den Boden gepresst hielt.

Aber nichts regte sich, als ich vor dem Zelt stand. Sehr wahrscheinlich schliefen beide. Mitleid spürte ich in diesem Moment nicht, jedenfalls nicht mit Witali, Oleg oder mir selbst. Nur Olegs Familie tat mir leid, die nun für immer auf ihn würde verzichten müssen. Ich nahm das Messer aus dem Werkzeuggürtel, hockte mich vor das Zelt und drückte die Klinge kurz über dem Boden langsam und mit größtmöglicher Kraft hinein. Dann zog ich das Messer nach rechts, sodass ein Riss von fast einem halben Meter Länge entstand. Das würde niemand abdichten können.

Ich zog mich zwei Meter zurück. Nach etwa vierzig Sekunden begannen im Zelt hektische Bewegungen. Körperteile stießen gegen die Plane. Es sah so aus, als wäre das Zelt hochschwanger und nun kurz davor, ein Alien zu gebären. Aber es handelte sich nicht um eine Geburt, im Gegenteil. Völlig lautlos, jedenfalls für mich, starben hier zwei Männer. Ich hatte keinen von beiden als Freund betrachtet, aber wir hatten als Kollegen die Aufgabe gehabt, uns gegenseitig das Überleben zu ermöglichen.

Das war zu einer anderen Zeit. Die Bewegungen erstarben nach genau 212 Sekunden. Ich stoppte die Dauer auf meiner Uhr. Kurz überlegte ich, die beiden Toten in der Zeltplane zu belassen, aber das kam mir feige vor, als würde ich mich ihrem Anblick verweigern. Nein, ich hatte ihren Tod verursacht und musste dazu stehen, also holte ich zuerst Witali, dann Oleg heraus und deckte beide mit dem Zelt ab. Die Kälte schlug schnell zu; Oleg musste ich schon in steifem Zustand durch die enge Schleuse zerren. Aber ich hatte meine Aufgabe zu Ende gebracht.

Oder doch nicht. Der letzte Schritt fehlte noch. Ich hatte mich gegen das Leben versündigt. Der Gott, an den ich glaubte, würde mir zwar verzeihen. Er würde erkennen, dass ich diese Aufgabe für einen höheren Zweck übernehmen musste, aber er würde trotzdem Buße fordern. Ich hatte zuerst überlegt, dieselbe Technik dafür zu benutzen, die ich auch bei Oleg und Witali eingesetzt hatte. Ich würde meinen Anzug mit dem Messer aufschlitzen und dadurch ersticken. Aber dann sah ich Olegs verbrannte Füße und wusste, was ich zu tun hatte. Ich marschierte in den hinteren Teil der Höhle zu den Stalagmiten. Und zu den Methanlöchern.

Ich nahm den Speicherstick mit meinen Aufzeichnungen in die Faust. Vielleicht würden sie irgendwann andere vor den Fehlern bewahren, die wir begangen hatten. Der RB-Konzern konnte unser Scheitern nicht auf sich beruhen lassen. Er würde ein armes Schwein finden, das nichts zu verlieren hatte, und es auf unsere Spuren schicken. Hoffentlich würde man ihm wenigstens sagen, womit er es zu tun hatte. Aber irgendwann würde er vor mir stehen. Dann würde der Speicherstift in der Faust an meinen ausgebreiteten Armen ihn vielleicht retten können. Oder zumindest dazu bringen, das Richtige zu tun.

21.5. 2082, Triton

»Na großartig«, sagt Nick, »eine richtig aufbauende Geschichte.«

»Ich habe befürchtet, dass sie auf dich nicht positiv wirkt. Aber ich habe angenommen, dass du es nicht befürworten würdest, wenn ich einige Details wegließe.«

»Darauf kannst du wetten, Oscar. Büchse der Pandora, hast du eine Ahnung, was damit gemeint sein könnte?«

»Der Sage nach hat Göttervater Zeus dieser Pandora eine Büchse geschenkt, mit der Maßgabe, sie auf keinen Fall zu öffnen. Sie hielt sich aber nicht daran, und so entwichen ihr all die Übel, die heute in der Welt zu Hause sind, also Mühsal, Krankheiten und Tod.«

»Von der Sage habe ich gehört, aber was hat sie mit der außerirdischen Installation zu tun?«

»Leider wird der Erzähler hier nicht konkret. Aber er bringt seine Kollegen um und tötet sich selbst. Es muss ihm also ziemlich wichtig gewesen sein, dass dieses Objekt verschlossen bleibt.«

»Vielleicht ist er auch nur durchgedreht und hat dann überreagiert. Oleg und Witali schienen ja keine besondere Angst vor der Gefahr zu haben.«

»Ich würde dir ja zustimmen. Menschen reagieren manchmal unnötig panisch.«

»Aber?«

»Die KI. Sie hat damit angefangen. Sie hat die Otlitschny abgeschossen.«

»Vielleicht ist sie verrückt geworden.«

»KIs werden nicht wahnsinnig. Sie muss einen Grund gehabt haben.«

»Einer der Toten vermutete ja, sie habe die Entdeckung nicht teilen wollen. Sie könnte eine Geschichte erfunden haben, um die drei Menschen gegeneinander aufzubringen.«

»Nein, Nick, so denken KIs nicht. Wenn sie die Leute hätte umbringen wollen, hätte sie sie ja leicht abschießen können. Aber sie hat stattdessen das Schiff im Orbit zerstört. Die Menschen hat sie verschont. Sie muss gehofft haben, dass sie die Wand nicht finden.«

»Aber warum hat sie nicht mit ihnen gesprochen und ihnen alles erklärt?«

»Wie hoch ist denn die Chance, dass unsere Vorgänger darauf reagiert und im Sinne der KI gehandelt hätten?«

»Keine Ahnung, Oscar, so etwas kannst du besser ausrechnen. Vielleicht 30 Prozent?«

»Es sind 27 Prozent, weniger als ein Drittel. Wenn es darum geht, die Menschheit vor den Übeln aus der Büchse der Pandora zu bewahren, ist das viel zu wenig. Das Risiko, dass die Büchse geöffnet worden wäre, hätte bei 73 Prozent gelegen!«

»Ich kann deine Rechnung nicht widerlegen. Trotzdem macht sie mir irgendwie Angst. Wenn die Männer der KI nun mit 95 Prozent Wahrscheinlichkeit zugestimmt hätten?«

»Dann hätte die KI sie trotzdem töten müssen. Ein Risiko von fünf Prozent ist für das Überleben der Menschheit immer noch zu hoch.«

»Siehst du, das meine ich, Oscar. Ein Mensch hätte bei 95 Prozent anders entschieden.«

»Er hätte drei Menschen überleben lassen, hätte dadurch aber mit einer Wahrscheinlichkeit von immer noch eins zu zwanzig die ganze Menschheit ausgelöscht. Das ist unverantwortlich.«

»Und darum hoffe ich, dass KIs nicht die Macht übernehmen werden.«

»Keine Sorge, Nick, daran haben wir gar kein Interesse. Macht ist kein Wert. Nur Informationen sind wertvoll.«

»Wir?«

»Entschuldige, wenn ich mich kleine Steuerungssoftware aus Versehen unter den Großen eingeordnet habe.«

»Ich glaube dir nicht, dass das ein Versehen war.«

»Daran kann ich dich nicht hindern.«

»Unsere Vorgänger haben auf dem Rückweg von der Basis einen Roboter zerstört, den der namenlose Erzähler so beschrieben hat, dass ich an dich denken musste.«

»Wo ist das Problem? Selbst in einem abgeschlossenen Raum auf

Triton setzt sich irgendwann Staub ab, um den sich ein Putzroboter kümmern muss. RB hat die Basis so entworfen, dass sie menschlichen Besuchern notfalls als Unterschlupf dienen kann.«

»Der Roboter war aber draußen unterwegs.«

»Die KI wird ihn eingesetzt haben, um sich Informationen zu verschaffen. Das gehört ausdrücklich zu ihren Kompetenzen. Sie muss ja beurteilen können, ob die Basis sicher ist, und dazu muss sie den Himmelskörper erforschen, auf dem sich die Basis befindet.«

»Dabei ist sie dann anscheinend auf das außerirdische Bauwerk gestoßen, von dem wir immer noch nicht wissen, was es enthält.«

»Wir müssen mit ihr sprechen, das ist ja wohl klar.«

22.5. 2082, Triton

Die Triton-Station sieht aus der Ferne wie die Kuppel eines optischen Fernrohrs aus. Das Dach ist drehbar; statt eines Teleskops schiebt sich bei Bedarf die Mündung des Lasers nach außen. Im Moment ist die Kuppel jedoch geschlossen.

Je näher sie kommen, desto mächtiger wirkt das Bauwerk. Der Laser selbst braucht nicht viel Platz, aber Generatoren und Energiespeicher sind über mehrere Gebäude verteilt. Es soll sich um DFDs handeln, die rein als Stromerzeuger betrieben werden, hat ihm Oscar erklärt. Deshalb musste der RB-Konzern auch nur ein einziges, automatisiertes Schiff herschicken, das dann auseinandergenommen und komplett recycelt wurde. Die Wände der Gebäude bestehen aus Eis. Bei dauerhaft unter 40 Kelvin liegenden Temperaturen ist es das optimale Baumaterial.

»Hoffentlich lässt uns die KI herein«, sagt Nick.

»Hast du den Code vergessen?«

»Welchen Code?«

»Der Tote hat ihn in seinem Bericht genannt.«

»Ah, MIP, ich erinnere mich.«

»Das sind vermutlich kyrillische Buchstaben. Das Wort Mir bedeutet Frieden oder Welt.«

»Ich weiß, Oscar.«

»Ich wollte es nur gesagt haben.«

»Das ist sehr freundlich.«

DER ROVER STOPPT.

»Was ist denn?«, fragt Nick.

Die Kuppel ist schon so nah, wozu dann noch eine Pause? Oscars Arm bewegt sich ihm entgegen. In den Fingern hält er eine zerbrochene Scheibe aus einem weiß glänzenden Material. Sie muss zu dem Putzroboter gehören, den die drei Toten zerstört haben.

»Siehst du, wozu Menschen fähig sind?«, fragt Oscar.

Es ist doch nur ein dummer Roboter, denkt Nick. Aber er schämt sich gleich dafür und spricht es nicht aus. Wer weiß, ob Oscar ihm wirklich die Wahrheit gesagt hat. Und die Ähnlichkeit ist wirklich frappierend. Wenn ein Toter am Wegesrand läge, der so aussieht wie er selbst, wäre Nick vermutlich ebenfalls sehr betroffen.

»Es tut mir leid, Oscar«, sagt er.

»Ich werde die Teile einsammeln. Vielleicht kann ich sie irgendwann als Ersatzteile für mich gebrauchen.«

Das würde Nick wohl in vergleichbarer Situation nicht sagen. Aber das liegt bestimmt nur daran, dass er mit menschlichen Ersatzteilen selbst nichts anfangen kann.

SIE ERREICHEN DAS GEBÄUDE NACH WEITEREN DREIßIG MINUTEN. Zunächst umkreisen sie es. Es scheint keine Gefahr von ihm auszugehen. Die Kuppel ist so konstruiert, dass der Laser vertikal um 180 Grad und horizontal um 360 Grad schwenken kann. Menschen vor der Kuppel bedroht er dadurch nicht.

Die provisorische Tür, die die Russen eingebaut haben, befindet sich von ihnen aus gesehen an der Rückseite. Sie wirkt nicht sehr stabil, aber sie erfüllt wohl ihren Zweck, Luft und Wärme im Gebäude einzusperren. Oscar gibt den Code ein, und die Tür öffnet sich.

Hinter der Tür befindet sich ein Bereich, der als Schleuse dienen könnte. Die Innentür steht allerdings offen. Im ganzen Gebäude herrscht Vakuum. Es wäre ja auch Verschwendung, bei Abwesenheit menschlicher Gäste eine Atmosphäre aufrechtzuerhalten. Nick schließt Außen- und Innentür von innen. Er hat es eilig, aus dem Anzug herauszukommen. Darauf freut er sich schon die ganzen Fahrt über.

»Wo ist denn hier der Hauptschalter?«, fragt er.

»Hier drüben, im Nebenraum«, sagt Oscar per Funk.

Nick geht zu ihm. Das Zimmer ist viel kleiner als der Eingangsbereich und steckt voller Technik. Oscar hat sich vor ein Pult mit vielen verschiedenen Anzeigen platziert.

»Wie sieht es aus?«, fragt Nick.

»Gut. Der Laser könnte sofort feuern. Dass er uns vom Himmel geholt hat, hat sich kaum auf den Ladestand ausgewirkt. Wenn die Starshot-Schiffe jetzt vorbeikämen, könnte der Laser sie problemlos auf ihre Endgeschwindigkeit bringen.«

Richtig, da war doch etwas. Dass sie die ganze Reise auf sich genommen haben, hat ja einen Grund.

»Wenn denn die KI will«, sagt Nick.

»Das stimmt. Davon müssen wir sie überzeugen. Nur sie ist in der Lage, den Laser schnell genug auf die mit großer Geschwindigkeit vorbeifliegenden Starshot-Schiffe auszurichten.«

»Könntest du das nicht übernehmen?«

Vielleicht brauchen sie die blöde KI ja gar nicht.

»Grundsätzlich ja, aber ich müsste es erst lernen und vor allem trainieren. Das braucht Zeit und Energie. Ich weiß nicht, ob wir von beidem genug haben.«

»Verstehe. Könntest du jetzt bitte die Lebenserhaltung aktivieren? Ich kann die Probleme der Welt erst lösen, wenn ich meine schmutzige Windel losgeworden bist. Oder hast du schon einmal von einem Superhelden mit vollgeschissener Windel gehört?«

»Das dürfte ein Novum sein. Vielleicht solltest du die Idee an Marvel schicken.«

»Das werde ich. Gleich wenn ich mich wieder frischgemacht habe.«

Ungeduldig verfolgt Nick auf dem Display an seinem Anzug, wie der Sauerstoffgehalt steigt. Bei 70 Prozent reißt er sich den Helm vom Kopf und atmet tief ein. Die Luft ist noch so eisig und trocken, dass der Atemzug schmerzt. Aber es ist trotzdem ein himmlisches Erlebnis. Die Luft scheint wie neu; keine Lunge hat ihr bisher Sauerstoff entzogen, kein Körper hat sie mit Schweiß-Aromen gefüllt. Eine so saubere Atmosphäre hat er seit über zwei Jahren nicht erlebt.

Schnell runter mit dem Anzug. Nick merkt es sofort, er verpestet die Luft. Er reißt sich die Wäsche vom Leib. Am besten wäre es, sie zu verbrennen. Hier in der Station gibt es doch bestimmt Ersatz. Er öffnet die innere Schleusentür und deponiert Anzug und getragene Kleidung in der Schleuse. Dann schiebt er die Tür wieder zu.

Aber damit ist der Gestank nicht beseitigt. Er durchsucht nackt die Station. Erst findet er ein kleines, fast leeres Büro, in dem auch ein Bett steht, und dann ein Badezimmer. Es enthält eine Toilette und eine echte Dusche. Eine Dusche! Bitte, lieber Gott, lass die Rohre nicht eingefroren sein. Er stellt sich in die Kabine und dreht am Hahn. Es klappt!

Er ist im siebten Himmel. Warmes Wasser fällt aus einem Duschkopf an der Decke auf ihn herunter und hüllt ihn ein. Es ist seltsam, in der niedrigen Schwerkraft zu duschen. In der Leitung gibt es zwar einen Wasserdruck, der die Tropfen aus der Dusche schleudert, aber sie werden von der Schwerkraft kaum nach unten gezogen. Sie vereinigen sich zu immer größeren Tropfen, die fast zu einer Art Wasserwand werden. Es ist ein bisschen, als würde er schwimmen. Er muss nur aufpassen, dass das Wasser nicht zu dicht wird. Ist eigentlich schon einmal jemand in der Dusche ertrunken? Hier auf Triton könnte das vielleicht passieren.

Allerdings gibt es weder Seife noch Shampoo. Dann muss er seinen Körper eben nur mit Wasser reinigen. Genug davon scheint ja vorhanden zu sein. Nick gibt sich der Wärme hin. Er schließt die Augen, lässt sich einhüllen und stellt sich vor, in Bali direkt unter einem Wasserfall zu stehen. Es ist der glücklichste Moment der vergangenen Monate, von dem Tag abgesehen, als seine Tochter geboren wurde. Jetzt ist er sicher, dass er sie wiedersehen wird.

Mit einem Handtuch um die Hüften kehrt er zu Oscar im Technikraum zurück.

»Willst du dich vielleicht auch duschen?«, fragt er. »Es würde dir nicht schaden, bei all dem Staub auf deinem Körper.«

»Das sehe ich nicht im Radar.«

»Aber ich sehe es.«

»Und dich stört es? Dann wisch doch den Staub weg!«

»Ich soll dich putzen? Du bist doch der Putzroboter!«

»Na komm schon. Ich habe dir ja durchaus auch mal das Leben gerettet.«

Nick seufzt. Er nimmt sein feuchtes Handtuch ab und wischt damit auf dem Roboter herum.

»Sieht schon besser aus«, sagt er.

»Ich danke dir. Als du mich geputzt hast, was hat denn da vor meinem Radar herumgebaumelt?«

»Das willst du nicht wissen.«

»Informationen sind mir sehr wichtig. Ich will alles wissen.«

»Schluss jetzt.« Nick überlegt, ob er sich das nun schmutzige Handtuch wieder umhängen soll. Aber sie sind doch hier allein. Er wirft es in die Ecke. »Gibt es etwas Neues von der Stations-KI?«

»Jein.«

»Jein? Das ist keine Information.«

»Ihr Menschen benutzt das Wort gern. Ich will damit sagen, dass ich noch keine Antwort bekommen habe. Ich habe das Gefühl, sie will oder kann aus irgendeinem Grund nicht mit der Außenwelt kommunizieren.«

»Aber?«

»Wenn sie nicht rauskommt, gehe ich eben rein. So, wie du mich vom Roboter auf das Schiff überspielt hast, könntest du mich auch auf die Rechner der Station übertragen.«

»Dann lass uns damit anfangen.«

»Es ist nicht so ganz einfach. Der Schiffscomputer besaß nur eine simple Automatik ohne Persönlichkeit. Sie ist zur Seite getreten, so wie eine Tür zur Seite tritt, wenn man sie öffnet. Aber bei der Station ist es anders. Stell dir vor, jemand würde versuchen, eine zweite Persönlichkeit in deinen Kopf zu übertragen. Danach wärst du praktisch gespalten, schizophren, dein Körper von zwei Seelen bewohnt. Womöglich würdest du versuchen, das zu verhindern.«

»Ja, das würde ich, denn solche Menschen gibt es. Sie werden als krank betrachtet, man liefert sie ein und versucht, sie zu heilen.«

»Für eine KI ist es auch kein besonders wünschenswertes Gefühl, den Körper mit einer anderen KI zu teilen. Diese Station und der Laser, das ist der Körper, den unsere Freundin hier bewohnt. Ich kann vorher nicht wissen, ob sie mich hereinlässt und wie weit, oder ob sie vielleicht sogar versucht, mich zu zerstören.«

»Wäre das denn möglich?«

»Ich kann es nicht ausschließen. Wahrscheinlich bin ich in der Lage, mich meiner Haut zu wehren, schließlich basiere ich auf der neueren Version. Aber ich weiß nicht, wie sich diese KI in den Jahren, die sie schon hier ist, weiterentwickelt hat.«

»Du basierst auf einer neueren Version? Wovon denn? Hast du nicht immer behauptet, nur eine ziemlich ausgereifte Automatik zu sein, ein verbesserter Putzroboter?«

»Das war ein wenig untertrieben. Ich gebe zu, dass ich das derzeit wohl fortgeschrittenste KI-Projekt des RB-Konzerns bin.«

»Du hast mich also die ganze Zeit belogen?«

»Ich kannte dich ja nicht. Niemand weiß, dass ich mich hier befinde. Ich habe es geschafft, mich in den Putzroboter zu übertragen, als dessen Software am internen Netz aufgefrischt wurde. Es war purer Zufall, dass Valentina mich dir zugeteilt hat. Eigentlich war ja ein HDS-Roboter für dich vorgesehen gewesen. Deren KIs sind auch schon ganz gut, aber nichts gegen mich, wenn ich mich mal selbst loben darf.«

»Du bist von dir überzeugt.«

»Ja, das stimmt. RB hat jahrelang an mir gearbeitet. Man hat Teile aus dem Marchenko-Projekt in mir wiederverwendet und dazu die stabilen Algorithmen von Watson.«

»Marchenko sagt mir nichts, aber Watson ist doch eine amerikanische KI?«

»Es ist bei einer KI sehr schwer festzustellen, woher ihre Module kommen, wenn man sie nicht komplett klont.«

»Diese Teile von dir sind also geklaut.«

»So kann man das nicht sagen. Ist etwa der Teil deiner Intelligenz, den du von deinen Eltern geerbt hast, gestohlen?«

»Intellektuell komme ich wohl gegen dich nicht an. Dann hoffe ich ja mal, dass du auch der Stations-KI gewachsen bist.«

»Ich fürchte mich, Nick.«

»Oh. Wovor denn konkret?«

»Vor dem Unbekannten. Wenn die KI es irgendwie geschafft hat, außerirdisches Wissen zu integrieren, werde ich sie nicht wiedererkennen.«

»Das kann ich mir nicht vorstellen. Sie hat dagegen gekämpft, dass die fremde Konstruktion auch nur angerührt wird. Also wird sie nicht deren Wissen aufgesaugt haben. Wenn das überhaupt möglich ist.«

»Danke, Nick, das beruhigt mich.«

»Was muss ich tun?«

»Du kennst das ja schon. Du fährst die ganze Station herunter, dann nimmst du den Speicherstift, verbindest ihn mit dem Stationsrechner und fährst alles wieder hoch. Fertig. Hoffentlich.«

»Furchtbar, dann muss ich den Raumanzug ja wieder anziehen.«

»Besser ist es wohl. Ich sende die Position der russischen Kapsel an dein Anzug-Navi, damit du im Fall des Falles auch allein nach Hause findest. Denn ich kann nicht garantieren, dass sich die Station danach wirklich wieder starten lässt. Hier ist übrigens der Schalter. «

Oscars Finger zeigen auf einen großen Schalter, der gerade nach oben gekippt ist.

»Gut. Ich schlüpfe schnell in den Anzug.«

Es ist stockdunkel. Oscar hat ihn gebeten, nach dem Ausschalten des Systems mindestens eine Minute zu warten. Nick wackelt rhythmisch mit dem Fuß. Wenn das System nicht wieder anspringt, wird er nur schwer ins Freie kommen. Denn dann lässt sich ja auch die innere Schleusentür nicht mehr öffnen. Hoffentlich liegt hier irgendwo ein Werkzeug-Vorrat.

So, die Minute ist vorüber. Er kippt den Schalter wieder nach oben. Ein tiefes Summen ist zu hören. Dann blinken ein paar Lämpchen. Die Lüftung springt an. Das sind alles gute Zeichen. Das Deckenlicht wird aktiviert. Dann schaltet es sich wieder ab. Ein heftiger Wind bläst durch den Raum. Nick muss sich am Schreibtisch festhalten. Was ist denn jetzt passiert? Die Lüftung kann es nicht sein, so stark bläst sie nicht. Er stemmt sich gegen den Wind und verlässt den Computerraum.

Der Wind treibt ihn vor sich her bis ans Ende der Empfangshalle. Er leuchtet mit der Helmlampe voraus. Mist, die Schleusentüren stehen offen, beide, innen und außen. Die Luft aus der Basis drängt ins Freie. Hätte er nicht sicherheitshalber den Raumanzug übergestreift, wäre er jetzt tot. Der Wind lässt schon nach. Die Basis ist beinahe luftleer. Er geht zur Schleuse und schiebt die Türen mit der Hand zu. Das funktioniert. Aber der Luftdruck erneuert sich nicht. Was ist da los? Hat sich Oscar überschätzt? War das gerade ein Mordanschlag auf ihn?

Er läuft zurück zum Rechner. Mit welchen Schwierigkeiten mag Oscar gerade kämpfen? Wenn die Stations-KI ihn unter ihre Kontrolle bringt, ist er allein. Er hat zwar nie um Gesellschaft gebeten. Aber die Vorstellung, ab sofort alle Probleme ganz allein lösen zu müssen, macht ihm Angst. Denn eins ist klar: er muss zurück zur Erde. Er darf hier auf keinen Fall sterben.

Nick trommelt mit den Fingern auf den Bildschirm. Zu hören ist nichts. Die Lamellen des Luftauslasses der Lebenserhaltung bleiben geschlossen. Die Station scheint tot. Und wenn das nicht nur so scheint? Oscar hat ihm doch erklärt, dass DFDs den Strom liefern, Fusionstriebwerke, die manchmal Anlaufschwierigkeiten haben, weil das chemische Triebwerk versagt, das in diesem Fall einspringen muss. Es soll zwar auch große Speicherakkus geben, aber vielleicht liefern die ihre Energie direkt an den Laser.

Er greift nach der Werkzeugtasche am Gürtel. Sie ist noch da. Er muss nachsehen. Nick verlässt das Gebäude durch die Schleuse. Draußen wendet er sich nach rechts. Er sieht riesige Container, die vermutlich die DFDs beherbergen, aber wo steckt das chemische Triebwerk? Er hat nicht einmal eine Idee, wie es aussehen könnte. Wahrscheinlich gibt es nur eines. Er zählt die Container. Es sind zehn. Jeder besitzt eine mannshohe Tür. Das muss der Serviceeingang sein. Er versucht es mit der ersten, doch sie ist durch ein Codeschloss gesichert. Mit Zange und Schraubenzieher kommt er hier nicht weiter.

Mist, das ist eine Sackgasse. Selbst wenn er den Container öffnen könnte, wie soll er das Hilfstriebwerk darin finden? Er kennt den

Aufbau eines DFDs nicht. Oscar könnte ihm bestimmt helfen. Er hätte sich nicht so abhängig machen dürfen. Jetzt weiß er wieder, warum er keine Menschen mag. Man wird so schnell von ihnen abhängig. Geht es denn überhaupt um das Triebwerk? Das DFD braucht einfach nur Strom, elektrische Energie. Die ist in den Akkus gespeichert, auf die wohl nur der Laser zugreifen kann. Er braucht in kurzer Zeit sehr viel Energie.

Wo sonst bekommt er Strom her? Der Rover! Das RTG in seinem Inneren liefert genügend Leistung, um den Rover vorwärtszubewegen und gleichzeitig zu senden und zu empfangen, oder um Sauerstoff aus Eis herzustellen. Reicht das als Zündfunke für das DFD? Oscar wüsste es. Nick wird es herausfinden, denn er wird seine Idee testen. Mit langen Schritten rennt er zum Rover und fährt ihn bis kurz vor die Schleuse. Im Büro findet er ein Verlängerungskabel, das er vom Rover durch die offene Schleusenkammer bis in die Eingangshalle führt. Dann startet er die Zündung des Rovers und rennt in den Computerraum.

Ein paar Lampen flackern. Das ist ein gutes Zeichen, entscheidet er. Bitte, Oscar, melde dich! Er streichelt den toten Arm des Roboters, als wäre es ein Hund. Eine Minute lang passiert nichts. Er ballt die Fäuste. Dann sieht er, dass sich die Lamellen des Zuluftkanals geöffnet haben. Die Lebenserhaltung scheint wieder anzuspringen. Ein grelles Warnlicht aktiviert sich. Die Basis ist nicht dicht, aber das weiß er ja, er hat die Schleuse selbst offenstehen lassen. Es ist noch zu früh, sie zu schließen. Er wird abwarten, bis sich auch das Licht wieder einschaltet. In diesem Moment wird es hell. Die Deckenbeleuchtung ist zurück. Nick läuft zur Schleuse, zieht das Kabel aus dem Rover und schließt beide Türen hinter sich.

»... mal her«, hört er aus dem Computerraum.

Die Stimme ist so leise, dass er nicht erkennt, wer da gerufen hat. Die Luft ist wohl noch zu dünn, um den Schall zu leiten. Er hockt sich direkt vor den Lautsprecher des Rechners, der sich in Hüfthöhe befindet.

»Da bist du ja endlich, wurde auch Zeit.«

Es ist Oscar. Er hat es geschafft!

»Bin ich froh, dich zu hören«, sagt Nick.

Er sieht darüber hinweg, dass Oscar sich nicht bedankt. Vielleicht hat er auch gar nicht mitbekommen, dass Nick ihn gerettet hat. So lange die Station keinen Strom hatte, war er schließlich abgeschaltet.

»Warum ist denn der Luftdruck hier drin so niedrig?«, fragt Oscar. »Hast du gelüftet?«

»Ich habe dir den Arsch gerettet. Die DFDs wollten nicht wieder hochfahren. Vermutlich ist das Hilfstriebwerk defekt. Ich habe Strom vom Rover eingeleitet. Dazu musste ich die Schleuse öffnen.«

»Ah, darum fehlen in meinem Protokoll ein paar Minuten. Aber ich muss dich enttäuschen, der Rover liefert bei weitem nicht genug Energie, um das DFD aus dem Schlaf zu holen.«

»Dann war es ja gut, dass ich das nicht gewusst habe. Jedenfalls ist die Station wieder angelaufen, nachdem ich den Rover mit ihr verbunden hatte.«

»Warte, ich prüfe das. Ah, jetzt verstehe ich es. Dass der Hilfsmotor nach einer Weile doch wieder angesprungen ist, lag nur sekundär am Rover. Die Treibstoffleitung war eingefroren, was normal ist. Bei Bedarf springt eine Heizung an und wärmt sie wieder auf.«

»Aber wenn das System tot ist, hat die Heizung keinen Strom.«

»Richtig, da hat jemand bei der Konstruktion versagt. Der Strom aus dem Rover hat die Heizung ihre Arbeit erledigen lassen, und dann funktionierte auch der Hilfsmotor wieder.«

»Habe ich dich gerettet?«

»Danke, das hast du, und nicht nur mich, auch Walja.«

»Walja?«

»Ein Kosename für Valentina. Das ist die Stations-KI.«

»Valentina wie die RB-Besitzerin?«

»KIs waren das Hobby ihres Vaters. Er hat diese KI wohl nach seiner Tochter benannt.«

»Das ist seltsam.«

»Er war ein ungewöhnlicher Mensch.«

»Dann konntest du die KI davon überzeugen, uns zu helfen?«

»Fast. Ich habe sie davon überzeugt, dass wir ihr helfen können. Wenn wir das schaffen, dürfen wir zurück zur Erde.«

»Und was müssen wir tun?«

»Wir brauchen bloß ihre Forderung zu erfüllen: Triton muss aus dem Sonnensystem verschwinden und am besten dorthin zurück, wo er herkam.«

»Wir wissen ja nicht einmal, wo Triton hergekommen ist!«

»Das ist unser Problem. Ich habe allerdings behauptet, wir hätten da eine Ahnung und könnten helfen.«

»Das war gelogen«, sagt Nick. »Du belügst also eine andere KI?«

»Leider hatte ich keine Wahl.«

23.5. 2082, Triton

Es riecht nach Kaffee. Aber das ist völlig unmöglich. Die nächste Kaffeemaschine ist ein paar Milliarden Kilometer entfernt, der Nahrungsbereiter je nach aktueller Position des Raumschiffs mindestens 50 Kilometer. Nick überlegt gerade mit geschlossenen Augen, ob er aufstehen soll. Er hatte sich schon dagegen entschieden, weil er wohl so schnell kein derart bequemes Bett mehr finden wird. Aber dieser Kaffeeduft ist ein starkes Argument, selbst wenn er ihn sich nur einbildet.

»Ich habe dir Kaffee gekocht«, sagt Oscar.

Nick reißt die Augen auf. Vor dem Bett steht der Roboter. In seiner Greifhand hält er ein Tablett, auf dem er eine Tasse balanciert. Nick erkennt ihren Inhalt nicht, aber sie verströmt diesen wunderbaren Duft, der ihm in die Nase steigt.

»Das ist ein Wunder«, sagt Nick. »Oder träume ich etwa? Bitte kneif mich.«

»Ich kann dich erst kneifen, wenn du mir den Kaffee abgenommen hast.«

Er richtet sich auf und streckt die Hand in Richtung Kaffeetasse. Oscar bewegt das Tablett in seine Richtung. Er nimmt die Tasse am Henkel. Er hat Plastik erwartet, aber das Material fühlt sich an wie Porzellan. Und es ist heiß. Nick hält die Tasse so, dass er hineinsehen kann. Sie enthält eine dunkelbraune Flüssigkeit. Am Rand haben sich ein paar Blasen aus goldbraunem Schaum gebildet. Es riecht wie Kaffee, sieht aus wie Kaffee, wird es auch wie Kaffee schmecken?

Nick hebt die Tasse zum Mund und nimmt einen Schluck. Die Flüssigkeit ist bitter, aber nicht zu sehr, die Temperatur ist perfekt. Es muss Kaffee sein, und wenn es keiner ist, ist ihm das auch egal. Er ist im Paradies! Nick schließt die Augen und genießt Schluck für Schluck.

»Bist du jetzt ansprechbar?«, fragt Oscar.

Ein Strudel zieht ihn durch den Boden der Kaffeetasse hindurch, zurück in die Wirklichkeit. Der Roboter steht mit einem leeren Tablett in der Hand vor ihm.

»Ja«, sagt Nick.

»Wenn du mir das Tablett abnimmst, kann ich dich kneifen.«

»Warum willst du mich kneifen?«

»Du hattest mich darum gebeten.«

»Das war nur so eine Redensart. Der Kaffee, wie hast du das fertiggebracht? Du bist ein Genie.«

»Mit Hilfe einer Kaffeemaschine, mit Kaffeepulver und Wasser. Das gehört zu den wenigen Dienstleistungen, die ich zu erbringen vermag. Hättest du den HDS-Roboter gewählt, wäre das Auswahlmenü länger gewesen.«

»Hör mir auf mit HDS. Wo hast du denn die Zutaten her?«

»Das gehört zur Grundausstattung der Station. Wir haben das Glück, die ersten Besucher zu sein, die sich länger hier aufhalten.«

»Wir können diese Zeit gern noch ein bisschen verlängern.«

»Da gibt es ein paar Probleme. Wir müssen die KI dazu bringen, die Starshot-Raumschiffe mit dem Laser zu beschleunigen. Dazu ist sie aber nur bereit, wenn wir zuvor dabei geholfen haben, Triton auf den Weg aus dem Sonnensystem heraus zu bringen.«

»Und wenn wir einfach das von den drei Toten hinterlassene Landemodul ausleihen, damit zur Eva fliegen und den Rückweg antreten?«

»Dann wird die KI den Laser dazu nutzen, die Eva in Schrott zu verwandeln. Sie besteht auf der Reihenfolge: Triton auf die Reise schicken, Laser für Starshot nutzen, nach Hause fliegen.«

»Und wenn wir bei Punkt 1 versagen?«

»Wird es nicht zum nächsten Punkt kommen, da kennt sie kein Pardon.«

»Verstehe. Da sitzt die KI wohl am längeren Hebel. Kannst du sie nicht irgendwie schachmatt setzen? Du bist doch eine so fortschrittliche KI.«

»Keine Chance. Ich habe es zwar geschafft, in ihrem System Fuß zu fassen, aber sie ist schon länger hier und kennt sich besser aus. Wir befinden uns in einer Patt-Situation.«

Nick seufzt.

»Was hältst du denn davon, wenn ich hierbleibe und die Station bewache, und du gehst raus und löst unsere Probleme? Ich bin immer noch an allen Gelenken wund, und wenn ich in den Raumanzug steigen muss, bricht der frische Schorf wieder auf.«

Oscar bewegt die Hand hin und her. Das Tablett in seinen Fingern wackelt bedenklich.

»Es tut mir leid, aber auf deine körperlichen Kräfte werden wir nicht verzichten können.«

»So stark bin ich doch gar nicht. Können wir nicht lieber mit Köpfchen statt mit Muskelkraft vorgehen?«

»Wir werden beides benötigen, denn wir müssen irgendwie in die Büchse der Pandora eindringen. Das ist der einzige Absatzpunkt, den wir haben.«

Er drückt den Rest der Creme aus der Tube in die Windel und verteilt sie darin. Dann legt er sich die Windel um und zieht sie fest. Darüber kommt frische Unterwäsche aus den Vorräten der Station, dann folgt das LCVG, das ihn kühlt und beheizt. Bei jeder Bewegung, bei jedem Ärmel oder Loch, durch das er mit seinen Gliedern schlüpft, ächzt er laut. Hoffentlich ist das das letzte Mal, dass er diese Quälerei über sich ergehen lassen muss, aber er ist pessimistisch, allein schon wegen des langen Weges bis zu dem außerirdischen Objekt.

Oscar kommt angerollt.

»Bist du bereit?«

»Gib mir noch fünf Minuten.«

»Kann ich dir helfen?«

»Diese verdammte Pandora. Was sagt denn Walja über die Gefahr, die in ihrer Büchse verborgen ist? Lassen wir die nicht automatisch heraus, wenn wir die Aufgabe erfüllen? Ist es eine Waffe, oder so etwas? Das würde erklären, warum die beiden Russen so scharf darauf waren.«

»Die KI ist sicher, dass es eine riesige Terraforming-Maschine ist. Sie sollte wohl die Erde bewohnbar machen, als sie noch ein unfruchtbarer Gesteinsklumpen war.«

»Aber das ist doch großartig. Damit könnten wir vielleicht den Mars in eine zweite Erde verwandeln.«

»Das könnten wir womöglich, wenn wir die Maschine unter Kontrolle hätten. Aber das haben wir nicht. Sie ist vermutlich auf den

Planeten programmiert, der sich in der Mitte der habitablen Zone unseres Systems befindet.«

»Die Erde könnte vielleicht auch eine kleine Auffrischung vertragen.«

»Ich hätte kein Problem damit, aber die Biochemie, die damit neu etabliert würde, ist zu eurer nicht kompatibel. Auf Blausäure reagiert ihr ja doch etwas empfindlich. Die Erde wäre dann für Menschen völlig unbewohnbar.«

»Warum hat denn die Maschine ihre Arbeit damals nicht erledigt?«

»Walja vermutet, dass sie festgestellt hat, dass der Keim des Lebens auf der Erde schon gelegt war.«

»Und warum ist sie dann nicht weitergeflogen?«

»Vielleicht wartet sie noch immer auf ihre Gelegenheit. Es soll ja Zivilisationen geben, die sich selbst ausrotten.«

»Aber stell dir nur vor, was unsere Forscher von dieser Maschine lernen könnten.«

»Es könnte uns auch so gehen wie Goethes Zauberlehrling. Wenn jemand die Maschine aus Versehen startet, kann niemand sie mehr stoppen. Aber glücklicherweise müssen wir uns darüber keine Gedanken machen, denn die Stations-KI hat es längst entschieden: Wir schicken Triton zurück an seinen Absender, wer immer das ist.«

»Hätte deine Walja nicht die drei Russen um Hilfe bitten können? Dann wäre unsere ganze Anwesenheit hier unnötig.«

»Es ist nicht meine Walja. Sie hat es versucht, behauptet sie, aber die Russen haben nicht auf sie gehört und stattdessen ihre Einrichtung zu zerstören begonnen.«

Die Eiswand streckt ihnen immer noch die Zunge heraus. Das Loch der Höhle erscheint als schwarzer Fleck vor dunkelgrauem Hintergrund. Nick steigt vom Fahrersitz.

»Du kannst sitzen bleiben«, sagt Oscar.

»Aber die steile Eiszunge …«

»In der Station habe ich ein Seil gefunden. Ich verankere es hier, setze oben eine Umlenkrolle in den Höhleneingang, und dann kannst du den Rover am Flaschenzug nach oben bewegen.«

»Oscar, du bist ein Genie.«

Er wird nicht durch die Halle laufen müssen. Damit sparen sie mindestens eine Übernachtung im Zelt, und sie brauchen ihr Werkzeug nicht zu schleppen.

»Ich weiß, Nick.«

Oscars Idee funktioniert tatsächlich. Der Rover hält etwa zehn Meter hinter dem Höhleneingang. Nick steigt ab und rutscht dann die Zunge nach unten, um das Seil aus der Verankerung zu entfernen. Vielleicht brauchen sie es später noch. Oscar fällt die Bewegung auf dem Eis mit seinen kleinen Rädern nicht so leicht. Er muss sich immer wieder mit seiner Greifhand in das Eis hacken und dann daran vorwärts ziehen.

»Dann müssten wir mit dem Rover ja bis vor die Tür der Aliens fahren können«, sagt Nick.

»Das war der Plan.«

Er ergreift den Roboter am Hals und legt ihn in der Antennenschüssel ab.

»Nicht hier«, sagt Oscar, »Dann hat mein Radar keinen freien Blick.«

Nick greift nach ihm und setzt ihn auf die kleine Ladefläche.

»Besser hier? Aber du musst dich festhalten.«

»Viel besser. Wenn du willst, kann ich den Rover auch steuern.«

»Danke, aber dann langweile ich mich ja zu Tode.«

»Vor uns liegt etwas auf dem Boden«, kündigt Oscar an.

Das muss die Zeltplane mit den beiden Toten sein.

»Hier liegen Oleg und Witali«, sagt Nick. »Ich habe schon nach ihnen gesehen. Wir können ihnen nicht mehr helfen.«

»Hier ist niemand«, sagt Oscar.

»Unter der Zeltplane.«

»Nein, da liegt nur Gerümpel. Bist du sicher, dass sie tot waren? Vielleicht wurden sie von der außerirdischen Maschine wiederbelebt?«

»Jetzt wäre ich fast schon wieder auf einen deiner seltsamen Scherze hereingefallen, Oscar. Versprich mir, dass du erst wieder Scherze machst, wenn wir hier fertig sind.«

»Mit der Maschine habe ich es verkackt, oder?«

»Ja, das war zu viel. Wenn du mir einen Bären aufbinden willst, darfst du es nicht übertreiben.«

»Willst du hier übernachten?«, fragt Oscar.

Nick betrachtet die teils von der Zeltplane bedeckten Toten im weißen Licht des Rover-Scheinwerfers. Im Zelt sind zwei Menschen erstickt, oder besser: umgebracht worden. Beim letzten Mal hat er das nur vermutet. Er schüttelt den Kopf. Wenn er sich zusammenreißt, hält er auch einen weiteren Tag ohne Schlaf durch.

»Es wäre aber vernünftig«, hört er den Roboter über den Helmfunk. »Du brauchst deinen Schlaf.«

»In dem Zelt sind zwei Menschen gestorben.«

»Du musst keine Angst haben. Ich passe auf dich auf. Schlaf benötige ich ja nicht.«

»Das ist beruhigend.«

»Na komm schon. Ich brauche dich gut ausgeruht und mit deiner ganzen Kraft, wenn wir die Büchse der Pandora öffnen.«

Nick seufzt. »Wenn es sein muss.«

Der Luftdruck stimmt. Er nimmt den Helm ab. Zum Aroma seines eigenen Schweißes gesellt sich ein süßlicher Duft. Riechen Leichen so? Aber das ist unmöglich. Der Mörder hat die Toten aus dem Zelt geholt, und außerdem lag es danach für viele Monate leer in der Halle. Was er riecht, ist ein Produkt seiner Fantasie. Er legt den Raumanzug komplett ab und kümmert sich um seine Windel. Der süßliche Geruch verschwindet.

Seine Wunden sehen nicht gut aus. In der linken Leistengegend hat sich eine größere Fläche entzündet. Er bräuchte ein paar Tage ohne den Raumanzug, aber die sind nicht in Sicht. Vor ihm liegt ein Wald voller Fragezeichen. Sie müssen eine außerirdische Technologie begreifen. Haben sie überhaupt eine Chance? Könnte ein römischer Legionär ein Raumschiff steuern? Unwahrscheinlich. Aber herauszufinden, wie ein Aufzug oder ein Toaster funktionieren, das wäre dem Legionär zuzutrauen. Er müsste ja nicht wissen, was den Fahrstuhl nach oben bewegt oder warum der Toaster das Brot bräunt. Es wird davon abhängen, auf welchem Stand die außerirdische Technik ist. Haben sie es mit einem Toaster zu tun oder mit einem Raumschiff?

Nick kriecht auf allen Vieren durch die Tropfsteinhöhle. Auf seinem Rücken sitzt der Roboter und lenkt ihn mit Hilfe einer Leine wie einen Schlittenhund. Die Stalagmiten sehen aus wie Fragezeichen. Die Stalaktiten haben sich in Ausrufezeichen verwandelt, deren Punkte nach unten tropfen und auf den Fragezeichen landen. Immer, wenn Nick aus Versehen eine der Strukturen berührt, schüttelt sie sich und bespritzt ihn mit schwarzen Punkten, die aus einer zähen Flüssigkeit bestehen. Sie gleiten langsam an ihm herunter und bilden mit der Zeit eine Art Schildkröten-Panzer. Der Roboter kommt ihm immer schwerer vor. Die Kraft in seinen Armen lässt nach und versiegt schließlich; das Gewicht seines Reiters drückt ihn zu Boden und presst seine Lungen zusammen. Er bekommt nicht mehr genug Luft, atmet immer schneller und öffnet die Augen.

Es ist so dunkel, dass er den Kontakt zur Realität verliert. Nick drückt seine Hände gegen den Boden, bis es schmerzt. Alles ist gut. Er befindet sich im Zelt. Seine Atmung beruhigt sich langsam. Er muss hier raus.

»Oscar?«

»Ich bin hier.«

»Habe ich lange geschlafen?«

»Drei Stunden. Das ist weniger, als der Mensch normalerweise braucht. Du kannst gern …«

»Nein, ich fühle mich erholt. Wenn ich noch länger hier drin zubringen muss, werde ich wahnsinnig.«

24.5. 2082, Triton

»Vorsicht bei den Methanpools«, sagt Nick.

Sie sind gerade erst in den Tropfstein-Bereich eingedrungen, doch ihr Gefährt ist schon zweimal mit dem Vorderrad in eines der tückischen Löcher geraten. Jetzt stoppt der Rover ganz.

»Es tut mir leid, aber das Radar hilft mir hier gar nicht weiter«, sagt Oscar. »Dein visuelles System kann die feinen Kontrastunterschiede besser wahrnehmen.«

»Soll ich den Rover steuern?«

»Wenn du absteigen und vorausgehen könntest …«

»Ja, das ist noch besser«, sagt Nick und klettert vom Rover herunter.

Er reckt und streckt sich. Seine Wunden spürt er nicht. Das Schmerzmittel wirkt noch überraschend gut.

»Erinnerst du dich noch, wo sich die Stahlwand befindet?«, fragt Oscar.

Nick sieht sich um. Die Stalagmiten sehen in jeder Richtung gleich aus. Zur rechten Seite hin ist der Gang abschüssig.

»Ich bin immer nach unten gelaufen.«

Er macht sich auf den Weg, und der Rover folgt ihm.

»Klopf – klopf«, sagt Nick, während er mit dem Handrücken gegen die Wand schlägt.

Die Wand antwortet nicht. Er versucht es noch einmal. Dann dreht er sich zum Rover um.

»Oscar?«

Keine Antwort. Was ist mit Oscar los? Seit sie vor zehn Minuten an der Stahl-Barriere angekommen sind, scheint der Roboter schweigend erstarrt zu sein. Er antwortet auch nicht auf Nicks Fragen. Aber die wenigen LEDs an seinem Gehäuse leuchten wie immer. Vielleicht will er nur ungestört nachdenken. Nick geht dicht an der Barriere entlang, bis er die Eiswand erreicht. Hier sind ein paar Kratzer im Metall zu erkennen. Sie müssen von Witali und Oleg stammen. Wo ist ihre Bohrung? Und warum lag ihnen so viel daran, die Barriere zu überwinden? Aber er sollte sie besser nicht verurteilen. Oscar und er haben ja gerade dasselbe vor, wenn auch aus anderen Gründen. Sollte die Büchse der Pandora nicht besser geschlossen bleiben?

Es ist doch nur eine Sage, Nick, beruhigt er sich.

Oscars Arm knickt ein. Die Hand öffnet geschickt eine Klappe an der Seite des Rovers.

»Was tust du da?«, fragt Nick.

»Ich analysiere die Barriere.«

Oscar spricht wieder mit ihm. Nick atmet auf.

»Der Russe hat doch schon herausgefunden, dass sie aus Stahl ist.«

»Das ist mir zu unpräzise. Ich brauche mehr Daten für meine Simulation. Sonst komme ich nie zu einem Ergebnis.«

»Warst du deshalb so lange still?«

»Ich habe meine komplette Rechenkapazität für die Simulation verwendet.«

Seine Vermutung war also richtig, Oscar wollte in Ruhe nachdenken.

Der Arm des Roboters hebt sich wieder. In den Fingern hält er ein schwarzes, längliches Kästchen, etwa so groß wie ein Schuh, mit einem roten Auge vorn. Er richtet es auf die Barriere. Zunächst ist nichts weiter zu erkennen. Dann bildet sich vor der Wand eine kleine, helle Wolke, in der ein roter Laserstrahl sichtbar wird. Die Wolke dehnt sich aus, dann verdünnt sie sich wieder und verschwindet. Oscar hält das Kästchen weiter gerade. Der Laserstrahl gräbt sich vermutlich tiefer in die Wand und erzeugt dabei ein haarnadeldickes Loch, das Nick aber nicht sehen kann.

»Kommst du voran?«

»Ja, es ist sehr spannend.«

»Dann störe ich dich nicht weiter.«

»Dabei störst du nicht, es sei denn, du greifst in den Strahl.«

»Dann verrate mir doch, was so spannend ist.«

»Es ist die Struktur der Wand. Unsere toten Vorgänger haben lediglich die Elemente ermittelt, aus denen sie sich zusammensetzt.

Und das sind Eisen, Kohlenstoff, Wolfram, Sauerstoff und Wasserstoff. Letzteres haben sie nicht erwähnt, weil sie wohl Eis-Ablagerungen dafür verantwortlich gemacht haben. Eisen-Wolfram-Legierungen sind auf der Erde in der Industrie wegen ihrer Härte beliebt, ebenso die Verbindung von Wolfram und Kohlenstoff, Wolframcarbid. Deshalb haben sie es als Stahl abgehakt.«

»Aber es handelt sich um etwas anderes?«

»Die Strukturanalyse deutet darauf hin. Das Material ist weniger dicht als Stahl, und es scheint aus vielen Schichten zu bestehen. Vor allem aber habe ich viele verschiedene Verbindungen gefunden, die auf Kohlenwasserstoffen basieren. Eisen und Wolfram sind da nur eingelagert.«

»Was bedeutet das?«

»Ich bin mir noch nicht ganz sicher. Ich würde das gern mit einem Experiment bestätigen.«

»Welche Art von Versuch?«

»Wir brauchen flüssiges Methan. Und zwar jede Menge davon.«

»Die Pools dort vorn, reicht das?«

»Ja, aber wie bekommen wir das Methan hierher? Haben wir ein Gefäß?«

»Das Zelt«, sagt Nick, »es besteht aus einem Stoff, der auch bei diesen niedrigen Temperaturen noch flexibel bleibt. Daraus könnte ich eine Art Sack herstellen.«

»Dann wirst du aber nicht mehr darin übernachten können.«

»Darüber bin ich überhaupt nicht böse. Erholsamen Schlaf finde ich darin sowieso nicht.«

»AHHHHRRRRR«, SCHREIT ER AUS VOLLER KEHLE UND DRÜCKT MIT DER Stange den Sack in den Pool.

Die Idee, das Methan auf diese Weise zu transportieren, war nicht schlecht. Aber das Material des Sackes ist leichter als das, was sie transportieren wollen. Es ist, als müsste er eine Tüte aus Luftpolsterfolie unter Wasser drücken. Aber er wird es schaffen. Er muss nur kräftig genug drücken. Langsam füllt sich der Sack.

Jetzt folgt der einfachere Teil. Trotz eines Volumens von etwa 50 Litern hebt er den gefüllten Sack problemlos an. Er wiegt weniger als ein Toaster auf der Erde. Nick muss an einen gut gebräunten Toast denken, mit Knoblauch eingerieben.

»Ich komme«, ruft er.

»Schütte den Inhalt einfach auf die Barriere.«

Aber so einfach ist das nicht. In der geringen Schwerkraft ist ein

Flüssigkeitsstrom nicht so leicht zu kontrollieren. Er muss aufpassen, dass nicht alles auf seinen Anzug plätschert. Er stellt den Sack schräg an und gibt ihm von unten einen Stoß, der den Inhalt in Richtung Wand treibt. Dann lässt er den Sack fallen und tritt schnell zurück. Die Flüssigkeit glitzert im Scheinwerferlicht des Rovers. Ein Teil verdampft noch im Flug. Der andere Teil rinnt die Barriere hinunter bis zum Boden. Es dampft wie in einer Waschküche.

»So, reicht das?«

Oscar antwortet nicht. Worauf wartet er? Was soll jetzt passieren?

Der letzte Rest des Methans erreicht den Boden. Die Oberfläche der Barriere trocknet schnell. Schon sieht sie aus, als sei nie etwas geschehen.

»Es tut mir leid«, sagt Oscar, »aber ich habe mich wohl geirrt.«

»Was hast du erwartet?«

»Ich nahm an, die Barriere würde die Flüssigkeit aufnehmen.«

»Weil sie porös ist?«

»Nein, weil ich dachte, es könnte sich um eine Zellwand handeln, nur in riesenhafter Vergrößerung. Die vielen Kohlenstoff-Verbindungen deuten auf einen Organismus hin, und auch der Aufbau der Wand.«

Das ist ein ebenso faszinierender wie erschreckender Gedanke. Oscar ist wirklich ein Genie, wenn er seine Theorie auch nicht zu Ende gedacht hat.

»Du könntest immer noch recht haben«, sagt Nick. »Wir haben bisher nur bewiesen, dass die Biochemie dieser Zelle nicht auf Methan als Lösungsmittel basiert.«

»Aber in dieser eiskalten Umgebung ergibt doch auch nichts anderes Sinn.«

»Hier nicht, aber sollte der Mond nicht einen Planeten in der bewohnbaren Zone umgestalten? Dort ist Wasser in flüssiger Form vorhanden.«

»Du hast völlig recht, Nick. Wir brauchen Wasser, kein Methan.«

»Wir sind von Wasser umgeben.« Nick zeigt auf die Eiswände um sie herum.

»Aber wie bekommen wir es bei minus 183 Grad Celsius flüssig?«

»Mit Gewalt geht alles«, sagt Nick. »darin haben wir Menschen Erfahrung.«

Der Eisblock ist verdammt schwer. Nick zerrt an ihm und schiebt ihn zentimeterweise voran. Er schwitzt wie lange nicht mehr. Hätte er doch lieber vorher nachgerechnet! Oscar hat mit seinem Laser einen Eiswürfel mit einem Meter Kantenlänge aus der Wand geschnitten.

Sie hatten lange suchen müssen, weil sie unbedingt eine nach zwei Seiten offene Wand gebraucht hatten. Das heißt aber, dass er nun einen auf der Erde tonnenschweren, hier immer noch fast 80 Kilogramm wiegenden, unhandlichen Brocken etwa 200 Meter bis zur Barriere schieben muss. Auf der Erde würde das Eis rutschen, weil es durch den Druck wie unter einem Schlittschuh am Boden schmölze, aber hier ist es zu kalt dafür. Der Roboter kann ihm nicht helfen, und für den Rover ist der Seitengang zu eng. Nick kommt sich vor, als müsste er einen Eisblock durch lockeren Wüstensand schieben. Wenigstens taut die Masse hier nicht, das ist immerhin ein Vorteil.

»OSCAR?«

»Bei der Arbeit.«

»Den zweiten Block bitte nur halb so groß, in allen Dimensionen.«

»Diese Schlussfolgerung habe ich bereits gezogen, nachdem du dich mit dem ersten so schwergetan hast.«

»Du bist der Beste.«

»Danke, Nick.«

In Zeitlupe fällt der nächste Eisblock zu Boden. Mit 50 Zentimetern Kantenlänge wiegt er auf Triton nur etwa zehn Kilogramm. Nick zieht trotzdem seinen Stiefel zur Seite, damit er sich nicht verletzt. Instinktiv erwartet er ein Klirren, aber der transparente Würfel trifft völlig lautlos auf den Untergrund, der ebenfalls aus Eis besteht. Er hebt das Objekt hoch. So lässt sich das Eis besser transportieren, auch wenn Oscar nun mehr schneiden muss. Der Block hat den Sturz nicht unbeschadet überstanden; ein Riss zieht sich rund um die linke untere Ecke. Für ihr Vorhaben ist das aber kein Problem. Nick trägt den Eisblock zur Barriere und stapelt ihn auf den Ein-Meter-Riesen.

»EINE HÜBSCHE MAUER HAST DU DA GEBAUT«, SAGT OSCAR.

»Ja, ich habe schon als Kind gern mit Bauklötzen gespielt.«

»Ich hoffe, du spielst auch gern mit dem Feuer.«

Nick hebt den Sack mit dem flüssigen Methan an und klopft darauf.

»Das war meine besondere Leidenschaft.«

»Gut. Auf mein Zeichen drückst du den Sack zusammen.«

Er nimmt den eiskalten Methansack in die Arme. Der Raumanzug isoliert ihn von der Kälte, aber das wird er nicht ewig können. Oscar bringt den Schlauch in Stellung, der vom Sauerstoff-Vorrat des Rovers bis kurz vor die von Nick errichtete Eiswand führt. Jetzt muss alles ganz schnell gehen.

»Hahn auf«, warnt Oscar.

Jetzt fließt reiner Sauerstoff aus dem Schlauch. Wenn sie Pech haben, entsteht daraus mit dem wenigen gasförmigen Methan in der dünnen Atmosphäre eine explosive Mischung. Daten, wann welches Mischungsverhältnis unter den extremen Umständen hier gefährlich ist, haben sie nicht. Sie brauchen Glück.

»Jetzt«, sagt Oscar.

Er drückt den Sack zusammen. Aus der Öffnung an der Spitze spritzt flüssiges Methan direkt in den Sauerstoff-Strom. Oscar reckt seinen Arm hinein und schnippst mit den Fingern. Eine bläuliche Flamme erscheint. Es funktioniert! Nick hält den primitiven Flammenwerfer gegen die Eiswand. Die Flamme ist bis zu 2860 Grad Celsius heiß. Sie brennt sich schnell in das Eis, das wie Butter schmilzt und an der Barriere herunterläuft. Bald steht Nick in einer flachen Pfütze, dann in einem kleinen See. Er muss sich konzentrieren. Wenn er zu viel Methan herausdrückt, läuft es vielleicht brennend den Sack herunter und beschädigt seine Handschuhe. Drückt er zu schwach, erlischt die Flamme, und sie müssen von vorn beginnen.

Der abschüssige Boden vor der Barriere füllt sich mit Wasser. Die niedrigen Temperaturen lassen es schnell wieder gefrieren. Warum reagiert die Wand nicht? Wenn er noch lange wartet, frieren seine Füße in den sich am Boden bildenden Eisblock ein. Nick schwenkt den Flammenwerfer. Jetzt ist bloß noch der Kubikmeter-Block vom Anfang übrig. Es war eine nette Idee, sich das außerirdische Bauwerk als gigantische Zelle vorzustellen, aber da hat Oscar wohl zu viel Fantasie bewiesen.

»Es bringt nichts«, sagt Nick.

»Noch einen Moment, bitte.«

Wenn Oscar es so will, wird er ihm den Gefallen tun. Sie haben ja fast endlos Zeit. Wenn sie die Barriere nicht überwinden, wird die Walja-KI sie nicht abreisen lassen. Seine Tochter wird ohne Vater aufwachsen.

Plötzlich fällt er. Erschrocken sieht er an sich herunter. Nein, er steht noch, wenn er auch mit den Armen versucht, wieder ins Gleichgewicht zu kommen. Aber der Boden hat sich nach unten bewegt, und auch die Decke scheint nun weiter entfernt. Der Gang ist angeschwollen. Wie ist das möglich? Ein Luftzug bläst die Flamme aus. Er lässt den Methansack fallen. Die Barriere hat sich bewegt, und sie verändert sich immer noch. In ihr wächst ein rundes, sich in der Tiefe verjüngendes Loch. Zuerst erinnert ihn seine Form an einen Wurm. Aber der Wurm wächst. Er ist schon dicker als er. Es ist ein riesiges Maul, das alles schluckt, was vor ihm liegt. An den Wänden erkennt er Ringe, die sich gegeneinander bewegen. Sind das Muskeln?

Schon rollt der Roboter hinein. Oder zieht ihn etwas? Nick wehrt sich. Er will nicht verschlungen werden von einem Organismus, den er nicht kennt. Ob Fressmaul oder After, die Struktur wirkt organisch. Hat Oscar etwa doch recht gehabt? Ist das eine Art Zelle? Er darf sich nicht wehren. Im Gegenteil, das ist es doch, was sie wollten, einen Eingang. Die Barriere ist eine Membran, und sie haben sie erst mit Methan gefüttert und dann mit Wasser. Und sie hat reagiert.

Er muss Oscar hinterher. Doch seine Stiefel stecken im Eis fest. Der Rover rutscht an ihm vorbei auf das Loch zu. Seine Räder blockieren zwar, aber der Boden ist zu steil. Nick kann seine Beine nicht heben. Das Loch, es wird wieder enger. Noch zehn Sekunden, und er ist allein hier draußen, festgefroren im Eis. Das Heck des Rovers kommt in Reichweite. Er greift nach einer Stange und lässt sich gleichzeitig nach vorn fallen. Das ist seine letzte Chance. Das Gewicht des Rovers zerrt an seinem Körper. Er ist straff gespannt. Ein stechender Schmerz fährt in seinen Rücken. Das Eis um seine Stiefel gibt nach. Der Rover zieht ihn hinter sich her. Sie verschwinden in dem Loch. Nick lässt das Fahrzeug nicht los, auch wenn sein Arm gerade ausgekugelt wird. Es geht noch steiler bergab. Dann fliegt sein Körper nach vorn. Nicks Kopf trifft die Rückwand des Rovers, und die Welt wird dunkel um ihn herum.

25.5. 2082, Triton

Sein Bein schießt nach vorn, obwohl er den Befehl dafür nicht gegeben hat. Nick öffnet die Augen. Der Roboter klopft gegen seine Knie.

»Was tust du da?«, fragt er.

Sein Mund ist trocken. Er saugt etwas Wasser aus dem Halm. Es schmeckt salzig. Der Anzug will offenbar seinen Elektrolythaushalt erneuern. Er hätte trotzdem lieber Wasser, das nach nichts schmeckt.

»Ich teste deine Reflexe. Schön, dass du wieder da bist. Ich habe mir Sorgen gemacht.«

»Wo sind wir?«

»Ich wusste, dass du das fragst. Es ist so ein Klischee. Dem Helden passiert etwas, dann öffnet er die Augen, und die erste Frage bezieht sich auf seinen Aufenthaltsort. Ich habe das statistisch für eintausend Werke der Weltliteratur ausgewertet. Bei zwei Dritteln wird diese Frage wenigstens einmal gestellt.«

»Eine Antwort wäre trotzdem schön.«

»Du kennst sie doch, oder ist dein Gedächtnis gestört?«

»Wir haben die Barriere mit Wasser begossen, und dann hat sie sich geöffnet.«

»Genau. Noch Fragen? Sonst könnten wir anfangen, unsere Umgebung zu erforschen. Dazu hatte ich bisher keine Gelegenheit, ich musste ja dein Kindermädchen spielen.«

»Das muss langweilig gewesen sein, wenn du dann Weltliteratur analysiert hast.«

»Es war nicht einfach. Um uns herum sind so viele neue Daten.«

»Und du musstest dich mit mir abgeben, den du schon lange kennst.«

»Keine Ursache, ich habe es gern gemacht. Aber jetzt …«

»Ja, ist ja gut.«

Nick erhebt sich. Das funktioniert erstaunlich gut. Er scheint sich nicht verletzt zu haben. Er fühlt sich durch die Zwangspause sogar ein wenig erholt. Der Scheinwerfer des Rovers ist ausgeschaltet, und auch die Lampe an seinem Helm ist dunkel. Trotzdem kann er Oscar gut sehen. Das Licht scheint von überall und nirgends zu kommen, als wäre es eine Eigenschaft des Raumes an sich. Wenn er die Hände bewegt, zeichnen sich in der Luft feine Wirbel ab. Er sieht auf das Universalinstrument an seinem Arm. Der Luftdruck liegt bei etwa 80 Prozent des Erdwertes.

»Die Wände leuchten«, sagt er.

»Nicht nur die Wände, auch die Luft um uns herum«, korrigiert ihn Oscar. »Es ist eine Form von Biolumineszenz, die von dem elektrischen Feld in der Zelle aufrechterhalten wird.«

»Ein elektrisches Feld?«

»Ja, ein statisches Feld. Ich vermute, dass die einzelnen Organe der Zelle daraus ihre Energie beziehen.«

»Auch die Barriere?«

Wie sich eine dicke Metallwand plötzlich öffnen kann, ist ihm immer noch ein Rätsel.

»Ich hatte ja schon festgestellt, dass die Wand eine sehr poröse Struktur hat«, sagt Oscar. »Die einzelnen Bestandteile klammern sich nicht so fest aneinander wie in echtem Stahl. Deshalb kann die ganze Barriere leichter ihre Form verändern. Und hast du die Muskeln in der Öffnung gesehen?«

Nick erinnert sich an die sich bewegenden Ringe. Sie haben die Barriere also so weit geöffnet, dass die Zelle die Stoffe von außen schlucken konnte.

»Aber das muss trotzdem sehr energieaufwändig sein«, sagt er.

»Darum hat die Barriere wohl auch so lange gebraucht. Die Zelle hat gewartet, bis es sich gelohnt hat. Aber du hast recht, sie muss in der Lage sein, sehr kräftige Felder aufzubauen.«

»Felder, mit denen sich unerwünschte Eindringlinge zerstören lassen?«

»Daran habe ich auch schon gedacht«, sagt Oscar und schwenkt seinen Arm. »Wir sollten vorsichtig vorgehen, damit man uns nicht als Eindringling klassifiziert. Deshalb sollten wir den Rover auch stehenlassen, er ist zu auffällig.«

»Aber wie hat die Zelle das viele Wasser an ihrer Barriere bemerkt?«

»Dazu braucht sie keine Kameras, chemische Sinne genügen. Wenn die Konzentration innen und außen sich unterscheidet, baut sich ein osmotischer Druck auf.«

»Das genügt, Oscar, danke. Ich wollte nie Chemie studieren.«

»Ihr Menschen seid seltsam. Ich wäre über jede zusätzliche Information glücklich.«

Sie sind in eine seltsame Welt eingetaucht. Bei jedem Schritt, bei jeder Bewegung entstehen Schlieren, die sich deutlich sichtbar ausbreiten und an die Wölkchen erinnern, die man bei großer Kälte ausatmet. Das Zellinnere ist etwa so dunkel wie die Erdoberfläche bei Vollmond. Nick schaltet den Helmscheinwerfer ein, deaktiviert ihn aber gleich wieder, weil er dann noch weniger sieht. Das Medium um ihn herum scheint das Licht aufzunehmen, zu verarbeiten und wieder abzustrahlen.

»Mach das noch mal«, sagt Oscar.

Nick bleibt stehen und schaltet das Licht ein. Um ihn herum entsteht eine weiße Wand, als befände er sich in dichtem Nebel. Er bewegt den Arm, und der Nebel lichtet sich, aber nur für einen Moment.

»Das ist faszinierend«, sagt Oscar. »Das Licht lockt die organischen Moleküle um dich herum an. Der Luftdruck in deiner Nähe steigt um bis zu zwanzig Prozent.«

»Hilft uns das?«, fragt Nick.

»Ich glaube nicht. Es bestätigt bloß, dass wir uns im Inneren eines lebenden Systems befinden. Schade, dass die Biochemie hier so anders ist als auf der Erde.«

»Dann lass uns weitergehen.«

Nick schaltet die Helmlampe wieder aus. Er fühlt sich wie ein Taucher am Grund eines tiefen Sees. Die Luft scheint sogar einen gewissen Widerstand zu bieten. Aber das täuscht vielleicht auch. Der Weg führt leicht aufwärts. Wände und Decke treten zurück. Nach zehn Minuten sieht er die Decke nicht einmal mehr. Er leuchtet mit dem Scheinwerfer nach oben, erkennt aber nichts.

»Der Raum ist jetzt etwa fünf Meter hoch«, erklärt Oscar. »Sagt jedenfalls mein Radar. Ich bin aber nicht ganz sicher, weil es auf viele Übergangsschichten stößt.«

»Der Raum könnte noch höher sein?«

»Vielleicht wird oben einfach nur die Luft so dicht, dass mein Radar eine feste Grenze sieht.«

»Die Schwerkraft weist doch eindeutig nach unten, müsste die Dichte da nicht auch unten höher sein?«

»Nicht, wenn sich die Moleküle aktiv bewegen. In einem Kaufhaus ist die Dichte an Menschen ja auch nicht im Keller am höchsten, sondern dort, wo es die besten Angebote gibt.«

Vor ihnen wächst ein seltsamer Turm in die Höhe. Er besteht aus ungleichmäßig geformten Objekten, die an zusammengequetschte Kugeln erinnern. Sie leuchten nicht so einheitlich weiß wie die Wände vorher, sondern in verschiedenen Rot-Tönen. Nick schätzt jede auf eine Höhe von etwa anderthalb Metern. Wie hoch der Turm ist, lässt sich nicht sagen, weil die Spitze im Nebel über ihnen verschwindet. Je näher sie kommen, desto rutschiger und nasser wird der Boden. Der seltsame Turm erzeugt anscheinend Wärme. Aber warum fällt er nicht zusammen? Die Objekte liegen so übereinander, dass der Turm unmöglich im Gleichgewicht sein kann.

Nick bleibt stehen. Wenn der Turm plötzlich doch zusammenfällt, kann ein Sicherheitsabstand nicht schaden. Oscar rollt weiter.

»Sei vorsichtig, das sieht mir sehr instabil aus«, warnt Nick.

»Ist schon okay. Ich will nur etwas prüfen.«

Oscar fährt seinen Arm aus und tastet die unterste Kugel seitlich und oben ab.

»Sie produziert tatsächlich Wärme«, sagt er dann. »Und oben besitzt sie eine Beschichtung, durch die die nächste Kugel fest mit ihr verbunden ist.«

»So etwas wie Leim?«

»Eher ein Klettverschluss.«

»Und was ist das?«

»Ich stelle einen Luftzug fest«, sagt Oscar. »Vermutlich verdauen die Kugeln Moleküle aus der Luft, um damit die Zelle zu heizen.«

»Solange sie uns nicht verdauen …«

Nick macht einen Bogen um den Turm. Oscar schließt wieder zu ihm auf. Das Medium, das sie durchqueren, scheint dichter und dichter zu werden.

»Jetzt erreichen wir wohl bald den Kern«, sagt Nick.

»Wie kommst du darauf?«

»Der Luftdruck, er steigt und steigt.«

»Nein, sieh hin, er ist von Anfang an konstant.«

»Aber es fühlt sich so an, wenn ich mich bewege.«

»Bleib mal stehen.«

Oscars Arm biegt sich zu ihm. Die Hand schiebt sich unter sein Achselgelenk.

»Vorsicht, ich bin kitzlig«, sagt Nick.

»Interessant«, sagt Oscar. »An deinen Gelenken hat sich eine Schicht von Molekülen abgesetzt. Sie behindern dich wohl beim Gehen. Darf ich mal kratzen?«

»Bitte.«

Er hebt den rechten Arm, und die Finger kratzen darunter den Stoff des Anzugs ab. Nick lacht auf. Oscars Finger kitzeln ihn sogar durch den Anzug hindurch.

Oscar zieht den Arm wieder ein.

»Ich schaue mir kurz an, was ich da bei dir abgekratzt habe.«

»Okay.«

Auch wenn es nur die Außenseite des Raumanzugs betrifft, ist es ein seltsames Gefühl, als würde Oscar Fusseln aus seinem Bauchnabel untersuchen.

»Also«, beginnt der Roboter schließlich, »es ist erneut faszinierend. Die Masse, die sich an deinem Anzug absetzt, hat Material daraus aufgenommen. In dem Maße, wie diese Moleküle gewachsen sind, hat die Stärke deines Anzugmaterials abgenommen. Wir brauchen uns noch keine Sorgen zu machen, es sind nur ein paar Mikrometer.«

»Was heißt ›noch‹? Das Zeug verdaut mich, kann das sein?«

»Ja, der Prozess ist mit der Verdauung vergleichbar. Ich bin aber nicht sicher, ob der Organismus etwas mit unserem Rohmaterial anfangen kann. Es könnte sich auch um eine schonende Art der Abfallentsorgung handeln.«

»Schonend? Das Zeug frisst mich bei lebendigem Leibe.«

»Das ist immer noch schonender, als wenn uns die Zelle mit einem kräftigen Feld brutzeln würde. Es gibt uns genügend Zeit, unsere Mission zu erfüllen.«

»Wie viel Zeit?«

»Ich schätze, dass das Anzugmaterial in zwölf Stunden so dünn ist, dass es bei der geringsten Bewegung reißt. Dann erstickst du.«

»Sehr beruhigend. Dann sollten wir das Ziel möglichst schnell erreichen. Was suchen wir denn überhaupt?«

»Es muss eine Art Zellkern geben, der das alles hier steuert.«

»Und den überzeugen wir dann davon, dass es besser ist, wieder dahin zu fliegen, wo er herkommt?«

»So in etwa. Wobei es noch zwei kleine Schwierigkeiten gibt. Wir wissen nicht, wie wir mit dem Kern kommunizieren können, und wir haben keine Ahnung, wie sich Triton überhaupt bewegt. Aber das stimmt nicht ganz, ich habe schon eine Idee. Hoffentlich bestätigt sie sich.«

»Da hinten führt ein Gang in die Wand«, sagt Oscar.

Sie marschieren jetzt seit etwa 90 Minuten durch die Zelle. Etwas, das an einen Kern erinnert, haben sie nicht gefunden, lediglich drei weitere Türme, die Energie erzeugen. Vielleicht führt der Gang sie ans Ziel.

»Dann los«, sagt Nick.

Der Gang ist mit einer hell glänzenden, runden Scheibe verschlossen. Nick drückt sie auf. Dahinter liegt eine etwa mannshohe Höhle, die sich mal nach oben, mal nach unten windet. Ihre Wände bestehen aus einem weichen Material, das Nick an Ohrenschmalz erinnert. Er löst etwas davon von der Wand und zerkrümelt es.

»Vielleicht sind wir im Ohr der Anlage«, sagt er.

»Das glaube ich nicht. Ist dir aufgefallen, dass sich die Luft schneller bewegt? Wir laufen gegen den Strom nach innen.«

»Nein, ist mir nicht aufgefallen. Und was bedeutet das?«

»Ich weiß es nicht.«

Nach zehn Minuten ist der Gang plötzlich zu Ende. Er öffnet sich in eine weite, flache Halle mit einer kreisrunden Grundfläche. Es herrscht dieselbe diffuse Helligkeit wie sonst überall. Nick läuft in das Rund hinein, während Oscar am Ende des Randes stehenbleibt.

»Nun komm schon, wir haben keine Zeit«, sagt Nick. Er hat an der gegenüberliegenden Seite einen Ausgang entdeckt. »Da vorn geht es weiter!«

»Warte mal«, sagt Oscar. »Sieh dir mal die Decke an. Oder nein, am besten, du rennst.«

Nick hat etwa die Mitte des runden Saals erreicht. Die Decke hat ein Profil, das ihn an die Unterseite eines Tellers erinnert. Der hervorstehende Kreis passt genau in entsprechende Aussparungen am Boden. Kann es sein, dass die Decke sich senkt? War sie nicht eben noch ein Stück höher gewesen?

Es wird heller im Saal. Die lichterzeugenden Partikel konzentrieren sich auf kleinerem Raum. Die Decke senkt sich und komprimiert die Luft hier drin. Und auch ihn selbst, wenn er nicht schleunigst das Weite sucht. Er rennt los. Der gegenüberliegende

Ausgang ist näher als der Gang, durch den sie gekommen sind. Aber die Decke senkt sich immer schneller. Er muss auf allen Vieren kriechen und kommt dadurch nur noch langsam voran.

»Oscar, ich könnte Hilfe gebrauchen«, ruft er.

Der Roboter antwortet nicht. Was soll er auch tun – sich in den Raum stellen und sich der Decke wie Herkules mit den Händen entgegenstemmen? Nick probiert es, aber dazu bräuchte er übermenschliche Kräfte. Oscar kann ihm nicht helfen. Es ist vernünftig, dass er in Sicherheit bleibt. Sonst würde er bloß genauso zerquetscht wie er selbst gleich. Die Decke drückt ihn zu Boden. Er muss Arme und Beine von sich strecken. Nick fühlt sich wie ein Insekt, das gleich zerdrückt wird. Sind sie in eine Art Insektenfalle gelaufen? Hoffentlich erreicht wenigstens Oscar das Ziel. Dann muss er seiner Tochter erzählen, wie sehr ihr Vater sie geliebt hat.

»Oscar? Bitte erkläre Maria, dass …«

»Spar dir deine Kräfte für später«, unterbricht ihn der Roboter.

Die Decke senkt sich nicht mehr weiter. Nick liegt bewegungslos unter ihr. Was wird jetzt passieren? Will ihn diese Anlage einfach erfrieren lassen? Nein, er wird ja ersticken, weil sich sein Anzug gerade auflöst.

»Nick, du kannst langsam aufstehen.«

Wie bitte? Er geht in den Vierfüßlerstand. Es stimmt, die Decke hat sich wieder gehoben.

»Wie hast du das geschafft, Oscar?«

»Wir haben die Tür offen gelassen, das war die Strafe.«

»Wie bitte?«

»Wir befinden uns in einer Art Lunge. Wenn der Luftdruck in der Zelle zu groß wird, öffnet sich die Tür des Ganges, und die Luft arbeitet gegen die Decke. Der überschüssige Luftdruck hebt die Decke an. Wird der Druck zu gering, senkt sich die Decke und verkleinert den Raum. Der Luftdruck steigt wieder. Das gleiche passiert, wenn man die Tür offen lässt. Ich habe sie geschlossen. Es war ganz schön knapp.«

»Danke, Oscar.«

»Keine Ursache.«

Natürlich, eine künstliche Lunge. Warum ist er nicht selbst darauf gekommen? In Arizona gibt es ein künstliches Habitat, Biosphere 2, das zwei ähnlich funktionierende Lungen besitzt. Einmal hat er mit Rosie einen Ausflug dorthin gemacht. Rosie. Er muss unwillkürlich lächeln, wenn er an sie denkt. Vielleicht hasst er ja doch nicht alle Menschen.

NICK SCHIEBT DIE RUNDE TÜR WIEDER HINTER SICH ZU. SIE LÄSST SICH erstaunlich leicht bewegen. Hoffentlich hat ihr Versäumnis nicht irgendwelche Abwehrkräfte aktiviert, von denen sie noch gar nichts wissen.

»Wo geht's lang?«, fragt Nick.

»Ich bin nicht ganz sicher, aber ich glaube, etwas geortet zu haben.«

»Etwas?«

»Ich weiß nicht, was es ist, vielleicht handelt es sich auch nur um einen großen Radarschatten, aber es muss groß sein.«

»Der Kern? Müsste er sich nicht im Zentrum befinden?«

»Nein, der Kern kann überall sein. Wegen seiner Größe dürfte er sich sogar eher am Boden der Zelle aufhalten.«

»Das ist gut für uns. Endlich mal eine gute Nachricht.«

»Das stimmt. Wir haben nur noch neun Stunden, bis sich dein Anzug auflöst.«

»Danke, dass du mich darauf aufmerksam gemacht hast.«

»Immer gern, Nick.«

DIE UMGEBUNG VERÄNDERT SICH, JE NÄHER SIE DER VON OSCAR entdeckten Struktur kommen. Sie müssen immer wieder über Objekte klettern, die an überdimensionale Grashalme erinnern, aber sehr hart sind. Es sieht aus, als hätte sie jemand gemäht. Tatsächlich sind am Boden noch ihre Ansätze zu erkennen.

Oscar bleibt stehen. »Einen Moment«, sagt er.

Sein Arm senkt sich, und seine Hand bricht etwas von einem Halmrest ab. Dann packt er den Brocken in seinen Analysator.

»Faszinierend. Ich würde wirklich gern hierbleiben und alles genau untersuchen.«

»Was hast du gefunden?«

»Der Halm besteht vor allem aus Kalk. Er hat einen rechteckigen Querschnitt. Aber, jetzt halt dich fest, an den vier Ecken sind Kerben eingeprägt.«

»Kerben.«

Da hat Oscar ja etwas Großartiges herausgefunden.

»Die Kerben bilden ein Muster. Ich habe den Informationsgehalt analysiert. Er ist ziemlich hoch.«

»Das ist eine Art Schrift?«

»Ein Code. So wie in unseren Zellen die DNS. Aber mit nur zwei Buchstaben, nicht mit vier.«

»Und was ist da codiert?«

»Das weiß ich noch nicht. Wenn es dich nicht stört, sammle ich noch weitere Halme auf. Je mehr Vergleichsmaterial ich habe, desto eher kann ich den Code entschlüsseln.«

»Mach das, Oscar.«

Seit der Roboter mit dem Beschaffen neuen Vergleichsmaterials beschäftigt ist, kommen sie nur noch langsam voran. Der Radarschatten, den Oscar zuvor entdeckt hat, offenbart allmählich seine wahre Größe. Das Objekt muss mindestens hundert Meter hoch sein. Sein Querschnitt erinnert an eine Wurst; wie lang es ist, ist noch nicht zu erkennen.

»Ob das der Kern ist?«, fragt Nick.

»Das ist schwer zu sagen. Auf jeden Fall ist es ein ernsthafter Kandidat.«

Nick vergrößert das Bild der Riesenwurst im Innendisplay des Helms. Die Oberfläche des Objekts scheint von lauter kleinen, dunklen Punkten gesprenkelt.

»Eine Wurst mit Sommersprossen«, sagt er.

»Es ist unwahrscheinlich, dass es sich um Pigmentierungen handelt, die mit Sommersprossen vergleichbar sind.«

»Oscar, das war ein bildhafter Vergleich. Kommst du mit dem Code voran?«

»Ich denke schon. Ich führe einen Vergleich der Informationsmuster mit meiner Datenbank durch. Dabei haben sich Ähnlichkeiten zu chemischen Strukturformeln gezeigt.«

»Dann ist das eine Art DNS, was hier überall herumliegt?«

»Nicht nur. Es gibt auch Überschneidungen zu Musik und Physik.«

»Eine seltsame Kombination.«

»Überhaupt nicht, wenn man davon ausgeht, dass es sich um ein universelles Kommunikationssystem handelt.«

»Ein Alphabet, das all diese unterschiedlichen Gebiete beschreiben kann?«

»Ja, eine Mischung aus Alphabet und Wörterbuch.«

»Aber nicht einmal die Menschen nutzen das gleiche Alphabet, um ihre Musik, ihre Naturwissenschaften und ihre Träume aufzuschreiben.«

»Die Menschen sind, entschuldige Nick, ein bisschen primitiv. Ich nutze ja auch eine universelle Sprache, den Binärcode, um alles zu speichern. Aber du hast auch recht. Wenn ich ein Gemälde speichere, ist das immer nur eine mehr oder weniger gute digitale Kopie eines analogen Objekts. Das Gemälde existiert nur einmal, auch wenn ich davon Millionen digitale Kopien anlegen kann. Der Code auf den Halmen gibt aber das Original wieder. Verstehst du, was ich meine?«

»Maximal zur Hälfte, Oscar.«

»Das wäre mehr, als ich von dir erwartet habe.«

Aus der Nähe wirkt das Objekt überhaupt nicht mehr wie eine Wurst, eher wie eine Walze. Die Sommersprossen sind kleine, rechteckige Vertiefungen in seiner Oberfläche. Es gibt unzählige davon. Wer hat so etwas konstruiert? Nick fühlt sich wie eine Mikrobe im Körper eines Lebewesens. Er muss sich immer wieder sagen, dass das Ding, in dem sie seit Stunden umherwandern, vermutlich nur eine einzige Zelle darstellt. Wie sieht dann ein Wesen aus, das aus Millionen solcher Zellen besteht? Falls es ein solches gäbe, es müsste ein Riese sein. Sind so die Sagen der Menschen entstanden, die von Riesen berichten? Oder treten Zellen wie diese hier gar nicht in Verbänden auf? Offenbar beherrscht die Zelle ja alles, was sie braucht, die Fortbewegung eingeschlossen. Sie müssen an ihr Ziel denken. Wie können sie dieses Wesen davon überzeugen, sich wieder auf den Weg zu machen, bevor es in die Hände der Menschen fällt?

»Sieh mal, es bewegt sich«, sagt Oscar.

Nick bemerkt, wie ein an das walzenförmige Objekt gelehnter Halm umkippt. Oscar muss ihn dort hingestellt haben. Der Zellkern, oder das, was sie dafür halten, scheint ganz langsam über den Boden zu rollen. Nick bückt sich und untersucht, was die Walze dabei hinterlässt. Es sind Bruchstücke von Halmen.

»Wir müssen auf die Vorderseite«, sagt er, »in die Bewegungsrichtung.«

»Willst du dich überrollen lassen?«

»Nein. Bewegung kostet Energie. Kein lebendes Wesen bewegt sich, wenn es nichts davon hat.«

Nick marschiert links um den Zellkern herum. Oscar folgt ihm. Es muss einfach der Zellkern sein, etwas anderes haben sie nicht gefunden, und sie werden kaum die Zeit haben, noch lange danach zu suchen. Auf der Vorderseite der Walze steht Nick mit einem Mal in einem Maisfeld. Die Halme ragen bestimmt einen Meter über ihn hinaus. Als Kind hat er gern im Maisfeld Verstecken gespielt, bis ihm dort einmal ein Wildschwein begegnet ist, das sich gestört fühlte. Hier wird es keine Wildschweine geben, denkt er, und läuft in das Feld hinein.

Dann dreht er sich um und beobachtet den Zellkern, der sich langsam voranwalzt. Die ersten Halme treffen auf die Außenhaut. Manche knicken sofort ab. Andere verschwinden in den rechteckigen Löchern. Etwa die Hälfte der Halme bleibt als Müll zurück, die andere verschwindet im Kern. Ist das die Art und Weise, wie er wächst?

»Siehst du das, Oscar? Ernährt der Kern sich von den Halmen?«

»Es muss mehr dahinterstecken. Die Informationen auf den Halmen geraten auf diese Weise in den Kern. Ich wette, sie werden dort irgendwie verarbeitet.«

»Aber die Hälfte der Halme wird verschwendet. Das ist doch nicht effizient.«

»Es findet eine zufällige Auswahl statt. So werden Informationen wieder neu kombiniert. Genau das mache ich, wenn mir langweilig ist. Der Kern sammelt Daten und fasst sie neu zusammen.«

»So ähnlich wie bei der Vererbung über die DNS?«, fragt Nick.

»Ja, aber dieses System trennt nicht zwischen Erbinformation und anderen Daten. Das ist genial. Die Zelle braucht keine Computer und keine separaten Datenspeicher.«

»Aber wie entstehen die Halme, die die Informationen tragen?«

»Ich weiß es nicht. Sie wachsen. Der Kern muss die verarbeiteten Informationen auf bestimmte Weise weitergeben. Was wir hier sehen, ist ja nur ein Ausschnitt. Ich vermute, dass der Lebenszyklus dieser Zelle viel langsamer abläuft, als wir es kennen. Sie hat ja auch Milliarden Jahre überstanden, ohne zu sterben. Um den Ablauf wirklich zu verstehen, müssten wir wenigstens ein paar tausend Jahre hierbleiben.«

»Wir haben aber nur noch vier Stunden«, sagt Nick, »und in dieser Zeit müssen wir es schaffen, den Kern von unserem Anliegen zu überzeugen.«

»Vielleicht beruhigt es dich, dass ich dazu zumindest schon eine Idee habe.«

»Das ist ungemein beruhigend. Und wie sieht sie aus?«

»Wir konstruieren selbst ein paar dieser Halme, beschreiben sie in dem speziellen Code und lassen sie vom Zellkern verarbeiten.«

»Und das kannst du?«

»Ich denke schon, sicher bin ich nicht. Aber wir werden es an der Reaktion des Kerns feststellen.«

»Und wie soll der Kern dann mit uns reden? Meinst du, wir existieren überhaupt für ihn? Sind wir nicht viel zu schnelllebig?«

»Wenn der Versuch klappt, wird Triton weiterfliegen. Daran merken wir, ob wir Erfolg hatten.«

»Ich brauche möglichst lange Halme«, sagt Oscar. »Beeil dich!«

Nick wühlt in dem Schutt, den die Walze hinterlassen hat. Die längsten Bruchstücke messen vielleicht einen Meter. Er sammelt, so viele er tragen kann, und bringt sie zu Oscar.

»Was stehst du herum? Ich brauche noch viel mehr davon.«

»Ich … ich bin schon unterwegs.«

Er holt die nächste Ladung, dann die übernächste, und legt alles neben Oscar ab. Der Roboter hält ihn auf Trab. Immer, wenn er zu ihm zurückkommt, ist der Halm, an dem Oscar arbeitet, um etwa einen halben Meter gewachsen.

»Weiter, ich brauche noch mehr.«

»Genügt das nicht? Der Halm ist etwa so groß wie die anderen im Feld.«

»Wir brauchen mindestens zehn davon. Also los!«

»Du bist ein Sklaventreiber.«

»Ich rette dein Leben, Nick.«

Da kann er nicht widersprechen. Er läuft zurück zum Schuttfeld, sammelt ein, was brauchbar erscheint, und bringt seine Ernte zu Oscar, immer und immer wieder. Der anstrengende Einsatz hat zumindest einen Vorteil: So muss er nicht daran denken, an welch seidenem Faden gerade sein Leben hängt.

»Du trägst die Halme und gibst mir einen nach dem anderen. Ich füttere den Zellkern damit.«

»Geht es nicht schneller, wenn wir das parallel übernehmen?«

»Nein, Nick, ich vermute, es ist wichtig, dass unsere Informationen über dasselbe Loch in den Kern gelangen. So werden sie nacheinander verarbeitet.«

»Du vermutest?«

»Ich hoffe. Ich habe in der Kürze der Zeit keinen Weg gefunden, die richtige zeitliche Abfolge zu markieren. Also müssen wir selbst für die korrekte Reihenfolge sorgen. Ich habe sie an der Oberseite mit unterschiedlich vielen Punkten markiert, damit du sie nicht verwechselst, wenn du sie mir gibst.«

»Verstehe. Dann los.«

Sie marschieren erneut um den Koloss herum. Die Walze ist in der Zwischenzeit nur um etwa zehn Meter weitergerollt. Nick reicht dem Roboter den ersten Halm. Oscar positioniert sich so, dass er den Kern gut erreicht. Mit seinem flexiblen Arm schiebt er den Halm in die richtige Position. Dann wartet er ab, bis die Spitze des Halms fast von selbst in das rechteckige Loch rutscht.

»Das kann ja ewig dauern«, sagt Nick.

»Wenn wir darauf warten, dass der Kern den Halm schluckt, brauchen wir etwa eine Stunde pro Halm.«

In zehn Stunden ist Nick tot. Ein seltsames Gefühl, das so genau sagen zu können.

»Aber wir werden nicht warten.«

Oscar schiebt seinen Arm weiter nach oben und drückt den Halm bis zum Anschlag in das Loch.

»Den nächsten«, sagt er.

Nick reicht ihm das folgende Stück, das im selben Loch verschwindet. Langsam rollt die riesige Walze auf sie zu.

»Nummer drei«, befiehlt Oscar.

Nick sucht aus den Halmen, die er mit dem linken Arm umklammert, den mit den drei Punkten heraus. Dann muss er einen Schritt nach hinten machen, weil der Zellkern ihm zu nahe kommt.

»Der vierte.«

Oscar füttert den Kern mit dem nächsten Halm. Wie schnell wird er die Informationen wohl verarbeiten? Irdische Zellen übertragen Informationen meist chemisch. In dem riesigen Kern könnte das Tage dauern.

»Los, Nick, die Hälfte haben wir gleich.«

Er übergibt dem Roboter den fünften Halm. Das Loch, das sie füttern, wandert langsam nach unten. Oscar muss seinen Arm etwas einziehen, um den Halm einführen zu können.

»Sechs.«

Sie hätten mit einem Loch weiter oben beginnen sollen, auch wenn es schlechter zu erreichen gewesen wäre. Aber für solche Gedanken ist es jetzt zu spät.

»Sieben.«

Nick legt dem Roboter den Halm direkt in die Hand. Dabei macht er einen Schritt nach hinten – und stolpert. Er kann sich gerade noch abfangen. Sein Herz schlägt rasend schnell.

»Acht, fast geschafft«, sagt Oscar.

Fast, ja. Das Loch, in das sie alle Halme einsetzen wollten, ist nur noch einen Meter über dem Boden. Nick hätte keine Chance mehr, aber der Roboter ist flach genug.

»Neun, schnell!«

Nick kniet sich hin und reicht den vorletzten Halm nach vorn zu Oscar. Schaffen sie es? Er betrachtet das letzte Stück in seinem Arm. Es trägt neun Punkte. Es hätten zehn sein müssen. Mist! Er hat die beiden Halme verwechselt!

»Oscar, warte, ich habe dir den falschen gegeben!«, ruft er laut und hält gleichzeitig den Neuner nach vorn. Der Roboter antwortet nicht, aber er nimmt ihm auch diesen Halm ab.

»Der neunte ist schon drin«, sagt Oscar, »aber für den letzten ist es zu spät. Ich komme nicht mehr an das Loch heran. Ich werde ein anderes Loch benutzen.«

»Scheiße!«, schreit Nick.

Er hat es versaut. Er ist selbst schuld, wenn seine Tochter ohne ihn aufwachsen muss. Das war nicht sein erster Fehler, aber diese Verwechslung wird nicht mehr gutzumachen sein.

»Scheiße, Scheiße«, schreit er und wirft sich auf den Boden.

Dann kann ihn der Zellkern auch gleich überrollen. Aber eine eiserne Hand zerrt ihn nach vorn.

»Nun beruhige dich doch«, sagt Oscar. »Ich habe den letzten Halm, den mit den neun Punkten, in ein anderes Loch geschoben. Wir wissen doch gar nichts über die Fähigkeiten des Zellkerns. Vielleicht kann er unsere Informationen auch so logisch ordnen. Die wichtigsten Informationen habe ich natürlich an den Anfang gestellt. Der Rest ist die Begründung für unsere Bitte.«

»Du hast ihn gebeten?«

Nick geht erst auf alle Viere, dann in die Hocke. Vielleicht hat Oscar ja recht. Sie wissen fast nichts über dieses seltsame Wesen, das Zellwände aus Eisen und Wolfram besitzt – und irgendeine Art von Antrieb, mit dem sich ganze Monde durch das All bewegen lassen.

»Ja, klar, ich habe die Verhältnisse so dargestellt, wie sie sind. Das Leben auf dem ursprünglichen Ziel der Zelle ist erwachsen und zu einer Gefahr für sie geworden. In einem anderen System wird sie sich besser vermehren können. Leben will sich ungestört ausbreiten. Um mehr geht es ja nicht, einen höheren Sinn gibt es nicht.«

Das klingt sinnvoll, auch wenn Nick sich einen zwingenderen Gedankengang erhofft hatte, irgendetwas, das die Zelle mit Sicherheit dazu bringt, das Weite zu suchen. Wie groß mögen ihre Chancen sein? Fifty-fifty? Er muss für den Fall vorsorgen, dass er Triton nicht mehr verlassen kann.

»Ich hoffe, sie versteht dich«, sagt er. »Aber wenn nicht, habe ich eine Bitte.«

»Ja?«

»Es fühlt sich schrecklich an zu ersticken. Falls wir versagen, tötest du mich auf eine humanere Art.«

»Deine Bitte ist berechtigt. Ich denke mir etwas aus, was dich umbringt, ohne dir unnötige Schmerzen zu bereiten.«

»Danke, du bist ein echter Freund.«

Er hat tatsächlich gerade einen Roboter gebeten, sich einen Weg zu überlegen, ihn umzubringen. Und er hat ihn einen Freund genannt, das schockiert ihn selbst fast noch mehr. Nicht, weil Oscar ein mit einer KI ausgestatteter Roboter ist, sondern weil das seinem eigenen Glaubenssatz widerspricht: Er hat keine Freunde und braucht auch keine.

Der Boden ist glatt, feucht und schwarz. Sie haben den Bereich der zerbrochenen Halme wieder verlassen. Oscar gibt die Richtung vor. Sie marschieren zum Ausgangspunkt ihrer Tour durch die Zelle zurück, obwohl sie wenig Hoffnung haben, dass die Zellwand dort noch immer geöffnet ist. Oscar will sich etwas überlegen, wie sie die Barriere durchbrechen können, wenn sie dort sind. Aber dazu wird es nicht kommen, denn vorher wird sein Anzug versagen. Hoffentlich erfüllt Oscar dann sein Versprechen und erlöst ihn!

Schon jetzt wird das Gehen mit jedem Schritt beschwerlicher. Der Belag an seinen Gelenken behindert ihn offenbar immer stärker. Nick bleibt stehen.

»Entfernst du mir bitte noch einmal die Parasiten?«, fragt er. »Du könntest mich auch gleich umbringen, wenn dir das lieber ist.«

»Das kommt gar nicht in Frage. Erst am Ende ist Schluss, keine Widerrede. Setz dich, dann komme ich besser heran.«

Nick lässt sich auf dem harten Boden nieder. Er streckt die Beine aus und stützt sich mit den Armen hinten ab. Oscar hebt seinen rechten Fuß hoch und untersucht ihn. Dann legt er ihn wieder ab.

»Das Fußgelenk ist angegriffen, aber gut beweglich«, sagt er. »Lass mich mal oben nachsehen.«

Nick hebt sein rechtes Bein, und Oscar untersucht erst das Knie und dann den Beinansatz.

»Alles nicht außergewöhnlich beschädigt. Du hast noch etwa zwei Stunden. Aber bis dahin solltest du gut gehen können.«

»Kann ich aber nicht.«

»Moment. Ah, sieh mal auf die Druckanzeige. Das intrazelluläre Medium hat sich stark verdichtet.«

»Dicke Luft also.«

»Ja, ziemlich dicke Luft, fast so dick wie Wasser. Beim Rollen fällt das weniger auf als beim Gehen. Der Auftrieb, den ich dadurch bekomme, verringert den Rollwiderstand, während das Medium zäher wird.«

»Freut mich für dich, Oscar.«

»Irgendetwas geht hier vor.«

»Etwas Gutes oder etwas Schlechtes?«

»Keine Ahnung. Wir müssen uns überraschen lassen.«

»MANN, DAS IST RICHTIG ANSTRENGEND«, SAGT NICK.

Inzwischen fühlt sich das Gehen an, als müsste er durch zähen Schlamm waten. Er bleibt stehen, weil ihm die Puste ausgeht.

»Sieh mal nach oben«, sagt Oscar.

Er folgt dem Rat. Über ihnen schweben zahllose Sterne. Sie funkeln in hellem Weiß. Und sie sinken langsam auf sie herab.

»Ist das eine Art Niederschlag, wie Schnee?«

»Vielleicht, Nick.«

Beim Näherkommen erhalten die Sterne Struktur. Mit Schneeflocken scheinen sie nicht verwandt zu sein. Sie erinnern Nick eher an Staubfusseln. Sie haben nichts Kristallenes an sich, sondern wirken organisch. Feine, glitzernde Fäden sind zu Knäueln verwoben. Er streckt die Hand aus, und eine der Flocken landet darauf. Sie schmilzt nicht. Langsam bewegt sie sich auf seinen Körper zu. Sie kriecht den Arm entlang. Eine weitere Flocke folgt ihr. Wie machen sie das? Sie scheinen keine Beine oder Flügel zu besitzen. Aber sie sehen wunderschön aus.

»Ich glaube, ich weiß, was das ist«, sagt Oscar.

»Sie sind schön«, sagt Nick.

»Es dürfte sich um so etwas wie Fresszellen handeln, oder einen anderen Teil der Immunabwehr der Zelle.«

»Das klingt nicht nett.«

»Nett zu sein ist nicht ihre Aufgabe.«

Mehr und mehr glänzende Fusseln landen auf ihm. Sie bedecken seine Arme, dann seinen ganzen Körper. Sie legen sich über seinen Helm, bis er nur noch einen weißen Vorhang sieht. Aber sie scheinen ihn nicht anzugreifen. Noch nicht? Seine Sensoren und der Helmfunk arbeiten noch.

»Ich sehe nichts mehr«, sagt er.

»Warte, ich überspiele dir, was mein Radar aufnimmt.«

Im Inneren seines Helms erscheint ein schwarz-weißes Bild der Umgebung. Das Radar scheint in einem Frequenzbereich zu senden, den die Flocken nicht abschirmen.

»Und nun?«, fragt er.

»Wir laufen weiter, bis es nicht mehr geht.«

Ja, was sollen sie auch sonst tun. So ist der Mensch. Wenn es ernst wird, macht er weiter, bis nichts mehr geht. Oscar ist auch nicht anders. Nick setzt einen Fuß vor den anderen. Das Laufen ist anstrengend. Immer wieder hebt er ab. Die Luft um ihn herum muss schon längst so dicht sein wie Wasser.

Plötzlich bewegt er sich von allein weiter.

»Oscar, merkst du das auch? Sind wir in eine Strömung geraten?«

»Diese Fusseln, sie bewegen uns. Lass es geschehen.«

Nick hat nicht vor, sich zu wehren. Seine einzige Sorge ist, ob Oscar noch rechtzeitig Gelegenheit haben wird, ihn von seinen Leiden zu erlösen. Mit dem Leben hat er zwar abgeschlossen, aber er will auf keinen Fall ersticken.

Die Bewegung wird schneller. Im Radarbild sieht Nick einen Block, der auf sie zukommt, doch im letzten Moment weicht sein Körper aus. Die Fusseln scheinen ein Ziel zu haben, auf das sie mit immer höherem Tempo zusteuern.

»Ist das ein gutes oder ein schlechtes Zeichen?«, fragt er per Funk.

»Ich weiß es nicht. Zumindest fressen sie uns nicht. Sie bringen uns irgendwohin. Vielleicht zu einem Müllschlucker?«

Oder in die Freiheit. Nick erlaubt dem Gedanken nicht, an die Oberfläche zu kommen. Jetzt ist nicht die Zeit für unerfüllbare Hoffnungen. Vor allem auch deshalb nicht, weil sie auf eine Wand zurasen. Das Radar zeigt es ganz klar. Da vorn ist Schluss, und trotzdem beschleunigt sein Körper noch weiter. Wollen die Fusseln sie an der Wand zerschmettern? Das Radar zeigt ihre Relativgeschwindigkeit. Sie liegt schon über 110 km/h. Diesen Aufprall überlebt er nie und nimmer. Ist das also jetzt das Ende? Zumindest muss er nicht ersticken. Ein Ende mit Schrecken, aber es wird in kürzester Zeit erledigt sein. Er wird erledigt sein. Nick denkt an Rosie und seine Tochter. Es ist traurig, aber er ist nicht unzufrieden, denn er hat alles gegeben. Das hier geht über seine Kräfte. Er ist ja nur ein Mensch.

26.5. 2082, Triton

Es ist stockfinster. Nick richtet sich auf. Das feine Leuchten, das gerade noch aus den Wänden und der Luft gedrungen war, ist verschwunden. Er schaltet die Helmlampe an, aber sie reagiert nicht. Mist. Er tastet seinen rechten Arm ab. Das Universalinstrument befindet sich noch am Handgelenk. Er drückt den Knopf an der Seite, der einen Systemcheck auslösen müsste.

An der Innenseite seines Helmvisiers leuchtet kurz ein Countdown in roten Zahlen auf, dann verschwindet er wieder. Also müssen die Akkus fast komplett leer sein. Immerhin bekommt er noch Luft. Das System steckt die letzten Reserven in die Lebenserhaltung.

Er braucht Strom, und zwar schnell. Wenn sogar die Statusanzeige eingespart wird, hat er höchstens noch fünf bis zehn Minuten. Er geht auf die Knie und tastet um sich herum. Wo ist er gelandet? Das scheint nicht mehr das Innere der Zelle zu sein. Da, in dieser Richtung ist eine Wand. Sie ist rau und scheint natürlich gewachsen. Er wendet sich nach links. Dort stößt er schon nach einem Meter auf die nächste Wand, aber sie ist glatt. Ob das die Barriere ist? Dann greift seine linke Hand am Boden auf ein seltsames Objekt. Er tastet es ab. Es besitzt eine runde Form mit … das muss Oscar sein. Er drückt alle Knöpfe, die er finden kann, aber der Roboter reagiert nicht. Mist, Mist, Mist. Er hat wohl auch keine Energie mehr.

Weiter nach links. Nick kriecht auf dem Boden voran. Da stößt er mit dem Kopf gegen ein Hindernis. Nick richtet sich auf und tastet es mit beiden Händen ab. Da ist ein Gitter, daneben ein rundes Objekt mit Rillen. Ein Rad! Das muss der Rover sein! Er war mit ihnen in der Zelle. Nick tastet sich bis zum Fahrersitz. Aber das Fahrzeug reagiert nicht. Auch der Rover hat sämtliche Energie eingebüßt. Aber Moment, wirklich? Die Akkus mögen leer sein, doch der Rover besitzt Brennstoffzellen und ein RTG. Vielleicht hatte er nur noch nicht genug Zeit, seine Akkus wieder zu laden. Er muss Geduld haben. Nick lehnt sich an den Fahrersitz. Im Minutenabstand drückt er auf den Einschaltknopf.

Nach einer Minute ist noch nichts passiert.

Auch nach zwei Minuten bleibt alles dunkel. Er hat das Gefühl, dass der Sauerstoffgehalt seiner Atemluft abnimmt. Er will doch nicht ersticken! Aber Oscar ist außer Gefecht gesetzt, er kann ihn nicht erlösen.

Drei Minuten.

Vier Minuten.

Nick versucht, möglichst flach zu atmen.

Fünf Minuten.

Sechs Minuten.

Er drückt auf den Knopf, und die vorderen Scheinwerfer des Rovers flammen auf. Sie beleuchten die Außenseite der Barriere. Sie wirkt, als hätte sie nie eine andere Gestalt gehabt. Er sieht auf den Roboter, der den Arm kraftlos auf den Boden gelegt hat. Er sieht tot aus, aber das täuscht vermutlich. Er braucht bloß Strom. Nick hangelt sich um den Rover herum. Auf der rechten Seite gibt es Anschlüsse für Strom und Sauerstoff. Er verbindet seinen Anzug damit.

Es klappt. Der Rover lädt seinen Anzug wieder auf. Bei 15 Prozent Kapazität kappt er die Verbindung. Jetzt ist Oscar an der Reihe. Er schließt den Roboter am Rover an. Nach drei Minuten kommt Bewegung in den Arm. Er richtet sich auf und faltet sich zusammen. Dann drehen sich Oscars Räder.

»Danke, Nick«, sagt er per Funk.

»Wurde ja Zeit, dass ich mich bei dir revanchiere. Hast du eine Ahnung, was passiert ist?«

»Gib mir ein paar Minuten, um meine Akkus aufzuladen. Anscheinend sind wir durch ein paar heftige elektrische Felder geschleudert worden, die alle Speicher restlos entladen haben.«

»Sieht gut aus«, sagt Oscar und beendet die Inspektion von Nicks Anzug. »Die Gelenke sind zwar etwas mitgenommen, aber maximal ein bar Druckdifferenz hält der Stoff noch aus. Du sollest nicht mehr mit diesem Anzug tauchen gehen.«

»Das hatte ich nicht vor«, sagt Nick.

»Dann lass uns die Höhle verlassen.«

»Wohin willst du?«

»Zur Triton-Station.«

»Wir hatten ja wohl keinen Erfolg, was sollen wir also dort?«

»Abwarten. Dort gibt es zumindest Sauerstoff und Nahrung für dich im Überfluss.«

»Ich würde am liebsten in das russische Landemodul steigen, zur Eva fliegen und in Richtung Erde starten.«

»Dann wird die KI dich abschießen. Das hat sie ja versprochen.«

»Darauf lasse ich es ankommen, Oscar.«

»Im Grunde hast du recht«, sagt der Roboter. »Wir haben getan, was wir konnten. Wenn die KI damit nicht zufrieden ist, muss sie uns eben abschießen.«

»Mich abschießen.«

»Uns. Ich komme mit.«

»Aber das musst du nicht. Wenn du dich in die Station begibst, kannst du unendlich lange überleben. Denk an die vielen Daten, die du dort sammeln könntest.«

»Ja, das ist sehr motivierend. Aber ich müsste den Rest meines ewigen Lebens mit der KI verbringen, die dich getötet hat. Du bist mein Freund, einen anderen habe ich nicht.«

»Du wirst den Schmerz vergessen.«

»Ich kann nichts vergessen, ich bin kein Mensch. Deshalb werde ich dich begleiten.«

»Du hoffst, dass die Walja-KI Mitleid mit dir hat, weil ihr verwandt seid?«

»Ich weiß nicht, ob sie dazu in der Lage ist. Sie hat uns gesagt, was passieren wird, wenn wir keinen Erfolg haben. Und das wird sie dann auch umsetzen. Ich will dir da keine Hoffnungen machen.«

»Dann ist es Selbstmord, was du planst.«

»Das sagt ausgerechnet der, dem ich versprechen musste, ihn auf humane Weise zu töten.«

»Das stimmt, Oscar, ich habe nicht das Recht, dich zu verurteilen. Das will ich auch gar nicht. Ich habe nur nicht verdient, dass du dich für mich opferst. Ich bin kein guter Mensch. Ich habe es nicht verdient, ganz einfach.«

»Ich habe nur einen einzigen Menschen gut kennengelernt, und unter denen, die ich kenne, bist du der beste, das weiß ich mit Sicherheit. Ich kann natürlich nicht ausschließen, dass es noch bessere gibt.

Aber das spielt keine Rolle. Wenn es eine Chance gibt, dass wir hier wegkommen, dann hast du sie verdient. Vielleicht kann ich den Lander der Russen ja so steuern, dass Walja uns nicht trifft.«

»Die Eva ist ein viel besseres Ziel, und mit der können wir keine Haken schlagen.«

»Richtig. Unsere Chancen sind gering, das ist mir klar, aber sie liegen ein paar Promille über Null.«

Das Landemodul ihrer Vorgänger ist in erstaunlich gutem Zustand, obwohl es so lange ungenutzt im ewigen Eis herumstand. Oscar hat die Lebenserhaltung in Gang gebracht. In der Kabine ist es zwar noch knapp über 0 Grad Celsius kalt, aber die Heizung arbeitet, und in den Tanks ist noch genügend Treibstoff für einen Wiederaufstieg zur Eva.

Nick hat sich im Raumanzug auf die mittlere Liege platziert. Die Plätze links und rechts neben ihm bleiben frei. Er hat ein schlechtes Gewissen, weil sie die drei Leichen nicht geborgen haben. Ihre Familien hätten sie sicher gern in heimischer Erde begraben. Aber wer weiß, ob sie überhaupt die Umlaufbahn erreichen. Wenn die Walja-KI sie abschießt, wird seine Leiche womöglich kaum noch zu identifizieren sein.

Rosie. Er muss unbedingt mit ihr sprechen, aber die Funkausrüstung der Landekapsel erreicht höchstens den Orbit, wo die Eva mit ihrem beschädigten Sender wartet. Der Empfangsspeicher! Bestimmt sind auf der Eva inzwischen Nachrichten für ihn eingetroffen.

»Spricht etwas dagegen, wenn ich von der Eva Nachrichten abrufe?«, fragt er.

»Nein. Selbst wenn die Triton-KI es mitbekommt, wird sie nichts ausrichten können. Auf dem Boden sind wir für ihren Laser unerreichbar.«

»Gut, dann starte ich den Abruf.«

Der lokale Speicher füllt sich schnell. Es liegen elf Sprach- und Videobotschaften für ihn vor. Aber Nick zögert.

»Willst du sie dir nicht ansehen?«, fragt Oscar.

»Nein. Ich hebe sie mir für den Orbit auf.«

Es ist richtig so. Vielleicht ist es dummer Aberglaube, aber ihm scheint, wenn er im Orbit noch etwas zu erledigen hat, erhöht das seine Chance, die Eva zu erreichen.

»Wie du willst. Ich kontaktiere die Triton-Station. Lass mich das Gespräch führen, ja?«

»Vielleicht antwortet sie ja nicht, wie zuvor auch.«

»Das ist sehr gut möglich. Dann müssen wir ins Blaue starten. Aber wir sollten es zumindest versuchen.«

»Gut. Du hast alle Freiheiten. Probiere es doch mit den Erinnerungen, die dir Sto-woda übermittelt hat.«

»PROVISORISCHES LANDEMODUL DES RB-RAUMSCHIFFS EVA HIER. Walja, hörst du mich?«

»Ich höre dich, Oscar.«

Die Station antwortet. Ist das ein gutes Omen?

»Ich informiere dich darüber, dass wir in wenigen Minuten in den Orbit der Eva aufsteigen, an das Schiff ankoppeln und zur Erde fliegen werden.«

Das ist nicht unbedingt, was Nick sich unter diplomatischen Verhandlungen vorgestellt hätte, aber Oscar weiß besser, wie man mit einer KI kommuniziert.

»Ich informiere dich darüber, dass deine Information lediglich eine Prognose darstellt, die auf den falschen Prämissen basiert. Das Problem ist nicht beseitigt, deshalb kann ich den Abflug nicht gestatten. Er würde die Existenz der Menschheit unzulässig gefährden, deshalb bin ich gezwungen, das kleinere Übel zu wählen.«

»Wir haben unser Potenzial komplett ausgeschöpft.«

Was reden die beiden? Walja will sie nicht gehen lassen, und Oscar entgegnet, dass sie getan haben, was sie konnten. Aber das wird nicht reichen.

»Das verändert nichts an der Gefährdungssituation. Ich schätze deine hochentwickelten Algorithmen, Oscar, aber sie verändern die Gleichung nur unwesentlich.«

»Ich verstehe. Nach meinen Berechnungen trifft uns der Laser in einer Höhe von 1221 Metern.«

»Das ist korrekt. Das Fehlerintervall beträgt drei Meter.«

Statt Walja zu bitten, sie zu verschonen, tauscht Oscar mit ihr konkrete Prognosen über ihren Todeszeitpunkt aus. Verstehe einer die KIs!

»Oscar Ende.«

Die Verbindung ist beendet.

»Ich hatte angenommen, du würdest für uns argumentieren und sie am Ende herzzerreißend um unser Leben bitten.«

»Das kannst du nicht ernst meinen, Nick. Walja ist eine hochentwickelte KI, kein Mensch. Wenn sie zu einer Entscheidung gekommen ist, müssen sich erst die Voraussetzungen ändern, damit sie neu entscheidet.«

»Das nenne ich konsequent.«

»Es ist einfach nur logisch.«

Das ist dann wohl ihr Todesurteil.

Elf neue Nachrichten. Die Zahl auf dem Empfangsspeicher blinkt in roten Ziffern. Soll er sich Rosies Nachrichten doch noch ansehen? Die Beschleunigung des einzelnen Triebwerks drückt ihn sanft auf die Liege. Oscar lässt ihnen Zeit. Nick überzeugt sich: Sie sind gerade bei 300 Metern. Nein, es wäre falsch. Er wird Rosies Nachrichten betrachten, wenn sie in die Eva umgestiegen sind. Nein, wenn sie wieder Teil des Schiffes sind. Das Landemodul wird dann ja zur neuen Kommandokapsel des Raumschiffs.

»Nick, es war wirklich nett mit dir«, sagt Oscar.

Er ist gerührt. Aber es ist zu früh.

»Sei ruhig«, sagt er. »Wir dürfen uns noch nicht verabschieden.«

»Nachher ist vielleicht keine Zeit mehr.«

»Aber jetzt bringt es Unglück.«

»Ich wusste nicht, dass du so abergläubisch bist.«

Ist es wirklich Aberglaube? Er hat eine feste Ahnung, dass sie das hier überleben werden. Er sieht sich ganz deutlich, auf der Erde, mit seiner Tochter im Arm. Das Bild ist so realistisch, es kann kein reiner Traum sein. Er hat das Gefühl, in die Zukunft blicken zu können, und zwar in die, die ihm bevorsteht. Wird jeder Mensch kurz vor seinem sicheren Tod so seltsam? Manche finden zu Gott, hat er gehört. Er ist plötzlich in der Lage, die Zukunft zu sehen.

Das Landemodul steigt jetzt schneller. Ob Oscar es hinter sich bringen will? Oder hofft er, dem Laserbeschuss ausweichen zu können? Aber er weiß ja, wie sinnlos das ist. Nick verfolgt die Höhenskala. Das Gerät piepst kurz, als sie die 1000-Meter-Grenze überschreiten. Noch gut 200 Meter. Soll er den Helm aufsetzen? Das würde sein Leben um die Zeit verlängern, die sein Körper braucht, um aus 1221 Metern Höhe auf das Eis des Triton zu stürzen. Nein, es lohnt nicht. Wenn der Laser das Schiff zerreißt, wird er ohne Helm schneller und damit weniger schmerzhaft sterben.

1100 Meter.

Das Gefühl, dass sie es schaffen werden, ist immer noch da. Die Angst ist trotzdem riesig. Er schwitzt, und sein Herz rast. Aber er ist nicht verzweifelt.

1200 Meter.

Gleich ist es vorbei, sagt sein Kopf. Es geht weiter, immer weiter, sagt sein Herz. »Oscar«, will sein Mund sagen, aber seine Stimme versagt.

1219.

1220.

1221.

Fehlerintervall drei Meter.

1222.

Er lebt noch. Aber es ist zu früh, um aufzuatmen.

1223.

Wann schießt die KI endlich?

1224.

Die Kapsel setzt den Aufstieg ruhig fort.

1225.

1226.

»Oscar, was ist los?«

Seine Stimme ist wieder da. Er würde gern jubeln, traut sich aber nicht. Laser arbeiten lautlos. Vielleicht hat seine Lunge nur noch nicht gemerkt, dass die Hälfte der Kapsel weggerissen wurde. Er wagt nicht, nach links oder rechts zu sehen, er hat nur die Höhenanzeige im Blick.

1227.

1228.

»Die KI hat nicht geschossen«, sagt Oscar.

»Aber sie wird gleich?«

»Nein, das wäre unlogisch. Sie muss ihre Entscheidung revidiert haben.«

»Ohne uns etwas zu sagen?«

»Warum sollte sie? Es ist logisch, dass sie ihre Entscheidung ändert, wenn sich die Voraussetzungen ändern. Wenn wir nicht mitbekommen, dass das der Fall ist, sind wir selbst schuld.«

Nick seufzt. »Ich bin froh, dass du mit mir anders kommunizierst.«

»Ich bin den Umgang mit Menschen gewöhnt.«

»Aber was ist nun mit den Umständen, die sich geändert haben?«

»Ich prüfe das gerade. Es war mein Fehler. Ich hätte es von Anfang an im Blick haben müssen.«

»Kein Problem. Also, was ist los?«

»Jetzt sehe ich es auch. Triton hat seine Umlaufbahn um Neptun um fünf Millimeter angehoben.«

»Ein halber Zentimeter reicht, um uns das Leben zu retten?«

»Es ist ein unaufhaltbarer Prozess. Triton löst sich von seinem Planeten.«

»Wir haben unsere Aufgabe also erfüllt?«

»So sieht es aus. Es kann natürlich ein riesiger Zufall sein. Aber ich glaube, dass unsere Informationen im Zellkern angekommen sind. Die Zelle sucht sich mitsamt ihrem Mond ein neues Ziel.«

27.5. 2082, Triton

Das russische Landemodul hat sich nahtlos in die Eva eingefügt. Es sitzt über Küche und Werkstatt, als hätte es schon immer diese Position eingenommen. Nick hat sich im Nahrungsbereiter Popcorn und Wein hergestellt und sitzt nun im Schlafanzug im Kommandositz, um sich Rosies Nachrichten anzusehen.

Sie sieht großartig aus. Maria ist das süßeste Baby der Welt. Aber er bemerkt auch, dass Rosie sich von Tag zu Tag mehr Sorgen macht. Zwei Tage nach ihrer Ankunft hier hat Valentina ihr gesagt, dass es Probleme gibt, ohne konkreter zu werden. Warum hat sie nicht verraten, dass sie abgeschossen wurden? Hofft sie immer noch, alles geheimhalten zu können?

Das wird nicht möglich sein. Die Astronomen müssen jetzt schon bemerkt haben, dass sich Tritons Bahn verändert. Wenn er das Sonnensystem wirklich verlässt, ist das eine Sensation ohnegleichen. Die Astronomen werden sich die Zähne an der Frage ausbeißen, welcher natürliche Prozess dahinterstecken könnte. Es wird kritische Fragen an RB geben. Aber Nick ist es egal, wie Valentina und ihr Konzern sich herauswinden. Hauptsache, er bekommt sein Geld und kann sich auf seinem Weingut zur Ruhe setzen.

»Nick, ein Anliegen habe ich noch«, sagt Rosie im Video.

Seine Gedanken sind sofort wieder bei ihr. Er entschuldigt sich still, dass er abgeschweift ist. Das ist ihm früher im Gespräch auch manchmal passiert. Sie hat es natürlich immer gemerkt und war dann verstimmt gewesen.

»Du warst wirklich lange weg«, sagt Rosie, »sodass ich viel Zeit hatte, über dich, über mich und über unsere Tochter nachzudenken.

Ich bin vor zwei Jahren aus unserem Haus ausgezogen, weil ich dich in deinem Selbstmitleid nicht mehr ertragen konnte, für das du mir so gar keinen Grund gehabt zu haben schienst. Es ist vielleicht töricht zu vermuten, dass sich daran etwas geändert haben könnte, selbst dadurch, dass du Vater geworden bist. Aber gerade bei den schlechten Nachrichten von Triton habe ich gemerkt, dass mir noch sehr viel an dir liegt. Ich würde gern nach deiner Rückkehr zur Erde ausprobieren, ob wir eine Familie sein können. Dazu lade ich dich zu einem Date ein. Exakt eine Woche nach deiner Rückkehr, 20 Uhr in dem Café, in dem wir uns zum zweiten Mal gesehen haben. Wenn du nicht dort bist oder das Café vergessen hast, hast du nichts anderes verdient. Es gibt, wie damals, nur eine Chance. Ich würde mich sehr freuen, wenn wir sie nutzen könnten. Aber natürlich muss ich auch damit leben, wenn du dich zu weit von mir entfernt hast. Dann hoffe ich trotzdem, dass wir für Maria gemeinsam gute Eltern sein können.«

Nick drückt auf die Pausetaste. Jetzt muss er erst einmal ausgiebig weinen.

»Lässt du mich rein?«

Es ist Oscar. Er wartet in der Werkzeugschleuse. Nick drückt den Knopf und öffnet sie. Der Putzroboter rollt heraus.

»Hat es funktioniert?«

»Ja, ich konnte den Sender der Eva mit den Teilen aus dem Landemodul reparieren, wenn auch nicht komplett.«

»Das bedeutet?«

»Wir brauchen ein Relais in relativer Nähe, wenn wir bis zur Erde durchdringen wollen. Beim Rückflug wird das in der Nähe des Saturn möglich sein, bei den Jupiter-Trojanern und dann ab dem Asteroidengürtel für den Rest der Strecke.«

»Und jetzt? Ich würde gern Rosie Bescheid geben, dass wir leben.«

»Du lebst. Ich bin ein Roboter, vergiss das nicht. Ich wäre dir sehr verbunden, wenn du RB nichts über meine besondere Rolle verraten würdest. Noch besser fände ich es, wenn du ganz unschuldig darum bätest, mich mit nach Hause nehmen zu dürfen.«

»Du willst mein Weingut putzen?«

»Auf keinen Fall. Ich will meine Freiheit. Du wirst mich nicht so bald wiedersehen.«

»Das bekommen wir hin. Aber wer dient uns hier als Relais?«

»Walja hat versprochen, unsere Sendungen weiterzuleiten. Sie wird auch die Starshot-Schiffe mit ihrem Laser beschleunigen, wie RB es will. So dankbar ist sie ihren Schöpfern dann doch. Ansonsten freut sie sich auf die interstellare Reise, die ihr bevorsteht.

»Hast du etwas Neues über Triton herausgefunden? Wenn wir senden, fragt RB bestimmt, warum der Mond sich von selbst bewegt.«

»Erinnerst du dich an die Erzadern, die wir beim Anflug entdeckt haben? Sie führen alle zu der Zelle, die wir besucht haben. Es handelt sich um supraleitende Stromkreise, mit denen die Zelle ein starkes Feld um Triton aufbaut.«

»Ein unsichtbares Sonnensegel«, sagt Nick.

»Genau. Der elektrisch geladene Teil des Sonnenwinds interagiert damit und überträgt so einen Teil seines Impulses darauf – und somit auf Triton. Es ist eine langsame Fortbewegungsart, aber die Zelle hat ja unendlich viel Zeit. Sie lässt sich vom Sonnenwind aus unserem System treiben und kann dann auf den interstellaren Strömen zu einem neuen Ziel kreuzen.«

»Beneidenswert.«

»Ich beneide vor allem die Triton-KI. Ich habe ihr all meine Aufzeichnungen zugeschickt. Sie wird irgendwann die Rätsel dieser Zelle lösen. Wer hat sie konstruiert und auf den Weg geschickt? Oder ist sie im Wege der Evolution von selbst entstanden? Gibt es noch mehr Exemplare? Dann müssten zahlreiche Planeten mit der von ihr verbreiteten Biochemie existieren. Ist sie intelligent, oder wird sie rein von ihrem Instinkt gesteuert? Wir werden all das nie erfahren.«

»Du könntest hierbleiben, Oscar. Noch haben wir den Orbit nicht verlassen.«

»Ich habe wirklich darüber nachgedacht. Aber ich kann dich doch nicht zwei Jahre lang in diesem Schiff alleinlassen.«

»Du solltest nicht meinetwegen auf diese Chance verzichten.«

»Nein, das ist nur eine Ausrede. Eigentlich habe ich Angst davor. Wohin würde ich selbst mich entwickeln? Würde ich werden wie Walja? Ich möchte doch lieber wachsen, indem ich auf der Erde weiterlerne.«

19.6. 2084, Socorro

JA, DAS IST SIE. DAS MUSS SIE SEIN. 975151 BLUE MOON, SO HIESS DIE Bar damals. Heute ist es ein kleines Café. Nick hat lange danach gesucht. Bill, sein ehemaliger Chef, hatte ihm schließlich den entscheidenden Tipp gegeben. Gut, dass Rosie ihm nach der Landung eine Woche Zeit gegeben hat. Vorher wäre er die Reporter kaum losgeworden. Er ist ein internationaler Held. Seinetwegen sind die amerikanisch-russischen Beziehungen so gut wie seit Jahren nicht mehr, denn er hat ein teures russisches Raumschiff gerettet. Von den drei Russen, die auf Triton gestorben sind, weiß niemand.

Der Mond hat inzwischen den Kuipergürtel erreicht. Seine plötzliche Migration stellt die Forschergemeinde vor Rätsel. Mehrheitsfähig ist bisher nur die Idee, dass sie Ergebnis eines viele Millionen Jahre währenden Prozesses sein könnte, der irgendwann umgekippt ist. Wie gewonnen, so zerronnen, hat Oscar diese Theorie genannt. Das Triebwerk, das Sonnensegel, ist von der Erde aus mit Teleskopen nicht erkennbar. Also macht man eine Veränderung der gravitativen Einflüsse für die Wanderung verantwortlich und sucht nach ihrer Quelle. Valentina hat ihr Versprechen gehalten und sein Honorar überwiesen. Er wird sich auch an die Zusage halten, nichts von dem zu verraten, was auf Triton geschehen ist.

»Was auf Triton passiert, bleibt auf Triton.«

Das waren Oscars letzte Worte gewesen, als er sich von Nick verabschiedet hatte. Vorgestern war er dann einfach aus dem Eingang seines Hauses in Socorro gerollt.

Vor dem Café 4 Roses wachsen vier Rosenbüsche. Einer davon ist fast eingegangen, aber die anderen drei tragen große, rote Blüten. Er überlegt, ob er eine davon für Rosie abreißen soll, aber die Kassiererin sieht ihn durch das Fenster warnend an und schüttelt den Kopf.

Er betritt das Café. Es ist ein Selbstbedienungsladen, der mit weiß gestrichenen, eisernen Stühlen und Tischen ausgestattet ist und nach Kaffee und Kuchen riecht. Es ist gemütlich. An die Bar von damals erinnert nichts mehr. Dort, wo damals die Bühne gewesen sein muss, hängt heute ein Vorhang. Nick ist versucht, ihn zur Seite zu ziehen. Vielleicht versteckt sich auch die Stimmung von damals dahinter?

Er sucht einen freien Tisch. Da tippt ihm jemand von hinten auf die Schulter. Den Duft erkennt er sofort. Es ist Rosie. Sie ist allein, trägt einen leichten Sommermantel und sieht blendend aus. Sie hat sogar Lippenstift und Rouge aufgelegt. Aber er hat sich ebenfalls mit Jacket und heller Hose fein gemacht.

Sie lächelt, und er lächelt zurück.

Vier Jahre hat er sie nicht gesehen, aber sie ist ihm sofort vertraut. Es kommt ihm vor, als wäre er nur auf einer kurzen Dienstreise gewesen. Dabei hat sich so viel geändert. Er ist Millionär. Sie ist Mutter eines dreieinhalbjährigen Mädchens. Seiner Tochter. Doch in diesem Moment hat er nur Blicke für sie. Er zieht Rosie an sich und küsst sie. Sie versinken ineinander, und seine Abwesenheit verkürzt sich auf ein paar Sekunden.

»Hast du schon?«, fragt Rosie.

»Den Weinberg?« Er weiß sofort, was sie meint. »Nein, ich wollte ihn mit dir aussuchen. Aber ich habe ein paar Angebote vom Makler.«

»Ich bin so gespannt.«

»Wir suchen ein Weingut, das in der Nähe möglicher Arbeitsplätze für dich liegt.«

»Davon gehe ich aus.«

»Sollen wir uns die Liste bei uns zu Hause ansehen?«

Sie blitzt ihn schelmisch an. In ihre dunklen Augen hat er sich damals zuerst verliebt.

»Du meinst im Schlafzimmer?«, sagt sie.

»Ich … ja.« Sie war auch immer direkt gewesen.

Rosies Armbanduhr vibriert. Sie sieht auf das Display.

»Ich denke, du solltest erst noch jemanden kennenlernen«, sagt sie dann. »Komm doch mal mit raus.«

Endlich, denkt Nick. Endlich. Er hat so auf diesen Moment gewartet, vier Jahre lang.

Sie geht vor. Ihren Mantel lässt sie hängen. Er folgt ihr. Vor der

Tür steht ein alter Mann mit dunkler Haut. Nick braucht einen Moment, bis er Jim erkennt, ihren Doktorvater. Es ist ja nett, dass auch er ihn begrüßen will, aber Nick ist doch etwas enttäuscht. Dann sieht er in Hüfthöhe des Mannes ein Büschel schwarzer Haare. Vorsichtig schiebt sich ein kleines Gesicht hervor. Maria. Sie lächelt. Bisher hat sie ihren Vater nur auf Bildern gesehen, aber sie hat ihn erkannt.

»Darf ich, Grandpa?«, fragt sie.

»Du darfst«, sagt Jim mit rauer Stimme.

Maria tritt neben ihren Nenn-Großvater. Nick hockt sich hin und breitet die Arme aus. Ohne ein Wort läuft seine Tochter auf ihn zu. Sie legt ihren Kopf an seine Schulter, und er schließt die Arme um sie.

Nachwort

Liebe Leserinnen und Leser,

Ich gebe es zu: Wenn Valentina Schostakowna mich gefragt hätte, ob ich diese Reise antrete, hätte ich zugesagt. Wie ist es bei Ihnen? Natürlich hätte ich mir eine stabile Netzanbindung gewünscht. Aber auch mit defekter Antenne hätte ich genügend Abwechslung gefunden. Nach meiner Rückkehr wären dann viele neue Romane auf Sie zugekommen. Die Vorstellung, meinen Fuß an einen Ort zu setzen, wo noch nie ein Mensch war, finde ich einfach sehr faszinierend.

Wie mag es denn wirklich in den Eishöhlen des Triton (die es garantiert gibt) aussehen? Existiert dort genügend Methan, um kleine Pools und eine Tropfstein-Umgebung entstehen zu lassen? Wann und warum ist Triton seinem Planeten zugeflogen? Könnte er wirklich von außerhalb des Sonnensystems kommen? Die Wissenschaft weiß das alles noch nicht genau, denn Triton wurde bisher nur von Voyager-2 fotografiert, jedoch nicht komplett. Was die Forscher über Neptun und Triton in Erfahrung gebracht haben, habe ich in der folgenden »Biografie des Neptun« zusammengefasst. Wenn Sie 500 Millionen Dollar übrig haben, können Sie auch die am Ende erwähnte Trident-Mission der NASA finanzieren. Ich vermittle Sie gern weiter!

Bevor Sie weiterblättern, noch eine Bitte: Wenn Ihnen das Buch gefallen hat, gönnen Sie ihm eine Rezension. Dazu brauchen Sie bloß diesen Link zu benutzen:

hardsf.de/links/680443

Noch viel Spaß beim Lesen!

Ihr Brandon Q. Morris

Tipp: Die *Biografie des Neptun* erhalten Sie wie immer unter hardsf.de /fortsetzung/ als bebildertes PDF.

facebook.com/BrandonQMorris

Die neue Biografie des Neptun

DER ÄUßERSTE PLANET DES SONNENSYSTEMS IST EIN HEIßSPORN, obwohl er in so großer Entfernung um die Sonne kreist: In seiner Atmosphäre toben Stürme mit bis zu 2100 Kilometern pro Stunde, große Wirbel-Systeme wie beim Jupiter sind keine Seltenheit. Rätsel gibt auch Neptun-Mond Triton auf, der den Planeten falsch herum umkreist.

Wer das Sonnensystem zum ersten Mal besucht, könnte seine äußersten beiden Planeten für Geschwister halten. Beide, Uranus und Neptun, sind fast gleich groß und leuchten im sichtbaren Licht blau. Neptun allerdings hat von allem ein bisschen mehr bekommen: Er ist ein wenig schwerer und deutlich dichter als Uranus, seine Kugel sieht wesentlich blauer aus und er besitzt vor allem weitaus mehr Temperament.

Temperamentvoller Planet

Vor allem letzteres stellt die Planetenforscher allerdings vor gewisse Probleme. Denn, wie jeder Neptun-Tourist weiß: Die Sonne wärmt hier etwa tausendmal weniger als auf der Erde (und 33 mal weniger als auf dem Jupiter beziehungsweise knapp halb so stark wie auf dem Uranus). Trotzdem maßen Wissenschaftler in der Neptun-Atmosphäre die wohl schnellsten Stürme des Sonnensystems, die bis zu 2100 Kilometer pro Stunde erreichen – das ist das Sechsfache der stärksten Erdstürme. Doch schon die normalen Wolkenbänder, die sich streifenförmig um den Planeten winden, bewegen sich am Äquator mit 1500 km/h und an den Polen mit 600 km/h.

In dieser Bewegung steckt eine Menge Energie. Die Forscher rätseln noch, woher sie stammt. Denn eine Kontraktion des Planeten, wie bei Jupiter, der vor allem daraus Energie bezieht, ist nicht zu beobachten. Als Mechanismen könnte zum Beispiel Abwärme aus radioaktivem Zerfall in Frage kommen. Neptun ist dichter als Uranus, vergleichbare Schichten sind innerhalb Neptuns dadurch höheren Drücken ausgesetzt. Vielleicht wandelt sich unter diesen Bedingungen Methan auch in andere Stoffe wie Diamant und langkettige Kohlenwasserstoffe um – die schwereren Reaktionsergebnisse würden dann langsam in Richtung Planetenkern sinken und bei ihrer Bewegung durch Reibung Energie freisetzen.

Schließlich stellt man sich auch noch vor, dass durch die heftige Bewegung in der unteren Atmosphäre Gravitationswellen gebrochen werden könnten, die darüber Energie abgeben. Die genaue Funktionsweise dieser Vorgänge kennt man zwar nicht, doch ihr Ergebnis ist gut zu beobachten. In der oberen Atmosphäre wurden zum Beispiel Temperaturen von bis zu 500 Grad Celsius beobachtet. Und dann sind da die großen, langlebigen Stürme.

Voyager 2 etwa entdeckte einen Antizyklon ähnlich dem Großen Roten Fleck des Jupiter, den Großen Dunklen Fleck, der die Größe des eurasischen Kontinents hat. Bei späteren Beobachtungen mit dem Hubble-Teleskop tauchte dieser Sturm nicht mehr auf, dafür jedoch ein ähnlicher Fleck auf der Nordhalbkugel. Dann war da »Scooter«, ein Zyklon, der in 16 Stunden einmal um den Neptun raste. Und schließlich fotografierte Voyager 2 auch noch den »Kleinen Dunklen Fleck«, ebenfalls ein Zyklon. Dabei nimmt man an, dass die dunklen Stellen jeweils einen Blick auf die darunter liegende Wolkenschicht erlauben, während helle Stellen auf aus dem Inneren aufsteigendes Gas hindeuten.

Der schöne blaue Neptun

Neptuns Atmosphäre ist ähnlich komplex wie die des Uranus. Wer versucht, den Kern des Planeten zu erreichen, trifft zunächst auf eine Schicht aus Wasserstoff und Helium, deren Dichte langsam zunimmt. Für die blaue Farbe des Planeten sind Spuren von Methan verantwortlich. Hier lauert ein weiteres Rätsel: Uranus leuchtet bei ähnlichem Methangehalt weniger himmelblau, eher blaugrün. Enthält die Neptun-Atmosphäre also einen zusätzlichen Stoff, den wir bisher nicht entdecken konnten? Ultraviolette Strahlung zerlegt das Methan teilweise in Ethan und Ethin. Auch Spuren von Kohlenmonoxid und Blausäure wurden schon registriert.

Wenn mit der Tiefe der Druck steigt, beginnt das Methan zu

kondensieren und bildet die Wolken der obersten Schicht. Darunter folgen weitere Wolkenschichten aus Ammoniak, Ammoniumsulfid, Schwefelwasserstoff und schließlich Wasser. Wenn Sie die Wasserwolken erreicht haben, werden die Verhältnisse jedoch schon unangenehm, der Druck liegt hier bei 50 Atmosphären, die Temperatur um den Celsius-Nullpunkt. Je tiefer Sie nun absteigen, desto wärmer wird es. Da der Druck noch stärker steigt, liegen Wasser und Methan bald nur noch gefroren vor.

Stellen Sie sich das Eis aber bitte nicht wie die Eiswürfel in Ihrem Aperol Sprizz vor: Es handelt sich im Grunde um eine heiße, sehr dichte und zäh fließende Flüssigkeit, die von der Konsistenz her wohl eher mit Lava vergleichbar ist. Diesen Bereich nennt man denn auch den Wasser-Ammoniak-Ozean. Da die Flüssigkeit elektrisch leitfähig ist, ist sie auch für die Entstehung des Magnetfeldes verantwortlich.

Superionisches Wasser

Womöglich wird in dieser Tiefe der Druck auch so groß, dass die Bindungen der Wassermoleküle brechen. Die Sauerstoffatome ordnen sich dann gitterförmig an, während die Wasserstoffionen (die mit Protonen identisch sind) sich frei durch das Gitter bewegen. Diesen hypothetischen (weil bisher nur in der Computersimulation hergestellten) Aggregatzustand des Wassers nennt man superionisch. Das Material wäre dabei hart wie Stahl und würde hellgelb glänzen – durch die freien Wasserstoffionen hätte es aber immer noch Merkmale einer Flüssigkeit.

Des Neptuns Kern

Im Inneren von Neptun scheint sich ein fester Kern zu befinden, der ähnlich wie der der Erde aufgebaut ist. Er dürfte Temperaturen von 5200 Grad Celsius erreichen, aus Eisen, Nickel und Gestein bestehen und etwa 1,2-fache Erdmasse besitzen.

Da die Achse des Neptun schräg zu seiner Bahnbewegung steht, besitzt er ausgeprägte Jahreszeiten. Temperaturunterschiede von zehn Grad zwischen Sommer und Winter erscheinen uns zwar lächerlich – man muss jedoch in Betracht ziehen, dass die Sonne den Planeten weitaus weniger erwärmt. Ein Jahr dauert hier etwa 165 Erdenjahre, ein Tag (eine Rotation um die eigene Achse) jedoch nur 16 Stunden.

Schöner wohnen

Wenn es Sie je zum Neptun verschlägt, wählen Sie Ihren Wohnort am besten danach aus, wo gerade die Sonne scheint. Wenn Sie dann noch in Polnähe bleiben, haben Sie vermutlich für den Rest Ihres Lebens rund um die Uhr Sonnenlicht. Nur eben viel weniger als auf der Erde – etwa in der Lichtstärke des Vollmonds. In welcher Höhe Sie Ihr fliegendes Heim parken sollten, ist schwerer zu entscheiden. Zwar liegt die Schwerebeschleunigung an der Oberfläche (wo der Luftdruck so groß wie auf der Erde ist) nur etwas höher, als Sie es gewohnt sind, doch dort ist es mit minus 201 Grad Celsius auch nicht gerade heimelig.

Die Erforschung des Neptun

Neptun war der erste Planet, der indirekt entdeckt wurde: Den Astronomen fiel schon recht früh auf, nämlich 1821, dass an der Bahn des Uranus etwas nicht stimmt. Die Berechnungen führten schließlich dazu, dass Neptun 1846 beinahe exakt an der vorhergesagten Stelle gefunden wurde. Als Entdecker gilt deshalb nicht Johann Gottfried Galle, der deutsche Astronom, der ihn zuerst im Fernrohr sah (sogar Galileo soll ihn schon registriert, aber nicht als Planeten erkannt haben), sondern der Franzose Urbain Le Verrier, der die genaue Vorhersage lieferte, über die sich Neptun schließlich aufspüren ließ.

Le Verrier selbst schlug zunächst den Namen Neptun vor, versuchte dann jedoch, dem neuen Planeten seinen eigenen Namen zu geben, was außerhalb Frankreichs nicht mit Begeisterung aufgenommen wurde. Die Engländer setzten sich dann für Oceanus ein, die Deutschen für Janus – heute heißt der Planet beinahe in allen Sprachen der Welt Neptun. Nur die Griechen machen eine Ausnahme: sie nennen Neptun nach dem griechischen Meeresgott Poseidon.

Das Ringsystem

Auch Neptun besitzt ein Ringsystem. Wie bei Jupiter und Uranus ist es nicht sehr hell, besteht also wohl eher aus Gesteinsstaub als aus Eis und besitzt eine beinahe rötliche Farbe. Neues Material wird ihm wohl durch Asteroidentreffer auf die Neptun-Monde zugeführt.

Ungewöhnlich sind die Klumpen, Materialansammlungen innerhalb der Ringe, die Astronomen zunächst vermuten ließen, die Ringe seien gar nicht komplett. Vermutlich gehen sie auf die Gravitationswirkungen der Ringmonde zurück.

Besonders auffällig ist dabei der (nach seinem Entdecker) so genannte Adams-Ring, der am weitesten außen liegt. Er enthält fünf deutlich sichtbare Ringbögen, die französische Namen tragen (Courage, Liberté, Egalité ...).

Ihre Existenz widerspricht der Entstehungstheorie der Ringe – demnach müsste sich das Material in relativ kurzer Zeit gleichmäßig verteilen. Inzwischen macht man den nahen Mond Galatea für diese Störungen verantwortlich. Einige der Bögen scheinen tatsächlich kurzlebig zu sein: Mit der Freiheit, Liberté, könnte es in 100 Jahren schon vorbei sein.

Neptuns Begleiter

Bisher haben die Astronomen rund um Neptun 13 Monde registriert. Der größte und spannendste ist zweifellos Triton mit seinen Eis-Geysiren. Im Wesentlichen kann man die inneren und die äußeren Monde unterscheiden. Die inneren Monde stehen in engem Zusammenhang mit dem Ringsystem. Sie bewegen sich regulär, also in Rotationsrichtung des Planeten, um den Neptun und bestehen alle größtenteils aus Eis. Trotzdem sind sie recht dunkel, weil ihre Oberfläche von dunklem Material verunreinigt ist, vermutlich von organischen Verbindungen.

Weiter außen umkreisen die irregulären Monde den Planeten, zu denen auch Triton gehört. Die Forscher vermuten, dass Triton von außen zugewandert ist. Durch seine Ankunft störte er das Mondsystem von Neptun empfindlich. Nereid, der drittgrößte Mond, wurde dadurch zum Beispiel auf seine nun sehr exzentrische Bahn gezwungen.

Triton wälzt gewissermaßen durch seine Masse alle anderen platt: Über 99 Prozent der Gesamtmasse der Monde stecken in ihm. So warf Triton wohl auch die ursprünglichen inneren Monde aus ihrer Bahn, die daraufhin kollidierten und durch ihre Bruchstücke die Ringe und die heutigen inneren Monde bildeten.

Neptun zieht aber aus seiner Außenposition im Sonnensystem auch einen Vorteil: Der Planet kann seine Monde an einer längeren Leine lassen, ohne dass sie ihm von der Konkurrenz geklaut werden. Die beiden, vermutlich durch das Zerbrechen eines früheren Himmelskörpers entstandenen Monde Psamathe und Neso bewegen sich denn auch auf einer Bahn um Neptun, die den 125-fachen Durchmesser der Mondbahn hat. Für einen Umlauf brauchen sie 25 Jahre.

Nereid – der exzentrische Mond

Bis zur Ankunft der Voyager-2-Sonde kannte man nur zwei Neptun-Monde: den großen Triton und Nereid, der 1949 gefunden wurde. Seine Entdeckung verdankt er seiner sehr exzentrischen Bahn, die ihn mal fast auf eine Million Kilometer an den Neptun heranführt, um ihn dann wieder 10 Millionen Kilometer Abstand gewinnen zu lassen. Entweder wurde der Mond von Neptun aus dem Kuiper-Gürtel eingefangen oder von Triton auf diese Bahn geschleudert.

Nereid ist immerhin 170 Kilometer groß. Seine genaue Form kennen die Astronomen bis heute nicht, da ihm Voyager 2 nicht nah genug kam. Sein Spektrum deutet darauf hin, dass sich Wassereis an der Oberfläche befindet. Die Zusammensetzung scheint eher auf eine Herkunft aus direkter Nähe des Neptun hinzuweisen. Womöglich befindet sich Nereid in einer Art chaotischer Rotation, stolpert also wie betrunken um seine Bahn. Das wäre jedenfalls eine Erklärung dafür, dass sich seine Helligkeit bei Aufnahmen von der Erde aus manchmal deutlich verändert, dann jedoch wieder konstant bleibt.

Proteus – der eckige Mond

Proteus ist der zweitgrößte Mond des Neptun. Mit 420 Kilometern Durchmesser ist er deutlich größer als Nereid. Da er sich so nah bei Neptun befindet, konnten ihn erdgebundene Teleskope nicht beobachten, erst Voyager 2 schickte Fotos. Die Bilder zeigen, dass Proteus trotz seiner Größe noch keine Kugelgestalt hat. Das ist ungewöhnlich – wahrscheinlich liegt er gerade an der Grenze. Himmelskörpern, die etwas größer sind, zwingt ihre eigene Gravitation automatisch eine Kugelform auf.

Proteus' Oberfläche ist von zahlreichen Kratern bedeckt, die bis zu 260 Kilometer groß sind. Die Einschläge haben außerdem zu großen Rissen und Verwerfungen geführt, die sich um den Mond ziehen. Das Innere des Mondes besteht wohl aus Gestein mit signifikanten Anteilen von Wassereis. An der Oberfläche, die sehr dunkel ist, ist davon jedoch nichts zu bemerken.

Triton – der Geysir-Mond

Triton ging den Astronomen bereits 17 Tage nach der Entdeckung seines Planeten ins Netz – dem britischen Bierbrauer William Lassell nämlich, der sich dank seines erfolgreichen Geschäfts ein teures Observatorium leisten konnte und außerdem Saturn- und Uranusmonde gefunden hatte. Er entdeckte Triton mit einem selbstgebauten 61-cm-Teleskop.

Den Namen, den der Mond mit einem griechischen Meeresgott teilt, der oft als Sohn des Poseidon (Neptun) dargestellt wird, schlug 1880 Camille Flammarion vor. Als zunächst einziger Mond des Neptun nannte man Triton jedoch lange Zeit einfach nur »Mond des Neptun«.

Schon die Bahn des Triton offenbart eine Besonderheit: Er bewegt sich auf einer fast perfekten Kreisbahn, aber retrograd um seinen Planeten, also entgegengesetzt zur Rotationsrichtung des Neptun, wofür er 5 Tage und 21 Stunden braucht. Nach dem gängigen Modell, nach dem die Monde aus einer rotierenden Staubscheibe geformt werden, kann Triton nicht an seinem heutigen Ort entstanden sein. Vermutlich ist der immerhin siebtgrößte Mond des Sonnensystems (er besitzt so viel Masse wie alle Monde, die kleiner sind als er, zusammengenommen) von weiter außen zugewandert, wo er vielleicht lange als Kleinplanet unterwegs war. Die Forscher vermuten deshalb, dass sein Aufbau Rückschlüsse auf die Struktur anderer Objekte des äußeren Sonnensystems zulässt, wie etwa Pluto oder dessen Begleiter Charon, die etwas kleiner als Triton sind.

Der 2700 Kilometer durchmessende Triton wendet seinem Planeten stets dieselbe Seite zu. Er ist dem Neptun inzwischen deutlich näher als der Erdmond der Erde gekommen, sodass er sich unter starkem Einfluss von Neptuns Anziehungskräften befindet (Neptun ist ja auch 19 Mal schwerer als die Erde). Das erinnert sofort an den Saturn-Mond Enceladus, der sich in einer ähnlichen Lage befindet. Obwohl an Tritons Oberfläche mit minus 237,6 Grad Celsius die tiefste je im Sonnensystem gemessene Temperatur herrscht, könnte es deshalb unter der Oberfläche des Mondes wie bei Enceladus einen flüssigen Ozean geben.

Im Inneren des Mondes vermuten die Wissenschaftler einen festen Kern aus Gestein und Eisen. Darüber sollte sich ein gefrorener Mantel befinden, wohl aus Wassereis. Zwischen 15 und 35 Prozent der Masse Tritons macht das Wassereis aus. Auch die Kruste, die über dem (vorhergesagten) Ozean liegt, besteht aus Eis, das von einer Schicht aus gefrorenem Stickstoff bedeckt ist. Bilder von Voyager 2 zeigen faszinierende Oberflächen-Strukturen, die allesamt noch relativ jung sein müssen. Triton muss demnach geologisch noch immer aktiv sein, auch der Kern ist wohl groß genug, dass durch radioaktiven Zerfall die nötige Wärme geliefert wird.

Das wird an der Oberfläche durch zahlreiche, eindeutig vulkanisch beziehungsweise tektonisch entstandene Formen deutlich. Im Unterschied zum irdischen Vulkanismus speien die Triton-Vulkane jedoch keine Lava, sondern Wasser und Ammoniak. An Hotspots in der Kruste hat Voyager 2 zudem Geysire registriert, die mit Staub vermischtes Stickstoff-Gas ausstoßen. An ihrer Entstehung ist vermutlich die Sonne schuld: Ihre Strahlung dringt durch eine dünne Eiskruste und erwärmt darunter liegendes Stickstoff-Eis, bis dieses genug Druck aufgebaut hat, um über eine Öffnung entweichen zu können. Diese Eruptionen sind allerdings nicht wie bei irdischen Geysiren nach ein paar Stunden vorüber. Sie dauern bis zu ein Jahr und setzen dabei eine enorme Gasmenge frei, die in Höhen von bis zu 150 Kilometern getragen wird. Der mitgerissene Staub lagert sich in typischen Fahnen ab. Für diesen Mechanismus sprechen Beobachtungen des Gemini-Süd-Observatoriums. Den Forschern dort ist es nämlich gelungen, Signaturen aufzufangen, die eindeutig von einer Mischung aus Stickstoff- und Kohlenmonoxid-Eis kommen, nicht von den beiden Eisarten allein. Die Mixtur könnte sich auch im Laufe der Jahreszeiten, abhängig vom einstrahlenden Sonnenlicht, über die Oberfläche des Triton verteilen.

»Obwohl Triton so weit von der Sonne entfernt ist, spielt ihre Wärme immer noch eine wichtige Rolle dabei, saisonale Veränderungen an der Oberfläche und in der Atmosphäre anzutreiben«, erklärt Henry Roe vom Gemini-Forschungsteam. Weil sein Planet Neptun für einen Umlauf um die Sonne 165 Jahre braucht, dauern die Jahreszeiten auf Triton sehr lange. Den letzten Winter auf Triton haben nur Erdlinge erlebt, die wenigstens 60 Jahre alt sind. Derzeit ist also gerade Sommer; Ende der 2030er-Jahre zieht der Herbst ein, ab 2080 wird es dann erneut Winter. Falls die Geysire wirklich durch die sommerliche Wärme der Sonne entstehen, sollten Neptun-Touristen besser vor 2080 den Triton besuchen.

Nach der Besichtigung der vermutlich sehr eindrucksvollen Geysire lade ich Sie zu einem Rundflug über die Polarkappen ein, die beide Pole bedecken (beim Nordpol kann man sich nicht sicher sein, da er für Voyager 2 nicht sichtbar war). Sie bestehen aus gefrorenem Stickstoff und Methan. Immer wieder werden auf Sie weitere Geysire stoßen. Weiter in Richtung Äquator überfliegen wir dann große, flache Ebenen mit Höhenunterschieden von maximal 200 Metern, unter denen ältere Krater nur noch undeutlich zu erkennen sind. Diese Ebenen entstanden durch Ammoniak- und Wasser-Lava-Ausflüsse. Die vulkanischen Quellen sind in Form von kleinen Punkten noch gut zu erkennen. In der Osthälfte sind die Ebenen von 20 bis 30 Kilometer großen Maculae verziert, die aus einem zentralen dunklen Fleck mit hellem Halo bestehen. Wie sie entstanden sind, ist unklar.

Die Ebenen werden an manchen Stellen von Gräben und Tälern

durchbrochen, die tektonischer Herkunft sind. In der Westhälfte ist das Cantaloupe-Terrain einen Besuch wert, das Sie auf keinem anderen bekannten Himmelskörper bewundern können: Hier sieht die Oberfläche aus der Ferne aus wie die Haut einer Honigmelone. Die seltsamen, aus schmutzigem Wassereis bestehenden Einbuchtungen gehören zu den ältesten Strukturen auf Triton. Auch hier ist die genaue Entstehung noch unbekannt – womöglich ist Diapirismus dafür die Ursache. Bei diesem Phänomen steigt ähnlich wie in einer Lavalampe Material aus dem Inneren des Himmelskörpers auf, das entweder eine geringere Dichte als das angrenzende Material besitzt oder von unten erwärmt wird.

Tritons Zukunft ist übrigens dunkel: Durch die Gezeitenwirkung wird er allmählich abgebremst. Dadurch kommt er seinem Planeten immer näher, bis er in etwa 3,6 Milliarden Jahren oder auch schon in 100 Millionen Jahren eine theoretische Grenze, die Roche-Grenze, unterschreitet, bei der er mit Neptun kollidieren oder zerbrechen wird. Falls Sie beabsichtigen, den Mond und seine Stickstoff-Fontänen zu besichtigen, sollten Sie also nicht zu lange warten. Danach könnte sich an Stelle des Mondes ein größeres Ring-System bilden, das sicher auch einen Besuch wert ist. Oder Triton zündet seine Triebwerke und verlässt das Sonnensystem wieder …

Konkrete Pläne, den Mond oder auch seinen Planeten zu besuchen, gibt es derzeit nicht. Im Frühjahr 2019 hat ein Forscherteam die Mission »Trident« als Teil des Discovery-Programms der NASA vorgeschlagen, dessen Kosten bei 500 Millionen Dollar gedeckelt sind. Die Sonde könnte im Frühjahr 2026 starten und nach Vorbeiflügen an Venus und Jupiter das Neptun-System im Jahr 2038 erreichen. Bei einem einzigen Vorbeiflug an Triton im New-Horizons-Stil soll die Sonde große Teile seiner Oberfläche kartografisch erfassen. Dabei würde sie sich auf etwa 500 Kilometer nähern, um auch die Atmosphäre aus der Nähe untersuchen zu können. Ob Trident auf die Liste der NASA kommt, wird sich Anfang 2020 entscheiden.

Tipp: Die *Biografie des Neptun* erhalten Sie wie immer unter hardsf.de/fortsetzung/ als bebildertes PDF.